构建清朗网络空间

网络和谐交往的合理化引导

李名亮◎著

学林出版社

图书在版编目(CIP)数据

构建清朗网络空间：网络和谐交往的合理化引导 / 李名亮著. -- 上海：学林出版社，2024. -- ISBN 978 -7-5486-2039-6

Ⅰ. C916；TP393.4

中国国家版本馆 CIP 数据核字第 2024Y6B686 号

责任编辑　陈天慧
封面设计　张志凯

构建清朗网络空间
——网络和谐交往的合理化引导

李名亮　著

出　　版　学林出版社
　　　　　（201101　上海市闵行区号景路 159 弄 C 座）
发　　行　上海人民出版社发行中心
　　　　　（201101　上海市闵行区号景路 159 弄 C 座）
印　　刷　上海商务联西印刷有限公司
开　　本　720×1000　1/16
印　　张　20.5
字　　数　29 万
版　　次　2024 年 11 月第 1 版
印　　次　2024 年 11 月第 1 次印刷
ISBN 978 - 7 - 5486 - 2039 - 6/G · 784
定　　价　78.00 元

本书系国家社科基金一般项目"多元理性比较视阈下网络交往行为与合理引导研究"（项目编号：18BXW107）的研究成果

目 录

Contents

序

　　随着网络和数字技术的发展，人类开始生活于虚实相融的网络社会，实践着深度媒介化交往。人们创设了新的社区和交往场景，在其中建立和维护全新交往主体、形态和人与人之间的关系。网络交往因此具有了天然的普遍性和公共性意义，这使网络交往具有合理性建构的可能性。目前网络交往的现状是缺乏合理性，并由此引发了多方面的问题和困境，并为社会和谐带来风险。

　　网络社会的虚拟实践、交往主体的虚无与去中心化、弱关系连接、圈群封闭排他、后现代等特质，导致网络交往天然具有"理性不足"。而"理性的不足导致非理性的生存与交往方式"，造成网络社会个体的交往异化与单向度发展；如导致了自我认同和价值取向的扭曲、网暴和隐私侵犯等行为失范和人格失格、人情淡漠、友善式微、心态失衡与关系调适困难等问题，也导致了如伦理困境、个体私权与社会公利的利益和价值冲突、社会认同涣散等后果，最终可能危害社会和谐。

　　总之，网络交往的种种非合理性的存在，放大了现代性

1

语境下生活世界的认同危机，并加剧了社会疏离、分裂和对抗，由此凸显了网络交往和谐合理化的紧迫和重要。建构网络交往的合理秩序，为和谐网络社区提供精神文化支撑，是营造清朗网络空间的必要举措，是和谐社会建设的重要组成部分。如何规范网络空间与交往活动的秩序，体现网络交往的公共性价值？如何应对种种失序问题，保障和谐社会？如何为网络交往提供一种合理化范式？

更进一步的问题是，有哪些合理化的路径和规范原则可以适用？如何细化规范标准，并将其延伸至日常舆论引导实践中？

本书是我主持的国家社科基金一般项目"多元理性比较视阈下网络交往行为与合理引导研究"（项目编号：18BXW107）的最终成果。项目的研究目标，正是为进入深度媒介化的中国网络社会及其中的交往实践，提供一种适应中国现实、虚拟场域特征的理性支持。并源于这种理性，找寻可以适用的合理化路径和规范原则，进而将其细化为网民参与行动的规范标准。

从理论基础而言，本书以马克思主义交往实践理论为出发点，基于中国传统儒学以"仁"为基础的交往伦理，并融合了西方工具理性、公共领域交往理性及其他实质理性。

从研究框架而言，社会学一般在三个维度上展开合理性分析，本书遵循此分析路径，从网络交往的伦理、制度与人格三个维度展开。在每个维度上，结合网络交往的多元、网状连接属性，关系、认同等交往特质，分别从上述三种主要交往理性展开比较性分析和讨论。

这种社会学合理性的多元视角和研究框架，明显有别于主流的哈贝马斯的交往理性框架。基于哈贝马斯的交往理性的交往规范倡导，长期以来占据半壁江山。但这种理论范式的局限性，目前学界已有共识。

哈贝马斯在其2022年的新著《公共领域的结构新转型与协商政治》中，肯定了新媒体的信息多元、传受双方传播权力的平衡等特性，认为这些特性可以带来平等互惠的交往关系，带来实现启蒙理想的更大机会。他甚至乐观地认为，正是新媒体去中心化的信息交流模式或者说数字新媒体的交往模式，使资产阶级公共领域对所有公民实施的平等主义与普遍主义的主张最终以新媒体交往的形式得到了实现。

但他也不无忧虑地指出，新媒体可能对政治公共领域的破坏性影响，在一定程度上会造成公共领域的又一次衰落。影响表现在两个方面：一是平等性同时会带来专业性匮乏。新媒体对内容生产准入门槛的降低，对关注和流量的过度索取，带来各种粗制滥造、有污染且泛滥的信息，如各种谣言、网暴、反智主义内容和伪科学等，各类非主流信息如民粹、种族歧视、排斥移民等极右翼的声音获得了更广泛和缺乏约束的机会。二是新媒体依托于私企平台，平台有获取用户数据加以商业利用的强烈动机，这使用户在平台上展开的交往，从一开始就蒙上了资本利用和算法控制的阴影。

虽然面对学界对其协商民主和公共领域的共识能否借助新媒体得以实现的大量质疑，哈贝马斯从多方面为由交往理性规范和实现的协商民主加以辩护，认为对话和协商伦理仍然是构成网络公共领域实现的充分保障条件。但学者们对公共领域的质疑在网络社会更为激烈。确实，以主体间性和理解为目标的哈贝马斯的交往理性面临现实困境，又交织着网络主体的虚无、去中心化和算法的困扰，更难以平衡网络空间的工具理性与价值理性，被蒙上了浓厚的乌托邦色彩。

另外，本书对网络交往的情感问题给予了高度重视。首次从网络交往情感与理性关系的视角，相对系统地讨论了网络交往的情感表达特征以及情感交往对公共领域建构的影响及机制等问题。情感分析和网络交往伦理建构研究一起，构成了本书关注的重点。本书结合情感话语实证分析，将情感分析融入后续伦理、制度与人格的讨论中。

在本书的结论部分，初步提出社会主义网络交往和谐合理性的概念。为社会主义中国的现实社会和网络社会提供网络交往和谐取向的知识准则和规范的合理性，我们称之为"社会主义网络交往和谐合理性"。相应的"网络交往和谐合理化"是有关网络交往普遍经验知识和规范的缺失和价值展开过程。

本书也做了一些创新性的理论建构尝试。

一是研究的融合性和系统性。首次将社会学交往合理性的概念、内涵内容、分析路径等理论资源，相对系统、完整地引入网络交往理性建构研究中。将对韦伯的工具合理性、哈贝马斯的交往理性、儒学的和谐交往理性三者的比较，贯穿于合理性的伦理、制度和人格三个维度的研究中。在本书中，将源自现实社会、源自中西方的合理性与网络现代性及场域特性有效结合。

本书摆脱了单一的理性框架，结合了中西方多元合理性，从多元交往合理性理论中抽取了网络交往合理性研究的理论资源。本书跳出一般的网络行为与动机分析、非理性表现归因探讨、零碎的行为规范和秩序建构、伦理引导等研究路径，也跳出了工具理性——价值理性冲突的批判路径，摆脱了源自西方的理解取向的对话协调伦理等合理化分析框架的局限性。书中系统性地以多元西方理性结合儒家的人伦与情感立场，考察、阐释与解决网络空间的理性混杂状态，并明确提出多元交往伦理普遍规范可相得益彰。

二是情感社会学正在渗透到网络社会研究领域，这是近些年出现的研究前沿所在。情感正逐步被看作网络社会现象微观与宏观相结合的关键性元素，也被当作现实社会和网络社会联系的根本纽带。西方理性主义与中国儒学对情感与理性的关系有不同的哲学思路。传统儒学道德情感的情理交融哲学提示我们，网络交往行动中情感与理性伴生且不可分割。本书超越了"情感—理性"的二元对立的逻辑，在反思公共领域以及网络交往情感研究的理性主义范式基础上，总结和分析中国网络交往情感研究的理性主义范式。

三是基于融合路径，尝试性提出并界定"社会主义网络交往和谐合理性"，并初步阐释了其内涵和内容。这是一种立足于中国传统儒学的和谐交往理性，是一种适合中国社会现实、虚拟场域特征的理性；其内涵应当包括以下方面：第一，立足于中国社会制度、意识形态以及全社会对和谐社会追求的现实。第二，根源是中国传统儒学的和谐合理性，是传统文化在深度媒介化社会的延展，但又具有新的"和谐"内涵。第三，生存于由人情、人性连接且处于"媒介—社会"深度演化阶段的互联网生态和社交平台，是一种动态、发展的理性。第四，是一种多元交往理性普遍规范融合与相得益彰的理性，体现为"情、理、法"的三位一体，因此是一种柔性和弹性的理性。第五，需要生活世界和谐的根本保障。

对网络交往和谐合理性进行初步界定和内涵阐释，是希望在回应儒学交往和谐合理化潜力判断的基础上，结合多元合理化的能力，找准立足中国社会制度、立足和谐社会的网络交往合理化的方向。当然，本书仍没有能够找到一个取代"融合"的创新路径概念，"社会主义网络交往和谐合理性"的提出也并非完整的理论建构。因此需要后续相关研究的深入。

四是本书有中国传统文化特色、优于单一化的当代理性的网络交往理性建构，这是对传统伦理现代性和时代性转型的一次重要的理论建构尝试。本书在当代理性适用性不足的背景下，于中国传统儒学中寻找支持，体现在：第一，立足于中国传统儒学的和谐交往理性，对网络和谐交往内涵的新的解读。第二，追求交往规范的柔性和弹性，体现为"情、理、法"的三位一体。第三，立足于情感交融观的文本情感分析，并据此探讨情感间的交融关系，这是对中国传统哲学"情感与理性交融"的一次实证。第四，中国传统儒学的仁爱友善观、礼制和君子人格等交往行动准则，可以分别作为网络交往伦理、制度和人格合理化的基础价值取向。某种程度上可以有效抑制网络上"情"的泛滥，从而保障网络公共交往的有序化。

同时，本书除了理性的建构外，也针对性地提出具体、细化的实践伦理规范和引导策略。希望本书能促进网民间的理性交往，并为政府的网络治理与引导提供理论、理念与话语策略支持，促进和谐网络社区的形成。

李名亮

2024 年 2 月

第一章　绪论

　　网络人际交往的非合理性放大了现代性语境下生活世界的认同危机，并加剧了社会疏离、分裂和对抗，由此凸显了网络交往和谐合理化的紧迫和重要。习近平总书记多次强调要构建清朗网络空间。他在 2016 年网络安全和信息化工作座谈会上的重要讲话即指出，"网络空间天朗气清、生态良好，符合人民利益。网络空间乌烟瘴气、生态恶化，不符合人民利益"。2022 年他更具体指明了行动纲领："加强全媒体传播体系建设，塑造主流舆论新格局。健全网络综合治理体系，推动形成良好网络生态。"[①]

　　如何为网络交往提供一种适应中国现实、虚拟场域特征的理性支持，并将合理化的规范标准延伸至日常舆论引导实践中？

[①] 习近平：《高举中国特色社会主义伟大旗帜　为全面建设社会主义现代化国家而团结奋斗——在中国共产党第二十次全国代表大会上的报告》(2022 年 10 月 16 日)，《中国人大》2022 年第 21 期，第 16 页。

从社会学交往合理性出发，网络交往合理性的建构大体归结为三种路径，分别是工具—价值合理性、尤尔根·哈贝马斯（Jürgen Habermas）的交往合理性、传统儒学的和谐合理性。具体到理性所确立的知识规范和标准层面而言，分属形式（程序）合理化与实质合理化两个方向：

程序合理化方向。马克斯·韦伯（Max Weber）目的合理性包含法律的形式和管理的科层化、责任伦理与职业伦理等程序伦理，但其更适应西方社会。如法制是基础和根本保障，但刚性制约面对虚拟空间难以周全，也难免缺乏人本关怀的底蕴。而在价值多元、对立冲突频发、价值理性已日趋陷落的网络空间，目的合理性的责任伦理主张也难以应对。另外，在程序伦理方向，无论是西方学者提出的关系强弱，还是国内学者提出的关系信任，大多从工具理性的视角来考察，忽视了非功利、去中心化的网络情境及心理、情感交流情境，难以阐释和指导中国网络社会的交往实践。

培育对话的程序伦理是程序合理化方向的主要思想。哈贝马斯的交往合理性力图弥补"工具认知理性"的不足，以理解取向的对话伦理来补充成就取向的责任伦理。哈贝马斯建立交往合理性的思想框架，主要是为了阐明：交往行动本质上是实现主体相互理解的理性。①学者们对以交往理性确立互联网交往的对话协商伦理基础多有寄望。因为，交往理性主张主体间性，致力于营造平等、免除强制的理想言说情境，坚持可理解性、真实性和真诚性等有效表达原则，可能对互联网这个自由的空间有很大的适用空间。但作为一种社会批判理论，哈贝马斯的交往理性并没有提出刚性的交往对话规范，更没有具体细化的实践标准。他引入交往理性的目的在于"解释一种批判社会理论的规范基础"②，理论

---

① 杜骏飞：《数字交往论（1）：一种面向未来的传播学》，《新闻界》2021 年第 12 期，第 79 页。

② ［德］尤尔根·哈贝马斯：《交往行动理论·第二卷——论功能主义理性批判》，洪佩郁、蔺青译，重庆：重庆出版社，1994 年，第 506、514 页。

上，交往理性实现了工具理性与价值理性在交往实践中的高度辩证统一，赋予现代社会和网络社会进步发展的时代特色。但实践中，交往理性还是遭遇到与价值理性难以区分和平衡、理想共识情景难以实现的困境。

总之，以主体间性和理解为目标的交往理性面临现实困境，又交织着网络主体的虚无与去中心化，更难以平衡网络空间的工具理性与价值理性，最终蒙上了浓厚的乌托邦色彩；构建对话的实质伦理是工具—责任伦理和理解—对话伦理之外的另一个主要合理化途径。中西方实质伦理有着复杂的多元主张，但仍难以应对虚拟匿名的交往主体，且缺乏中国传统底蕴。

儒家的人伦与情感立场及有关交往的实质伦理均可为网络交往提供理性支持。但其伦理难以完整阐释、规范公民虚拟空间交往的行为准则，儒学亟须完成现代化转型。在马克思主义交往实践观透视下，中国传统儒学有较强的交往实践性特征；"仁"实质即为交往，儒家的人伦、情感等柔性立场，其有关交往的实质伦理，能够成为阐释当下网络交往现实状态的一个向度。熟人社会的消解、网络社会的兴起及其公私领域不分等，构成儒家伦理陷入现代困境的多重因素。

第一节　媒介与人类社会交往的协同演进

媒介—社会的共同演化，必然引发社会诸多结构性和观念性的变革；这种变革也体现在社会交往方面。媒介技术的演进推动人类从现实交往、媒介中介化交往发展至当今的深度媒介化交往。人类开始生存于一个由网络和数字技术所建构的虚实相融的网络社会中。人类交往的内涵和本质未变，但交往的主体性、交往的形态、人与人之间的关系等均发生了革命性的变化。这种变革也引发了各方面的问题和困境，并为社会和谐带来风险。

一、马克思的交往思想与交往内涵

在交往实践的意义上，人们一般将人际交往理解为对象主体间进行接触、增强联系的行为方式。但马克思的交往思想强调了"交往"的社会性，与社会生产的关系，在推动历史发展过程中的作用，并关注到交往主体在此过程中的个性发展。由此可见，马克思的交往思想也体现了其辩证统一的哲学思想。他使我们站在更高的视野上看待一般意义上的"个体与个体"间的"人际交往"。

人类不是为了交往而交往，交往必然建立在人类实践活动中，正如《马克思恩格斯选集（第1卷）》所述，"生产本身又是以个人彼此之间的交往为前提"①。那么，这种建立在人类实践活动中的人际交往如何推动历史发展呢？在《德意志意识形态》中，马克思重点提出了"交往关系""交往形式"的概念范畴，并把交往形式与生产力的矛盾视为社会形态更替和历史发展的根本原因。从交往形式而言，交往是一个随着生产方式的改变而改变的历史范畴，"迄今为止的一切交往都只是在一定条件下个人的交往，而不是作为个人的交往"。②交往形式的演进是人类历史的沉淀和凝结，提示着人类的重要进步。"社会交往方式不同，人的存在方式和社会面貌也就不同，社会交往方式的状况直接影响着社会的进步和人的发展。"③

另外，我们从马克思对"人在生产实践过程中的分工协作"的论述和哈贝马斯对"交往的含义与目的"的阐述中，能够看到共同体对个体发展的影响。马克思认为，"生产本身又是以个人彼此之间的交往为前提"。④而在上层建筑层面，使用交往包含物质交往（交换、分享和消费等）、精神交往（政治、思想和文化等）和共同体之间的交往三种形式。共同体之间的交往，包括物质的交换、人员的往来、精神文化的交流等，这些交往促进了共同体之间及其内部的整合。

---

①④ 《马克思恩格斯选集》第1卷，北京：人民出版社，1995年，第68页。
② 《马克思恩格斯选集》第1卷，北京：人民出版社，1995年，第127页。
③ 李素霞：《交往手段革命与交往方式变迁》，北京：人民出版社，2005年，第9页。

关于共同体内部整合的方向，哈贝马斯在有关交往的含义与目的的阐述中已经指明。他在《交往行动理论》①一书中写道："交往行动首先是指使参与者能毫无保留地在交往后意见一致的基础上，使个人行动计划合作化的一切内在活动。"②而交往的动机只有一个："纯粹为理解而进行。"达到理解就是达到意见一致。

总而言之，社会交往方式的状况直接影响着社会的进步和人的发展；人际交往过程中人的发展也带有明显的时代烙印。

二、从现实交往、媒介中介化交往到深度媒介化数字交往

人际交往是以特定时代的主导性媒介为前提条件和实现基础，媒介显然是推动交往方式变革的最重要的技术要素。同时，人类社会交往的更高追求也在推动媒介的发展。或者说，媒介技术发展与人类社会交往是一种"协同演进的过程"。③分析媒介嵌入社会交往所形成的历史交往形态时，学者们大体上将其分为前后相继的三个阶段：一是无中介面对面现实交往；二是以各类现代与非现代媒介为纽带的中介化交往，包括网络发展初期的网络界面虚拟交往；三是人类正在迎来的深度媒介化交往，并逐渐向元宇宙拓展。

当以元宇宙为未来的媒介在网络和数字技术的加持下，开始与现实世界和社会无缝衔接的时候，社会运行机制、功能和结构的变化是革命性的。基于媒介与现实社会关系的立场，夏瓦区分了"中介化"和"媒介化"的不同④。"中

---

① 注：哈贝马斯的"theory of communicative action"被译为"交往行动理论"，在他那里，作为"交往"的 communicative，即"可交往"，但不完全对应于"网络交往"和"交往社会"所界定的"交往"。
② 汪寅、黄翠瑶：《哈贝马斯的交往理论与网络交往》，《广西社会科学》2003 年第 8 期，第 45 页。
③ 王敏芝、王军峰：《从"交往在云端"到"生活在元宇宙"：深度媒介化时代的社会交往生态重构》，《传媒观察》2022 年第 7 期，第 24 页。
④ ［丹麦］施蒂格·夏瓦：《文化与社会的媒介化》，刘君等译，上海：复旦大学出版社，2020 年，第 4 页。

介化"指媒介仅作为传播中介、技术手段和工具，分离于社会交往实践的过程本身或区别于其传播内容，这种分隔过程和状态对现实社会造成了影响。而"媒介化"则强调，媒介已成为各种社会实践的基础和结构性条件；媒介已经对现代社会运作拥有强大的决定权，对现代文化拥有建构权；实质上媒介已嵌入社会现实并与之交融，我们无法将其分离。总之，"媒介化"代表着一种媒介无所不在的社会状态，也指代一种趋势："媒介作为一种制度化要素参与了社会变革，并且深度卷入社会系统的各要素、各领域，及其结构性的变化之中。"[①]

如果说媒介化是个过程，那么"深度媒介化"可能是"媒介化"程度加深和范围加宽的社会新阶段。安德烈亚斯·赫普提出"深度媒介化"（deep mediatization）的概念[②]，可能是对这一新阶段内涵的更准确界定。我们处于深度媒介化社会的主要体现，即是由社交平台联结而成的数字交往。社交平台建构起人们交往的场景，但也以其建构逻辑、理念和规制，规定人际交往的互动特征、连接方式、关系及认同产生和维护的逻辑；或者简要地说，人们不得不自觉地适应和匹配社交媒体的技术规定。深度媒介化也意味着"媒介自身也相应成为社会制度"[③]。

（一）从无中介面对面交往到媒介中介化交往

无中介交往即面对面的具身交往，是人类交往最基础的形态。其以个人的生活和社会活动半径为范围。这是一种基于地缘关系形成的以血缘关系和趣缘关系为纽带的交往类型。在面对面的身体在场交流中，或者说在交往处于无中

---

① 戴宇辰：《走向媒介中心的社会本体论——对欧洲"媒介化学派"的一个批判性考察》，《新闻与传播研究》2016 年第 5 期，第 47 页。
② 常江、何仁亿：《安德烈亚斯·赫普：我们生活在"万物媒介化"的时代——媒介化理论的内涵、方法与前景》，《新闻界》2020 年第 6 期，第 4—11 页。
③ ［丹麦］施蒂格·夏瓦：《文化与社会的媒介化》，刘君等译，上海：复旦大学出版社，2018 年，第 21 页。

介的现实情境下，人们能够充分利用口语和肢体语言进行表达和交流，情绪情感可以充沛地渗透入交流之中。因此，这是互动性最强、最能"有效"沟通的人类交往形态。

现代工业社会的演进，人类大规模移动和城市化进程，带来交往、交流形态的变化。现代信息技术又进一步推动着现代媒介嵌入人类的社会交往中，使得以地缘为核心纽带的无中介现实交往不再能完全满足人类的交往需求，人与人之间人际交往的主要方式逐渐被以各类媒介为中介的虚拟交往取代。从媒介演进样态来看，有一个从远程交往到想象交往，再到虚拟交往的演进过程。如前工业时代的邮驿传信、飞鸽传书等远程交往，到工业时代的报刊、电报、电话，再到信息时代的电视、网络，媒介的发展不断突破传统交往方式的时空与精神交流的局限性。尤其是在以报刊、电视为典型的大众媒体的推动下，人类形成了一种"想象的交往"形态。之所以称之为"想象的"，是因为这种"交往"形态由基于大众传媒的组织和意识形态构建而成，并使"想象的共同体"和"公众"之间的精神交往成为可能，但公众之间更多的是一种基于媒介的，或者说典型中介化的精神和情感连接。可以说，媒介演进至此，人际交往已从"生产实践共同体"发展为精神层面的、具有情感连接作用的"想象共同体"，人际交往已产生质的飞跃。

（二）网络虚拟交往

网络交往又称虚拟交往，是指人类以计算机网络为中介、以数字化语言符号为载体的交往方式[①]。网络发展之初，像寻呼、电子公告牌，电子邮件、网上论坛等网络交往形式许多人仍记忆犹新。现阶段，网络交往形式向即时化、拟真化、群体集聚化、多触角式发展。即时通信类工具如 QQ、MSN、微信、飞

---

① 王敏芝、王军峰：《从"交往在云端"到"生活在元宇宙"：深度媒介化时代的社会交往生态重构》，《传媒观察》2022 年第 7 期，第 20 页。

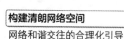
信等，都在向着拟真化方向持续发展，比如语音留言、音视频通话都已成为各即时通信工具的标配；群体集聚化不仅是网络社区如论坛（BBS）、社交网站平台和应用（微博、知乎等）的共同特点，也是即时通信类工具的共同迭代和升级方向，网络用户已不满足于个体与个体之间的交往，QQ 群、微信群便是如此应运而生的。另外，从人际交往历史演进的视角上看，从电子邮件到网络游戏（MUD）是"工业时代生产实践共同体"（电子邮件）向娱乐（网络游戏）延伸的网络化形式，且电子邮件和网络游戏的内容和团队结构化特点，使这种交往保持了现实社会人际交往的本质。可见，数字技术与网络交往的结合，进一步丰富了网络交往的形态。网络交往与现实交往相比，有几个显著特点，如交往场景的虚拟、交往对象的广泛、过程的匿名性、角色的虚拟、主体的平等、时空的交错、行为的直接等。

一般而言，对网络交往的研究，中国学者大多框定在狭义的人与人之间的交往范畴中。本书所指的网络交往即指网络人际交往，是在网络空间中进行的人与人之间通过互动获得信息和情感的交流行为，要达到相互影响、理解和认同的目的，并通过精神层面的共振，形成"虚拟的共同体"，进而在共同体中彼此建立一定的人际关系。

前网络时代的人际交往，关系比较简单，是线性的和平面的。网络的普及和发展一直在重构人类的信息传播方式，重构人类社会的交往形态，拓展人类的生存空间，世界因此真正成为"地球村"。人类的交往，"不再被线性、平面或面对面人际关系所束缚，人际关系的亲缘性、地域性被彻底打破"。[1]一种新型的大规模、跨时空的社会关系——网缘关系开始形成，信息、知识和共同的兴趣爱好成为人们结缘的纽带。

---

[1] 陶侃：《我们都是网中人：网络文化与人的发展》，北京：北京交通大学出版社，2013 年，第 18 页。

（三）深度媒介化的数字交往与网络社会

数字交往（也有称"云交往"），一般可理解为全面数字化的社会交往，是网络交往深度发展到当下全面数字化（或称大数据化）时代的延续性概念。依此逻辑，康雅琼、高腾飞剖析了数字交往各个发展阶段的特征。[①]张建云将数字交往定义为："人们运用数字代码、通过互联网络来传递、交流信息而实现的交往。"[②]这个概念采用了宽泛的网络概念。但在其运用中，他强调大数据技术体系支撑作为基础，即互联网、物联网、云计算、人工智能、区块链、虚拟（增强）现实等技术的融合；强调数字交往的虚实交融性，交往中的人—物、人—机关系，以及大数据区块链技术通过建立技术"背书"的信任机制。王敏芝在深度媒介化交往的语境中，更具体地解释了"云交往"的内涵，即"以数字符码作为交往话语、以数字设备构建交往环境、以数字方式实现交往体验，将人们的交往行为置于全新甚至奇幻的数字场景之中"。[③]

显然，"数字交往"一词更强调数字技术，不太能够体现平台空间物性。因此，本书统一采用"网络交往"的概念，但在着重谈及数字技术带来的变化时，也用"数字交往"一词。

数字交往主要是依靠各类社交平台来实现的，因此人们有时直接用"社交平台概念"来表述；而为突出社会性，有时又用社会化媒体。当下，从互联网的使用规模看，数字交往作为社会化媒体已具备社会化基础。2022年3月中国互联网络信息中心（CNNIC）公布《第49次中国互联网络发展状况统计报告》，报告显示，我国网民为1.32亿，互联网普及率为73.0%，是世界上最大的网络

---

① 康雅琼、高腾飞：《数字交往的发展阶段、隐忧及其未来实践》，《青年记者》2023年第4期，第10—11页。
② 张建云：《马克思主义视域下"数字交往"探析》，《学术界》2022年第9期，第13页。
③ 王敏芝：《媒介化时代"云交往"的场景重构与伦理新困》，《暨南学报（哲学社会科学版）》2021年第9期，第13页。

社会，这个网络社会不完全是虚拟的，因为我国网络支付规模已超亿，移动支付已成为中国人生活的标配。网络生活与现实生活的无缝衔接可见一斑。因此，数字交往的影响不再是虚拟的，它真真实实地影响到人们的日常生活。

如果说"分享"是一种个体对个体的交往行为，那么，"共享"就是一种共同拥有信息和情感的社会化行为。而符合人性化要求的社会共享则会产生社会化共情的、精神层面的影响效果。随着互联网的发展，这种影响效果已成为现实。如微信、抖音、B 站、小红书等以共享为基础建构而成的数字平台，已成为一种完备的社交媒介，现已成为人们数字交往生活的典型空间。它们利用普遍交互的触觉界面、传感系统、云计算、人工智能技术、全息投影、VR 虚拟现实技术等，使人们对共享和人性化交流的期待成为现实。总之，平台已从我们最初感受到的"虚拟交往"逐渐渗透进我们的现实生活，而且正在持续地改变着我们的现实生活，对我们的现实社会进行重构，我们已经在不知不觉中进入了何塞·范·迪克（José van Dijck）所称的"平台社会"（the platform society）。

对社交媒体的概念，不同学者各有解释的角度，并没有一个统一标准。彭兰简要地将其定义为："互联网（包括移动互联）上基于用户社会关系的内容生产与交换平台。"[1] 国内学者孙萍认为，平台"作为一种数字化的基础设施，平台通过广泛接入和触达来实现社会关系的连接和社会资源的重组"。[2]

《社交媒体＋社会》（*Social Media ＋ Society*）的主编齐齐·帕帕奇拉斯（Zizi Papacharissi）甚至认为"社交媒体"概念有同义反复之嫌，体现出一种言过其实的暗示，即其在社交性上是独一无二的。因为，从广义上的社交而言，从古罗马的莎草纸，到当代的微信、脸书（Facebook），历史上出现的所

---

[1] 彭兰：《社会化媒体—理论与实践解析》，北京：中国人民大学出版社，2015 年，第 2 页。

[2] 孙萍、邱林川、于海青：《平台作为方法：劳动、技术与传播》，《新闻与传播研究》2021 年增刊，第 8—24 页。

有其他媒体其实都有社交功能。社交媒体概念最早的提出者安东尼·梅菲尔德
（Antony Mayfield）直接将一系列在线媒体总称为社交媒体，强调其主要特点是：
参与、公开、对话、社区化、连通性。

我们的理解是，社会化媒体或社交平台的概念，不仅仅突出了媒体的社交
本质，更突出了媒介中介化交往及社交的广泛性和即时性。国内许多学者总结
了它的特点，如"以人为中心"、平台共享、分享、协同创造、内容生产与社交
结合、社群、新组织方式等。至于社交媒体涵盖的范围，从人类的社会本能与
欲望需要出发、基于 Web2.0 思想与技术基础上的所有网络平台应用，如用于社
交、创作、工作、消费和新闻等的平台均可纳入其中。

社交媒体的底层传播结构是社会网络。社会网络（social network）的每个
节点都有其行动的主体，各个节点之间的连线就是行动主体间的交往（即人与
人之间的人际交往），这些节点和连线组成的集合，就是社会网络。当我们把关
注点放在每个节点上，会看到每个节点都有一张自己的网，这就是每个个体在
社会网络中属于自己的"小社会网络"，即我们俗称的"圈群"；而所有个体的
"小社会网络"交织起来又构成了一个巨大的社会网络。例如，在论坛中的交流
对象、即时通信平台和微信等社交网络软件中的好友、博客平台上有相互链接
关系的他者、微博关注对象以及粉丝，而最有代表性的就是微信的朋友圈。相
对而言，社交媒体平台上的信息传播受社会网络的影响更为突出。

网络社区（web community）和网络社会（the network society），不同语境下
使用的内涵不同。网络社区具有线下社区应具有的特点和构成要素；网络社区
与网络社会最大的不同在于，网络社区是基于某一特定主题相生相系的，是具
有相同爱好的组织或个人通过共享与主题相关的权威性的有价值的网页、超链
接、资源应用而组建的一系列网页的集合。网络社会又称信息社会、数字化社
会，强调以信息为纽带将人类连接起来的新的生存方式，如"在信息论基础上
网络社会逐渐以人类活动社会组织的新形式出现。没有这个新技术范式所提供
的能力，网络社会是不可操作的，就像没有电的工业社会是不可能完全发展一

样"。① 本书所指的网络社会（cyber society），也指"赛博空间""虚拟社会"② 等，强调以互联网为基础平台，由各类社交平台和虚拟现实技术构成的数字化生活空间。

（四）生成中的元宇宙与全新的交往生态

人类社会的媒介生态正在从媒介化阶段转向深度媒介化阶段③。元宇宙作为互联网、虚拟现实、沉浸式体验、区块链、产业互联网、云计算及数字孪生等互联网全要素的未来融合形态④，是一种与现实社会无缝相融的虚拟空间。元宇宙的搭建意味着人类生活的现实场景与虚拟场景全方位的融合，实现了全方位和深度的媒介化。

目前的元宇宙正在生成之中，其将成为人类社会交往"生成"中的基础设施，并最终生成一种全新的人类生存的生态系统。所谓生成，指的是元宇宙建构过程的相对动态，并没有形成稳定的媒介结构。其技术应用、场景搭建、产业形态在不断生成和完善；其与现实物理世界仍在协同演进、共同完善，与现

---

① 孙中伟：《流动空间的形成机理、基本流态关系及网络属性》，《地理与地理信息科学》2013 年第 5 期，第 108 页。

② 注：1984 年科幻作家威廉·吉布森（William Gibson）创造了"赛博空间"（cyber space）这一术语，来描述由多重的 VR（Virtual Reality）系统和环境网络创造的未来世界。"通过仿真模拟，人们可以组成各种社区甚至国家，构成了一个新的社会关系总和，创造出来一种新的社会文明，形成了一个相对独立的新文明系统，推动了人类不断自我塑造、自我更新和自我解放的进程。"戈登·格雷厄姆（Gordon Graham）把用户在赛博空间中的网络交往行为和所有形式的人机交互作用，统称为"虚拟实在"。其基本目标是："以计算机技术的发展为依托，以人的各种感知为核心，充分地挖掘人的潜力，使人在拟真的感知系统中，获得相当于真实世界中能够得到的感知与满足。"

③ 喻国明、耿晓梦：《"深度媒介化"：媒介业的生态格局、价值重心与核心资源》，《新闻与传播研究》2021 年第 12 期，第 76—91 页。

④ 喻国明、耿晓梦：《何以"元宇宙"：媒介化社会的未来生态图景》，《新疆师范大学学报（哲学社会科学版）》2022 年第 3 期，第 1—8 页。

实世界的关系在不断的调适。所谓交往的基础设施，体现在元宇宙由通信网络、算力、云计算、边缘计算、物联网、区块链等底层技术架构而成；其中存在着基于各种虚拟货币和数字实物、经济体等中介物而发生的物质交往（包括物质生产与消费）；同时，建构元宇宙的技术为建构人与物的各种新关系、为改变甚或重置人类的意识，提供了技术的可能性；或者说，依托元宇宙这种全新媒介形态的物质交往，最终必然导致精神、思想、意识等层面的交往。总之，这个空间实质上正成为人类生存与社会交往的基础设施，是人类生存环境本身的深度媒介化体现。

元宇宙重构了人与媒介的关系，重构体现在两个方面，一是它将成为未来人类社会交往的数字基础设施，二是将"交往形态"变为"交往生态"。

元宇宙将成为未来人类社会的数字基础设施。首先，在其生成阶段就已体现出进入性、体验性和生存性，这些特性决定了元宇宙只要有人"进入"，就会形成人与人之间的人际交往，从而产生人际关系甚至形成人际圈群，虽然未来"未来"，但未来已可预见，因此，我们可以说元宇宙是建构人类关系的基础设施。其次，元宇宙不是从现实社会进入后的单方面虚拟体验世界，也不是从现实社会到虚拟空间的往返票，它与现实世界融合为一体，同步联动，无感切换。如刘慈欣的首部科幻童话《烧火工》出版之际，中文在线的"第五镜面"就有"数字藏品"预订。如此，现实世界与虚拟世界不再是二元对立的，而是融为一体的。这种社交已无现实社交与虚拟社交的界线，可独立可交融，可封闭可开放，有实时实景也可突破时代，交往形态因此更为丰富，所连接的社会关系也更为复杂。从身处其中的人的社会交往关系而言，其能够实现多重叠加与融合，其中不仅包括现实社会中的交往关系，也包括各种虚拟社会关系，还包括虚拟—现实混合关系。当交往从当下互联网的"云端"转向"生活在元宇宙"的时候，我们的人际交往不再是"交往形态"，而是"交往生态"。这就是元宇宙对人与媒介关系重构的第二个方面。"交往生态"意在凸显元宇宙作为全新的人类文明形式所具有的生态性特质，如果说网络交往是对现实交往的片段式、具体性改写，那么，元宇宙就是对人类社会交往的创造性颠覆性改变。元宇宙将成为未来人类社会交往的数字基础设施，并推进人类生存环境、人类精神意识和人类社会组织层面的深度媒介化。[①]

元宇宙对人与媒介关系的重构，具体体现在"三个拓展、一个复归"上，即拓展了交往主体、交往场景和社会交往时空，并使交往体验得以复归，最终形成具有高度流动性的交往关系。综上所述，我们可以说，元宇宙为推动人类社会未来交往变革提供了新动能。

第二节　网络交往的本质与网络交往和谐

一、网络交往的主体性与实践性确认

网络空间的发展，正逐步消弭真实世界与虚拟世界的边界，改变着人们的生存状态。我们目前已能感知到它对现实世界各个领域的强烈冲击。首当其冲的，是其改变了人们对参与社会交往生活的主体性和主体意识的怀疑；也质疑在符号交流表象下，网络交往是不是真实的人的社会关系实践。确认了网络交往的主体性和交往实践性，我们再讨论网络交往与风险社会的双向不确性关系，也就有了网络作为真实社会实践、作为现实社会可能的风险源的依据。

（一）网络交往的主体性确认与主体意识

如何走出网络交往中人的异化的趋势？这个问题的本质是如何才能将人类

[①] 王敏芝、王军峰：《从"交往在云端"到"生活在元宇宙"：深度媒介化时代的社会交往生态重构》，《传媒观察》2022 年第 7 期，第 24 页。

的本质回归人自身。① 回答这个问题,首先要确认网络空间和交往实践中的人的主体性和主体意识。

一些学者因为网络世界的想象特质、虚拟性和人的虚拟身份,而质疑交往的主体性和主体意识是否能够存在,主体间性是否能够实现。或者说,网络空间是不是存在"现实人"的真实交往活动,未真实发生着人与人之间的互动。对参与网络交往主体性的质疑,实质是把网络空间交往失范、价值冲突剧烈的根源归因于脱离人自身的"数字人",将异化仅理解为人的身份的虚拟,而非人的价值理性被压抑、扭曲的后果。

更多研究者倾向于把虚拟世界的真实的社会意义、社会结构放在首位。有学者认为:虚拟的"虚","不是同真实而是同实际相比较的",完全是一种"实际"之"虚"②。杜俊飞对"虚拟社区是不是社会实在"这一问题也有系统论述。他认为:虚拟并非虚幻,其"虚拟"一词的所指,是一种更为深刻和确实的"主观客观","虚拟社区已经真正成为具有社会连带意义的实在化社区,以及人类社会中不可忽视的实在化的社会结构形态"。以在线身份生存的人和人群,"是一种崭新的未定义的人群,可以实在地存在于数字虚空之中"③,它们具有独特的生活方式和社会信仰,又葆有着真实的人类属性。我们因此无法质疑虚拟世界的"实在",它在其"居民"离开后依然存在。

对网络交往主体性的认识,马克思历史唯物主义的观点,已昭示我们,应视网络空间为一个真实的人类交往实践场域,其中的交往能促进人的自由全面

---

① 曹琳琳、王露璐:《成己、成物与成人:人的异化及其类本质的复归——重读马克思〈1844 年经济学哲学手稿〉》,《马克思主义与现实》2015 年第 3 期,第 56 页。

② Pierre Levy:Becoming Virtual Reality in the Digital Age,New York:Plenum Trade,1998,p.24.

③ 杜骏飞:《存在于虚无:虚拟社区的社会实在性辨析》,《现代传播》2004 年第 1 期,第 74—76 页。

发展，实现人的本质。[①]

网络中发生的真实的社会关系决定了网络交往中人的主体性。马克思指出，"人的本质不是单个人所固有的抽象物，在其现实性上，它是一切社会关系的总和"[②]。理解人的本质要从理解人所组成和创造的社会关系着手。

人们参与网络生产、生活和交流实践，是真实的实践；并在其中创造和奠定新的社会关系。人们建立的网络社会关系仍是时空发展的产物。网络和数字技术建构起来的网络世界，在人的意识和社会生活当中均是真实存在的[③]。在线身份的网络交往，有独特的交往方式、关系生成和连接方式，也有独特的精神生活和价值意义。

如虚拟社群"并非'不真实'，而是在不一样的现实层面上运作"[④]。人们集聚于同一社区，"面对面"地相遇。他们探讨相同或相似的主题；且交流主题日益丰富，涉及实在化的当代社会的几乎所有现象和文化。虚拟社区因此能够加大社会群体的凝聚力。再如元宇宙脱离了网络界面限制，模拟并超越了真实。因此它比传统的世界现实环境、传统的社区社会的概念更广阔、复合和深刻。因此可以说，本质上，人们在网络空间生产的社会关系仍是马克思主义所规定的人的社会关系。

总之，人是现实社会的主体，网络世界生存与交往实践的主体必然是、也只能是人。只有现实的人，才能赋予符号、影像以鲜活的形态和丰富的意义；才能参与人与人间的交往实践活动，才能创造和维护丰富的社会关系。网络空

① 罗方禄：《网络空间对马克思主义人的本质的确证》，《思想教育研究》2017 年第 3 期，第 46—50 页。

② 《马克思恩格斯选集》第 1 卷，北京：人民出版社，2012 年，第 139 页。

③ 李名亮：《"虚拟世界"的虚拟新闻存在与本体追问》，《国际新闻界》2010 年第 1 期，第 48 页。

④ ［美］曼纽尔·卡斯特：《网络社会的崛起》，夏铸九、王志弘等译，北京：社会科学文献出版社，2001 年，第 445 页。

间可能被异化，也可以成为人的本质生成的新空间。这是因为，网络空间拥有无限的时空延展性，是一个开放的、充满各种可能性的人类的实践场域。它更能凸显人在实践过程中的主体性，更能丰富主体与主体、主体与物体间的实践性，更能实现人的自主意识和创造意识。

（二）网络交往是话语表象下的社会关系实践

"现实人"是马克思交往实践观的出发点和落脚点。在确认网络交往是"现实的人"的交往行动之后，这里我们再深入分析网络交往的本质。

从空间而言，网络世界已获得了相对独立的形态，为人类提供了一种全新的存在与交往实践平台。网络世界的交往是人类社会交往和关系实践的一部分。互联网正在架构着人们网络数字化、符号虚拟化的全新生存与生活方式，重塑了人们之间的交往形态。新交往形态的普遍和公共性，使其远远超出工具和技术层面上的价值，呈现出蕴含深刻的人文理性。马克思有关交往内涵、本质的话语，对我们阐释网络交往的本质有着诸多裨益。

网络交往的特征与本质验证了马克思交往思想的深刻内涵[①]。吴满意、胡树祥之所以下此判断，一是借助丰富的符号性互动，网络虚拟空间新的网缘关系和交往形式，拓宽和创新现实的交往实践领域；人类社会实践向网络的延伸，确证了网络交往的实践本性。二是网络信息关系决定和制约着人们网络交往的内涵，确证了交往本体论的思想。三是网络交往在更加复杂的关系，而非单一主客体关系中，建构了人的多极交互主体性，更多地满足着交往主体的需求；展现了当今时代下人的全面发展。四是验证网络交往的异化现象，体现在交往符号异化、对机器的过分依赖造成的主体性异化；另外，也造成了信息鸿沟和数字鸿沟的扩大。

---

① 吴满意、胡树祥：《〈德意志意识形态〉中的交往内涵与当今网络交往本质》，《思想教育研究》2009 年第 6 期，第 25 页。

在马克思的交往思想里，"普遍交往"是交往关系的理想状态。交往的数字化使"普遍交往"成为可能，因为数字化发展从物质上、价值上、空间上、逻辑上都为"普遍交往"打下了基础。从物质上看，信息技术的日新月异即生产力的迅猛发展为"普遍交往"提供了物质保障；从交往的本质上看，网络交往是人类社会交往和关系实践的一部分，这种"数字化交往的本质复归"，使数字化具有了"普遍交往"的价值。另外，数字全球化趋势为"普遍交往"创造了空间，私有制瓦解趋势为"普遍交往"理顺了逻辑。当然，"普遍交往"从理论向现实转变不应当仅仅局限于技术的可能性，还需要考虑以下方面：其一，交往形式再生产是实现"普遍交往"不可忽视的核心要素；其二，生产性变革是数字化时代实现"普遍交往"的根本动因；其三，治理性变革是数字化时代实现"普遍交往"的必由之路；其四，构建数字命运共同体是实现"普遍交往"重要路径。①

除此以外，我们还应看到网络交往带来的协同效率，它将生产力的发展送上了快车道；在时间和空间的盈余中，人才能获得前所未有的自由。只有使人类实践连接为一体，才能推动人类命运共同体的构建和发展。正如习近平总书记指出的，"互联网真正让世界变成了地球村，让国际社会越来越成为你中有我、我中有你的命运共同体"。②而共同体是个体满足需要、获得利益的根本基础和保障，马克思指出："只有在共同体中，个人才能获得全面发展其才能的手段，也就是说，只有在共同体中才可能有个人自由。"③

总之，网络交往表象是弥散于符号的话语实践，实质仍是丰富的社会关系实践，因此其是马克思交往思想的当代验证。

---

① 王治东、苏长恒：《数字化时代的"普遍交往"关系及其实现逻辑》，《探索与争鸣》2021年第9期，第131页。
② 习近平：《致首届世界互联网大会的贺词》，《人民日报》2014年11月20日。
③ 《马克思恩格斯文集》第1卷，北京：人民出版社，2009年，第571页。

二、和谐社会需要和谐的网络交往生态

网络交往与风险社会双向不确定性的双向强化。

从网络交往参与者个体来说，以数字人的身份参与其中，自我身份管理由真实与虚拟交织。在线自我表现是去躯体性、去真实身份性的，即所谓的身体和身份的"双重不在场"。现实社会的阶层结构在网络的匿名中被扁平化，参与者不必将真实的社会身份呈现给他人，承受现实的道德感约束；中介性交往，使得参与者也不必与互动者进行即时的社交眼神接触，承受面对面的心理压力。这种交往方式给人们带来了交往的自由，虚实选择的可能性和网缘的随意性，赋予交往参与者进行自我编造、歪曲、虚假陈述甚或完全的欺瞒等的可能性。虚实身份的各种冲突由此产生，引发虚拟社区人际间的各种不和谐状态，如角色错置、心理失衡、人格扭曲、网络欺骗、自我迷失等，它们困扰着人们的网络交往。

从参与者的关系建构而言，当今中国的现代进程，不断推动人们从囿于地缘的亲缘和熟人间交往，进入城市流动社会的个体"原子化"交往。这种交往的主要特征之一是"不确定性"，人际间的"自由"帮助个体摆脱了传统乡俗的桎梏与束缚，也不可避免地让个体丧失了传统社群给予的稳固和安全。也即不确定性不仅加深了个体的社会游离、怨恨、焦虑和不安等负面情感，更增加了难以把控的社会风险。尤其是怨恨这种核心负面情感，在社会交往中充分地以各行为或表达方式释放出来；第三章我们将怨恨作为网络情感结构的主体，或者说情感脉搏，与同情一起，深入讨论其表现特征以及形成的缘由。

网络交往封闭圈群与广泛的社会网络混居，强弱关系并存，且随缘而结、关系不稳定等特性，强化了人际交往的不确定性。网络交往也打破了私人领域与公共领域之间的传统边界，这种交往形态带来的不确定性，已成为人们社会生活融入虚拟社区的常态。在乌尔里希·贝克（Ulrich Beck）看来，我们正生活在"人类文明的火山上"。网络交往形态的演进，体现了交往文明的进步，但这

种交往也必然带来社会风险的滋生蔓延。

另外，从社会分层带来风险的角度来看，网络社会的再分层带来阶层落差甚或鸿沟，引发如现实社会般的阶层冲突和流动性风险。网络的"圈层化"意味着人群的圈子化和人群的重新层级化。这种层级承接于现实的社会分层，也在个体的网络关系结构中重新形成。彭兰认为这种新的层级分化，与现实社会阶层因素的叠加，"可能带来网络人群在话语权、文化偏向、趣味、应用及获利能力等方面的落差"①，当下这些落差可能未必都成鸿沟，但随着网络社群的更为普及、成熟和固化，人们身份的流动可能会更为固化。

网络和谐交往生态是社会主义和谐社会的重要组成部分。建设社会主义和谐社会，需要社会经济繁荣以及民主法制的保障，更需要精神层面的内心安宁和谐。和谐人际交往是和谐社会建设的基础因素，失谐冲突和对抗，会极大地威胁社会稳定。创建网络和谐交往生态，是建设社会主义和谐社会的重要组成部分。我们需要正确认识现实和虚拟社会交织着的怨恨情感，从文化伦理、制度规范和个体人格等各种层面，探寻化解怨恨、解决交往困境的合理化路径。

总之，负面情绪的长期淤积，促进了主导性情感——怨恨的生成。可以说，怨恨作为一种人际交往的情绪，当下已弥漫于现实和虚拟社会生活中，网络空间普遍存在的仇富仇官心理、非利益相关性报复、漫骂网暴、污言秽语等就是怨恨情感的典型表现。当下，社会中的风险遭遇网络社会，风险以特有的方式在网络空间中侵入、渗透和传播。而经网络空间的弥散和链式传播，怨恨扩大了其作用范围，有力地聚拢起现实和虚拟社会中相关的情感共识。怨恨情感在交往不确定支配下，经某种情感强度递增和繁殖机制，最终可能蔓延整个社会。这会放大已存的新生的各种社会风险，并加剧社会失谐的风险。应对这种风险，保障和谐社会，建构网络交往的合理秩序，为和谐网络社区提供精神文化支撑，

---

① 彭兰：《网络社会的层级化：现实阶层与虚拟层级的交织》，《现代传播（中国传媒大学学报）》2020 年第 3 期，第 9 页。

是和谐社会建设的重要组成部分。

第三节　社会学视野中的多元交往合理性与合理性分析框架

一、社会学视野中的多元交往合理性与合理化

本书的理论基础是社会学视野中的多元交往合理性与合理化。在展开研究目标和思路框架之前，有必要先介绍与此相关的几组概念；并对多元交往理性，即韦伯的工具合理性、哈贝马斯的交往理性和儒学的和谐交往理性，进行概述和简要比较。最后，在下一节，基于中西哲学的比较视野，介绍有关情感与理性关系的基础理论。

（一）"合理性"与"合理化"的内涵与内容

理性（reason）是事物的本质和内在规律，这是黑格尔哲学的思想。而古典社会学家韦伯在继承和发挥其思想后，提出"合理性"（rationality）这个重要的社会学概念（非理性主义及与情感相对的理性"rational"，本书所谈"交往理性"的完整意义是"交往合理性"），用以分析人类行为和社会。

合理性指人的一种能力，这种能力的发展无法离开人的经验。因此，合理性不同于哲学理性的超验性。经验源自于实践，更来自知识；而合理性正是为人的行动提供的一种知识准则和规范。

依据合理性研究的社会层面视角，如伦理、制度、人格等，其可称为社会学合理性。三维层面的交往合理性，提供给行动者行动的是一种背景知识或用来论证自己行动的知识，这种知识来自人的实践经验。总之，现代社会学合理性为人们提供一种经验的、相对的普遍性知识。

"合理性"概念是一种知识准则和规范，判断一件事情是否合理，只能在人与世界的相互关系中来进行。因此，从根本上说，合理性概念与关系有关。另外，由于人在这个世界上的存在和地位，依凭自己的活动或行为来确证是一种态度。合理性概念表达的是人对行为、行动或事情的一种态度范型，态度从属于人的主观价值取向。对一个行动或行为模式合理性或不合理性的判断有两种"关系"依据：一是"因果关系"，若对目的有效则是合理性的；若对目的无效则是不合理性的。二是"逻辑关系"，若能推此及彼则是合理性的；若无法推此及彼则是不合理性的。

总之，在社会学合理性框架内，合理性性质的判定依据是人与世界关系的取向、知识和主观价值的取向。合理性涉及从普遍到具体的多个层面，一种世界观（文化或思想）提供什么样的知识准则（或经验普遍准则，即合理化），以及如何运用这一知识指导日常生活、实践和行动（即行动准则）。不同合理性提供不同性质或不同取向的知识。同时，这一知识取向也受制于知识预设，即人与世界关系的取向。因此，我们把人与世界关系取向和知识取向作为界定不同合理性类型的依据。

"合理化"是普遍经验知识的确立过程。[①]社会学的合理性需要完成"合理化"，才能将理性转化成对社会行动者的生活指导。因此，合理化是由合理性所规定的普遍经验知识和规范的确立过程和生活指导的意识结构形成过程。社会合理化就是社会、社会行动者将有利于自身发展的原则组织起来，这一原则是为了实现社会和行动者的目标。社会目标和行动者目标都处于现实生活之中，属于经验世界范围；同时，又成为社会组织和行动者行动的普遍准则。

---

① 陆自荣：《和谐合理性——儒家思想合理性之研究》，博士学位论文，上海大学，2005 年，第 45 页。

（二）韦伯社会学的三对概念：工具与价值理性、信念与责任伦理、程序与实质理性

价值理性与工具理性的冲突和对立，是韦伯社会学理论中最重要的命题，他将之理解成现代文明的全部成就和问题的来源。在韦伯看来，这种对立引发人们行为规则的信念伦理和责任伦理的两难。深入地理解这二者之间的关系，是把握网络交往中社会矛盾和个人内心矛盾的一个重要方面。韦伯重要思想的概念表达，习惯用一些两极对称范畴。因此，下面简要介绍他的数对概念。

为了规避"绝对伦理"指导世俗生活和行为时的局限性问题[①]，即如果为善之目的，在什么情况下，能够把道德上值得怀疑的手段和副作用神圣化？韦伯从宗教伦理转为社会实践行动考察。在他看来，一切以伦理为取向的行动，都可归并为两种根本上互异、又有不可消解冲突的准则，其一是责任伦理（ethic of responsibility），其二是信念伦理（ethic of conviction）。

信念伦理主张一个行为的伦理价值内在于行为本身的标准，即根据某种原则、规范或普遍的规约性，对一个实际行为做出肯定或否定的判断。它强调行动者的动机，包括心情、意向、信念的正当价值。责任伦理的伦理价值只在于行为的后果，它要求行动者审时度势地对后果承接责任。责任伦理与此岸性（人的世俗世界）联系，信念伦理与彼岸性（精神、信仰和神的奉献）相通。

当把伦理行为的责任伦理、信念伦理和行动指向的此岸性、彼岸性四个要素组合成一矩阵，可得出韦伯的四种社会行为类型，并简化为两大类：合理性行为和非理性行为。这即是韦伯的社会研究"理想模型"。韦伯的合理性主要指

---

① 　注：韦伯宗教伦理所言的"绝对伦理"，在道德善恶判断中非此即彼；要就全有，不然全无。具有出世的、价值判断的性质。要用绝对伦理规范来指导人们的世俗生活和行为，就无法规避这样一个事实：在尘世中，一些能称之为善的目的，往往必须借助在道德上有问题的，或至少是在道德上堪虞的手段，要冒着可能会产生邪恶的副作用的风险而达成。

"工具—目的合理性"行为（或工具合理性行为、责任合理性行为）和"价值合理性"行为。

工具合理性行为强调手段引发后果的合适性和有效性，而不论动机、目的是否恰当。具体而言是"把对外界对象以及他人行为的期待作为达到目的的手段，并以最为有效的途径达到目的和取得成效"①。简言之就是不做价值判断，仅主张价值中立，强调手段对目的的绝对性。

相对的价值合理性行为，不以成败得失、功用效果为行动原则，而是强调基于价值和信仰的义务和责任；表现为"对纯粹自身行为本身绝对价值所持的自觉信仰，无论这种价值是表现在伦理上、美学上、宗教上，还是表现在其他方面，这种行为并不考虑有无实现的成效"②。总之是价值合理性把价值关怀置于判断的中心，强调目的的绝对性。

同时，合理性行为也与伦理相连。工具合理性是基于对"存在是什么"的认识，故它与责任伦理相联系；价值合理性行动则基于对"存在应该是什么"的认识，故它与信念伦理相关联。

非合理性行为主要指传统行为和情感行为。其中，情感行为无需经过主体有意识的考虑和反省，不符合逻辑思维或其他合理性的标准。因此，我们说，韦伯的情感行动是区分于分析逻辑思维、与理性相对的。

上述两对合理性四种行动类型的划分都是相对而言的，合理性与非合理性，包括价值理性与工具理性、传统行动与情感行动，并非指四种不同的现实行动。他们间存在着错综复杂的亲和关系，无法简单地用线性因果关系单义地加以规定，因此需要从相互转化、动态发展和辩证的角度来理解。

---

① 闫闯：《高等教育领域中的象征性秩序探究》，《湖南师范大学教育科学学报》2012年第 5 期，第 100 页。

② 李素艳：《合理性理论上的"对话"——哈贝马斯对韦伯合理性理论的改造》，《理论探讨》2006 年第 4 期，第 44 页。

无论是以预测后果为条件的工具合理性行为，还是以无条件、排他价值和不顾后果为条件的价值合理性行为，均是韦伯为便于对社会行动意义进行思考和理解所设定的范畴，它们都属于理想类型。也就是说，它们从未以纯粹的、界线分明的形态在现实中实现过。任何实际行动既包含工具合理性成分，又有价值合理性因素在内。因为人在现实生活中，总要在此岸性和彼岸性之间相对比，并做出某种妥协和平衡。同时，合理性和非合理性也是相对而言的，任何一个现实的行动都包含有这两者的因素。

在韦伯的思想中，法律社会学意义上存在形式（程序）合理性和实质合理性的对立。社会的秩序正当化过程就是展开对导引行动的规范。这种正当化形式的产生，是源于具有赋予正当性的形式的或实质的合理性原则。

形式合理性是根据形式的（法律的）原则，是关于事实之间的逻辑关系判断；它在解释事实的意义问题时，注重采用抽象、逻辑的方式。实质合理性是根据社会秩序中实质的（公正的）原则、基于价值对不同事实做出的伦理关系判断，因此必须把事实放回到具体情境和现实秩序中去做适用性的查勘，而无需经过抽象的逻辑分析得出。

在社会行动中，存在着一种价值伦理的两难选择。从价值角度看，应该关注行为的程序合理和手段有效；但从伦理角度看，则更应该看重因果善恶和目的美丑。

韦伯在考察西方社会现代性危机时，将其根源归咎于理性的泛滥。他用西方现实是"形式的合理性和实质的非理性"的说法，来概括西方社会的异化现象。他认为西方社会的理性化是一个由价值理性向工具理性异变的过程，"理性化导致了非理性的生活方式"，即把工具合理性这一手段当成终极目的来追逐；从而导致非合理性现象的产生。社会机器的高速和有效率的运转，社会生活节奏的加快，物质财富的增多，法律和各项规制的逐步完善，在形式上是合理性的；另一方面，处在工具理性畸形发展社会结构中的人，思想观念的堕落和人的异化正在发生，人与人之间主体—主体的沟通关系被主体—客体的支配关系所取代，商品和资本崇拜、技术崇拜和权力崇拜等，窒息了人的精神灵性，降低了人的文化水准、剥夺了人的自由，使现实变为实质上的非理性。

韦伯认为，人类社会发展至今已成为一个理性化的、祛魅的世界，宗教先知们已成芸芸众生，可用"古人"一以代之。在多元价值之间存在差异、冲突的当下，人类其实已经从精神上退回到"混沌"，因此，我们常常能够感知到，身处其中的"我们"已陷入迷茫。如何破解？韦伯认为，需要唤醒现代人的情理道德，让其看到自己的选择可能给自己生存的社会带来的不良后果。因此，不应该一味地追求效率，而应该在情理道德与追求效率之间寻求葆有张力的平衡。在做选择时，要秉承责任伦理的心态，以工具合理性仔细地考量各种主客观因素的作用并权衡利弊得失，充分考虑到自己的选择带来的可能后果。①

总之，在韦伯的思想中，法律社会学中的形式合理性和实质合理性的对立，当涉及社会领域及与人们的行动发生关联时，就衍变成工具合理性和价值合理性的冲突。促使人们做出某种行动的除了意志、情感因素外，还有对行动做出判断的标准，这种对行动做出肯定或否定判断的标准就是伦理规范。

（三）哈贝马斯交往理性、对话伦理与公共领域

交往理性是一个完整的、整合的道德实践理性概念，下面我们在与工具—目的合理性的比较中来理解哈贝马斯的交往理性。

韦伯将西方社会现代性危机的根源归咎于理性的泛滥。而价值理性向工具理性的异变，也成为众多学者分析西方社会及其理性化过程的出发点。哈贝马斯欣赏韦伯的现代性批判，但他认为应对现代性危机负责的不是理性的泛滥，而恰恰是理性的匮乏。而对工具理性批判已陷入歧途，没有为理性的重建找到路径。

---

① 苏国勋：《从韦伯的视角看现代性——苏国勋答问录》，《哈尔滨工业大学学报（社会科学版）》2012 年第 2 期，第 15 页。

　　哈贝马斯看到了包括认同危机在内的现代性危机的根源，这个根源就是启蒙时期就已经确立的主体哲学。这个主体哲学是"以人为主体"的哲学，从当时所处的历史时期、包括现代工业科技的发展上看，这个哲学是个了不起的进步。但工业科技的发展不是人类生活的全部，这种以单向思维建立起来的主体哲学一定会发展到走不下去的那一天。"那一天"已经到来。哈贝马斯认为，这个主体哲学制造了现代社会的悖论，因为当我们强调"人"的时候，"自然"就会变成可支配的客体；强调"自我"，"他者"又被置于对立面。所以，这个主体哲学本质上是一种斗争哲学，它将自然、自我、他者简化为可利用的客体和可征服的对象。这也就是我们熟知的"主体—客体"二元关系，正是这个二元关系造成了现代社会人与自然、人与人之间的冲突和对立。

　　启蒙时期确立的主体哲学已完成了它的历史使命，是时候要进行哲学改造了。为此，哈贝马斯提出了"主体间性"的概念。"主体间性"与"主体性"不同，这个"间"字强调了人与人之"间"的关系。这种关系就是平等对话的关系，怎么做才能"平等对话"？"培育交往理性"就是哈贝马斯给出的答案，"交往行为的目标是导向认同。认同归于相互理解、共享知识、彼此信任、两相符合的主体间的相互依存"。[1] 为了免于单向思维制造悖论，哈贝马斯提出"工具理性与价值理性的均衡发展"。交往理性是在生活世界中通过人与人之间的平等对话逐渐培育起来的，"平等"不仅是地位上的平等，还包括机会的平等，遵循无强制原则，在"平等对话"中达成理解和共识的形式有互动、对话、反思、批判等，不怕形式上的冲突，只要是平等的，理解和共识就能最终达成，认同的价值基础就可以续存。[2] 因此，可以说，交往理性也在一定意义上回应了安东

---

[1] ［德］哈贝马斯：《交往与社会进化》，张博树译，四川：重庆出版社，1989 年，第 3、28 页。

[2] ［德］哈贝马斯：《现代性的哲学话语》，曹卫东译，北京：译林出版社，2004 年，第 390 页。

尼·吉登斯（Anthony Giddens）对认同危机的忧虑，它为不同社会关系和文化形态间的开放、平等、有效沟通提供了必要的前提和规范。

为了克服理性的匮乏，哈贝马斯提出了交往理性作为理性建构的方向；其对话伦理思想大抵可以归结为"一个范式（对话）、两个原则（U 原则与 D 原则）、三种权利（地位、机会和话语权平等），以及可理解性、真实性、真诚性和正当性四个宣称"。[①]U 原则与 D 原则即普遍原则与对话原则。

交往理性是一种对话范式。交往理性的伦理基础不是先验规范，而是来源于主体间交往，是对话的产物。它摆脱了道德是个体理性和意志独白的处境，也摆脱了道德是共同体预设的底线。交往理性体现在交往行动中，就是遵循主体间相应的约定规范，包括共同的语言规则与价值规则，这些规范经过对话者充分讨论、普遍认同，也是主体间参与对话时的相互期待所在。哈贝马斯的对话范式是以语言为中介达致相互理解的。在交往中，交往主体间需要借助言语或话语进行互动交流，相互呈现自我形象和个性，陈述客观事实，表达主观意向，沟通对规则、规范和价值的理解，以及对客观世界的理解。

对话及其普遍性原则。所有参与对话者的共同认同，是一项道德规范有效的前提；但认同应当体现和满足所有人的利益，即获得普遍认同。进而，我们才能说道德获得了普遍规范性。普遍规范是非先验的，而是源自对话、协商和满足所有人的利益。

要实现对话的普遍规范，对话者之间需要构建主体间性；即抛弃"主体—客体"的单向和支配关系，转向"主体—主体"间的双向、平等关系。实现主体间性的条件，可具体化为对话实践中的三种平等权利：地位平等，交往主体皆可以平等身份参与讨论；机会平等，包括有权质疑、提出主张和议程，有权表达自己的态度、愿望和需求；话语权平等，指的非强制、被支配的言说情境。另外，主体间的对话，也体现了"彼此的反思与批判"。

---

① 胡百精、李由君：《互联网与对话伦理》，《当代传播》2015 年第 5 期，第 9 页。

上面的表述，实质包括两个方面，一是对话范式的道德，指的是以对话形式本身（包括观念、原则和方式）确立道德准则；二是对话自身的伦理道德，指的是对话（参与主体、关系和活动）所应遵循的价值规范。哈贝马斯将对话自身的伦理称为交往理性；它扎根于现实生活，对主体间的沟通行为进行规范，用以缓解现代社会因多元价值冲突而导致的认同危机。另外，哈贝马斯为了使交往理性获得更具操作性的原则和程序，在生活世界的语用学研究基础上，提出了交往理性的四个有效性宣称，即有意义、真实性、正当性、真诚性。

在《公共领域》中，哈贝马斯对公共领域的内涵做了深度概括："首先意指我们的社会生活的一个领域，在这个领域中，像公共意见这样的事物能够形成，公共领域原则上向所有公民开放。公共领域的一部分由各种对话构成，在这些对话中，作为私人的人们来到一起，形成了公众……当这个公众达到较大规模时，这种交往需要一定的传播和影响的手段；今天，报纸、期刊、广播和电视就是公共领域的媒介。"① 这个概念清楚表明了公众、沟通媒介和公共舆论之间的关系。公共领域处于私人领域和公共权力领域之间，是一种可以生成舆论的交往场域。参与主体是公众，公众由单个个体聚合而成，公众所处的情境是自由的、平等的、非强制的，公众可在此情境中发表自己的看法，并借助大众媒介形成舆论。他们交流的内容、观点和意见针对普遍利益和公共利益，旨在批判和规制公共权力，协调和调和个人和权力、社会的关系。而公共舆论经过充分的理性讨论、公共辩论而达成。公共领域的条件是私人以平等、自由的身份，理性地参与公开讨论。因此，由交往理性规范的对话和协商伦理②，构成了公共领域实现的充分保障条件。

---

① ［德］哈贝马斯：《公共领域》，汪晖译，汪晖、陈燕谷编：《文化与公共性》，北京：生活·读书·新知三联书店，1998年，第125页。

② 注：概念运用中，"对话伦理"一词多与交往互动关联；而协商（或商谈）一词多与公众参与和公共领域建构关联。

总之，为了缓解现代社会人的异化、价值冲突与认同危机，哈贝马斯提出确立多元主体间的交往理性及对话伦理规范，以重建普遍、共同的伦理基础。对话者间达成共识、认同之路径，依赖于在主体间性下，三项权利和四个宣称共同构成的对话伦理基础，或者说"理想言说情境"。而构建公共领域需要由交往理性规范的对话和协商伦理的保障。

（四）儒学和谐合理性与"仁"的精神交往实质

陆自荣在回应韦伯和哈贝马斯关于儒学合理化潜力判断的基础上，提出并界定了和谐合理性，且展开了相应论证。

所谓和谐合理性，是与和谐取向的知识预设（和谐取向的人与世界关系）关联的，提供和谐取向知识（和其关联的是和谐取向的人与世界关系预设）的合理性。根据人与世界关系取向和知识取向合理性类型的界定依据，儒学合理性可以界定为和谐合理性，也就是说，儒学提供的知识准则以及知识的预设都是和谐取向的。儒学人与世界关系即天人合一，天人合一本身就是和谐。同时，作为伦理本位的天人合一和对待主义的天人合一也体现和谐取向。儒学知识的和谐取向也就是德性之知与见闻之知的和谐取向，德性之知与见闻之知都是一种伦理知识，同时体现了一种内在超越，内在超越和外在超越不同，对于内在超越来说，和谐取向既是可能的也具有必要性。

儒学和谐合理化是内在的伦理合理化。[①] 儒学是一种伦理文化，提供的知识是伦理知识（无论是德性之知还是见闻之知都是伦理知识），因此，儒学的合理性潜力应该从伦理的角度来进行研究，并且从内在的角度进行研究。所以，从合理性方向的角度来判定儒学合理化，儒学合理化是内在的伦理合理化，方向

---

① 注：世界观合理化具有不同的方向，可以按伦理和认知的角度划分为伦理合理化和认知合理化，也可按外在和内在的角度划分为内在（规范或主观）合理化和外在（客观）合理化。

的判定是界定的前提。①

对于儒学的和谐合理性进行探讨和界定，不是想要给和谐一个新的含义，而是要将儒学中的"和谐取向"点明；而且需要关注到和谐取向"一以贯之"（中国传统哲学的共通之处）的特性，即在儒学的伦理、制度与人格各个层次上都以和谐取向贯通。虽然各个层次的和谐类型不同，但它们都属于和谐取向。

陆自荣在初步界定儒学和谐合理性后，进行了三个层面的论证性分析。伦理（文化或世界观）、制度（世界观的制度化）和人格（世界观下社会行动人格化）三个层面的分析是贯穿于韦伯、哈贝马斯的合理性分析之中的。

总的来看，儒学就是关系伦理的学说，但儒家伦理体系又具有明显的层次性。正是由于这种层次性，陆自荣有了和韦伯、哈贝马斯的合理性进行对话的空间。他认为，"仁"与"礼"不一样。孔子创立"仁"是为了以"仁"释"礼"，为"礼"找到普遍的道德基础。在此，"仁"是一种普遍的准则，而"礼"是具体的制度规范。所以，在研究中陆自荣把"仁"作为伦理层面的分析对象，而把以"礼"为基础的"礼制"作为制度层面的分析对象。人格层面分析的是君子，君子是"仁"的人格化。

从伦理层面来看，和谐合理性是立足"仁"的儒家伦理的和谐取向。"仁"的和谐取向体现在三个方面：身心和谐、人际和谐、人与自然和谐。从制度层面来看，和谐合理性主要是"礼制"的和谐取向。"礼制"的和谐取向既体现在作为"准法律"的"礼"之中，也体现在其所统领的经济和政治制度之中。从人格层面来看，和谐合理性主要是君子的和谐取向。君子的和谐取向体现在君子的"仁爱""忠恕""诚信""礼让""谦敬"等行动观之中。

———————————

① 注：也有学者从传统文化中整理出关系合理性与中庸合理性，作为社会学理论构建的理论资源，但分析有待全面深入。陆自荣分析了和谐合理性优于两者的方面。认为和谐合理性更为明晰，能更好地突出儒家文化特质，并能包容两者。

儒家文化作为中华民族的传统主流文化，具有极强的交往实践性。①

中国传统文化的哲学思想与日常生活密切相关，这些处世哲学已成为人们生活的一部分。常言之"为人处事"，"为人"指个体人格的塑造，"处事"就是关于处理人与外界社会关系的准则集。春秋战国时期是中国传统哲学思想迸发的年代，其中最具代表性的"儒、道、墨、法"四家的哲学思想都具有极强的实践性，都是在思考"人与人"或"人与社会"抑或"人与自然"的总体法则，并在此基础上形成"主体—主体"交往关系的规范体系，由此成为中国传统文化哲学思想的主要向度。

儒家中心思想是"仁"，从汉字"仁"的字形上看，单"人"旁，右边一个"二"字，意为"两个人"，即"人与人"。正如雅斯贝尔斯（Karl Jasper）认为的那样，"仁"的精神实质即为交往。交往，即儒家思想的本意。因此，我们可以进一步表明，作为中华民族的传统主流文化——儒家文化，具有极强的交往实践性。"仁"是儒家在人与人交往关系方面的意象性表述，它既立出了"处事"（人与人交往）的准则，又立出了"为人"的标准（君子固仁），并用"义、理、智、信"相辅，使交往守则和规范更具象，以指导每个个体，通过交往实践过程中的言、行、举、止，实现"仁"的理想。

儒家的交往理论，是建立在对天人、群己、义利及理欲等关系价值排序基础上的，主体在交往中依据对这四种关系的价值判断做出抉择，从而希冀实现中庸致和的思想交往状态。

儒家的交往伦理具有人伦化特征，注重交往主体双方关系的协调。如中国人追求人际交往关系的建立，但其普遍遵循的仍是人际认同法则。这种认同法则与中国传统社会重家庭、家族、宗族以及地缘性共同体有着内在的切合性。中国人人际交往中的"九同"或"十同"法则，实际上都是在这一基础上演绎

---

① 刘宁：《交往与抉择：儒家精神交往思想的现代解读》，《贵州社会科学》2014 年第 11 期，第 21 页。

出来的，目的都是为了应对人际交往中的各种情境。

而人际交往双方协调和认同的原则，依然由"为人、处事"构成。为人，即道德反省实践，通俗地说，就是一种自我完善的活动；我们熟知的"坐忘""顿悟""知行合一"等自省方式，都是以"交往生活实践"为自省内容，通过内"化"（即儒学合理化）而达到自我道德完善。处事，则以人情化和情感化为纽带；由血缘关系、天然情感、家庭本位、生存本能、伦理纲常等构成一个庞大且复杂的社会交往人情网，显然，在这个"网"里，个体的个性与平等主体间的人际交往被忽视，甚至可以说被冷落。

综上所述，中国传统文化的哲学思想，"人伦化"特征明显。传统哲学思想注重主客体关系的协调，为规范和处理主客体关系提出了一系列准则。虽然"儒、道、墨、法"各家有各家的思想主张，但都遵循同一个原则，即通过人际交往和社会实践协调主客体的关系。儒家以"仁"为中心思想的实质就是在强调人与人之间的交往；而儒学合理化是一种内在的伦理合理化。因此，我们可以说，儒学在交往合理化与内在合理化方向具有较高的合理化潜力。

二、情感与理性的关系：基于中西哲学的比较

关于中西哲学对情感与理性及其二者关系的理解，本书从以下两方面解读：

（一）西方哲学情感与理性的二元对立

西方哲学认为理性是一种对公共商议当中无偏颇性的规范，也可简单理解为人的理智能力，包括形而上学的思辨能力，其特点是概念化、形式化、逻辑化；而"共同的理性能够保障人们思考'我们'的命运和'他们'的命运"。[1]

西方哲学的主流传统是理性主义，受其支配，情感一般只是被作为与理性

---

① 郑琪：《公共领域理性与情感的博弈——公共情感研究缘起与分析》，《青年记者》2019年第24期，第32页。

相对的所谓非理性的具象形态之一。蒙培元检视了西方哲学传统的情感与理性的二元对立，认为"这是不可否认的"。^①"人是理性的动物"这句西方名言充分认定一个西方哲学的基础，即理性而非情感是人最本质的规定，排斥了情感在"生而为人"和人性中的核心地位。因此，虽然西方哲学有一些关于情感问题的论述和见解，现在看来仍然是不入流的。

如休谟（David Hume）的情感伦理学认为情感是伦理的基础。他指出，在面对"伦理"这个话题时，理性是无能为力的，因此不能把理性作为伦理学的基础；伦理学的基础也不是经验，经验只与认识有关。并且，休谟将伦理、同情心和正义三者联系起来。在他看来，"将伦理建立在人的同情心之上，这是一个自然原则，人类的正义原则就是建立在这一原则之上的"。^②同样的，当代哲学家卡尔纳普（Rudolf Carnap）、艾耶尔（Alfred Jules Ayer）等人也是在观照情感的基础上去剖析伦理，而不是认识。但他们忽略了情感纯粹感情化、私人和主观的特点，太过于强调情感在伦理中的作用，从而走向另一个极端。显然，这些西方哲学家仍然是在情理两分、相互排斥的逻辑中思考情感的地位。

康德（Immanuel Kant）哲学也涉及情感，他批判了理性独断，并将理性从理智能力、思辨能力向认知理性转变，以此确立了认识的主体原则。他在道德哲学的领域，将审美情感与道德情感结合起来，提出人类的崇高感，肯定敬畏之心为重要的道德情感。虽然如此，他始终是排斥情感道德的，认为其不能进入理性殿堂。实质上，他也没能克服理性主义传统，且某种程度上将情感与理性的分离向前推进。

近几十年来，不仅在哲学领域，其他领域也开始重视情感在日常政治和人类社会中担任的角色。如情感对政治的影响，是一种常见的研究方向。瑞劳斯克（Redlawsk）即认为，公众对政治的态度和看法，情感扮演着至关重要的角

---

①②　蒙培元：《情感与理性》，北京：中国社会科学出版社，2002年，第9页，第10页。

色。① 情感社会学者如乔纳森·特纳（Jonathan H. Turner）和简·斯戴兹（Jan E. Stets）也指出了情感在人类社会行动中的意义。②

理性主义的独断和对情感的轻视，会造成人和人本质问题被疏远的偏向。显然，情感—理性的研究者们也发现了这一问题，后现代哲学权威在对理性主义的批判中，就提出了"恢复完整的人"的研究方向。西方也有人文主义传统，他们也同样关心情感问题，值得注意的是，关注情感的价值并非与理性主义传统背离，它们其实是相辅相成、互为表里的关系。但是，关注情感价值的大多数学者都称自己为"非理性主义者"。这种否定理性的称呼表明，他们仍在情感—理性二元对立中思考问题。

（二）儒学情感与理性的交融

在情感—理性的研究上，中国的儒家哲学迥异于西方哲学。虽然情感在中国的儒家哲学思想中占据重要地位，但儒学不会将理性与情感对立起来，因为中国传统文化从根上来说，就是相互包容的关系，植根于中国传统文化土壤的儒学自然也不会例外。儒学不仅在人的生存和人的交往问题上对情感的地位表示肯定，而且还专门为理想化的情感树立起一种抽象化的标符——君子，在君子身上赋予了很多准则（理性）的故事性行为，这种标符就是将感性与理性统一的体现，并由此建立起具有普遍有效性的德性之学。

理性在儒学中大体上是指有关人的行为、行动的原则或法则，在儒学中被称为义理、性理；因此，从名称上我们可能会认为儒学是主张理性主义的。虽然蒙培元也认同儒学是理性主义的，但"儒学的理性是情感理性而不是与情感

① Redlawsk, D. R.（ed.）: Feeling politics: emotion in political information processing, New York: Palgrave Macmillan, 2006, p.17.
② ［美］乔纳森·特纳、［美］简·斯戴兹：《情感社会学》，孙俊才、文军译，上海：上海人民出版社，2007年，第52页。

相对立的认知理性，或别的什么理性"。① 人们通常说，儒学即仁学，在本质上是情感的，同时又是理性的，是理性化的情感或是情感的理性化。

在中国传统哲学中，儒家更侧重于个体的生命关怀，将情感作为人的存在问题来对待。正如前文所述，从汉字结构上就可以看出，儒学的"仁"关注的是"人"，而且是两个"人"，即两个人之间的关系。两个人之间用什么来维系呢？当然是情感。而且，儒学还将人原发的、本能的、最重要的情感（如血缘、亲情、人情）作为恒常的情感提出，使维系更长久。但是，血缘、亲情、人情这些恒常的情感（我们俗称的"人之常情"）有其局限性。因为，一旦"人之常情"与行为准则产生冲突，就会破坏社会良俗。这就是摆在情感与理性之间的难题，儒学巧妙地用"君子"来破解了，并用"仁"整合了君子的情感。因此，"仁"不是简单意义上的情感，是道德情感。"君子"还打破了中国传统社会阶层间的界限。君子在民间，仁为爱物；君子居家族，仁为亲情；君子在朝堂，仁为仁民。君子立于天地万物之间，无论身在何处，都能找到作为人的安身立命之地。仁，渗透着情感，使天下和谐、通达、情理交融。

儒家宣称情感不仅仅是私人的、主观的情感。人类有共同的情感，共同情感是人的德性具有普遍有效性的明示。儒家讲仁者爱人，本义讲情感，但爱之理，正是以爱这种情感为其内容的，离开爱之情，仁性无法实现。正是在爱的特殊活动中，才能体现仁性的普遍性。因此，我们说儒家所言的情感是共同的、普遍的情感。

儒家学说讲义理、性理，也就是理性；但它是实践的理性，而不是理论的理性。它是有关人的行为、行动的原则或法则，而不是理论思维、理论认识的概念或观念；它指导人自身的实践活动，不是指导客观认识。同时，这种理性又不同于康德所说的纯粹的实践理性，不是远离感性经验的理念。它就存在于情感之中，或者通过情感活动体现出来，或者说，是以情感为其内容的具体理

---

① 蒙培元：《情感与理性》，北京：中国社会科学出版社，2002年，第3页。

性。孟子所说的仁义礼智根于心，心悦理义，朱子所说的爱是情、爱之理是性，都是这样的具体理性，而不是超绝的纯粹形式。总之，儒家所言的性理，是作为人的存在本体，并不是实体，也不是纯粹的自我意识或观念实体，而是实践的准则，也是情感的存在样式。因此，性理绝不能离开情感而存在。同时，情感能够通向性理，具有理性形式。或者说，情感本身就是形而上的、理性的。又或者说，情感是理性的实现或作用，所谓情感通向理性。

总之，情感与理性的关系问题，概括地说，就是"西方重理，中国重情"；西方是情理二分的，中国是情理交融的。儒学的理性是"情理"，即情感理性；或者说，理性是和情感联系在一起并用情感黏合的具体理性，而不是纯粹形式的抽象理性。"与西方哲学将情感与理性对立起来的二元论哲学以及视情感为纯粹私人的、主观的、非理性的情感主义伦理学相比较，儒家重视情感的共同性、普遍性，因而主张情感与理性的统一。"[①]总之，传统儒家认为，理性以"人之常情"为基础；理性与情感被视为一体两面，人无法脱离自己的情感对事物进行纯粹的考察；情感能够与理性统一，它本身就是通向理性的。

第四节　构建清朗网络空间与网络交往合理性

一、提供一种适应中国现实与虚拟场域特征的理性支持

本书的研究对象是栖身于网络社交空间的网民及其交往行动和互动的文本话语。

在交往实践的意义上，交往一般指人际间交往。网络社会在本质上是人与

---

① 蒙培元：《情感与理性》，北京：中国社会科学出版社，2002年，第21页。

人之间、人与技术之间、人与环境之间形成关系的总和。如果从社会学合理性的视野来看，网络交往合理性研究有两大领域：一是突出网络虚拟交往中人的主体性；如网络和数字技术的技术后果，拓展了哪些社会想象，如何在数字技术应用中把握尺度、捍卫交往中人的主体性等。二是突出普遍知识的经验性。

大体上人的主体性与技术、社会环境有关，而人与人的关系理性更与经验性有关。本书虽然不可避免涉及技术对交往的形式框定甚至意识和价值影响，也不可避免涉及人与社会环境的相互关系；但本书无意于反思技术决定论，或者探讨人、社交媒介与社会的多向影响。正如杜骏飞所说："在媒介—社会共同演化的基础上改造媒介环境，本质上还是要改造交往人。"[1] 因此，本书对网络交往合理性研究时，所指的网络交往即指网络人际交往，是在网络空间中进行的人与人之间的互动和信息、情感交流，目的是建立一定的人际关系，并达到相互影响、理解和认同。另外，一些学者为突出数字化和数字技术，已用"数字交往"一词涵盖"网络交往"。但本书考虑到数字交往是基于互联网技术发展的一个时代概念，更强调数字技术，不太能够体现网络平台空间物性。因此，本书为统一起见，一般使用"网络交往"的概念，但在着重谈及数字技术带来的变化时，也用"数字交往"一词。

本书所指网络交往合理性（交往理性）和合理化，沿用的即是前文所述社会学视野中的合理性和合理化概念。本书只是将合理性的概念具体到分析人类在网络空间的交往行为。或者说，网络交往合理性是为人们的网络交往行动提供一种知识准则和规范。网络交往合理性也是一个关系概念，网络交往行动是否合理，是要在人与虚拟世界和现实世界的相互关系中决断的。相应的合理化是有关网络交往普遍经验知识的确实过程；或者说，网络社会的交往行动合理化就是规范导引网络交往行动的价值展开过程。

---

[1] 杜俊飞：《公正传播论（2）：交往社会的来临》，《当代传播》2022年第3期，第51页。

另外，哈贝马斯的交往理性是本书所谈交往合理性的一种思想。为了概念应用不致混淆，本书在谈及哈贝马斯意义上的交往理性时，多带上其名，以示区别。

网络、数字技术及它们构建的社交媒介在推动"数字再社会化"过程，重构着社会现实。人们创设了新的社区和交往场景，在其中建立和维护全新的关系。网络交往因此具有了天然的公共性意义。网络交往的普遍性和公共性意义，使网络交往具有合理性建构的可能性，但现状是网络交往缺乏合理性。

网络社会的虚拟实践、交往主体的虚无与去中心化、弱关系连接、圈群封闭排他、后现代等特质，导致网络交往天然具有"理性不足"。而"理性的不足导致非理性的生存与交往方式"，造成网络社会个体的交往异化与单向度发展；如自我认同和价值取向的扭曲、行为失范和人格失格、人情淡漠、友善式微、心态失衡与关系调适困难等问题，也导致了如伦理困境、个体私权与社会公利的利益和价值冲突、社会认同涣散等后果，最终可能危害社会的和谐。如何规范网络空间与交往活动的秩序，体现网络交往的公共性价值？

网络社会的交往理性困境前所未有。网络交往的种种非合理性的存在，放大了现代性语境下生活世界的认同危机，并加剧了社会疏离、分裂和对抗；由此凸显了网络交往和谐合理化的紧迫和重要。正如杜骏飞所言，网络时代"交往的效能与边界必因演化而呈现出不同……显著地'超越'了既往，主要是因为'交流—行动'的特征已向所有的生产生活领域弥漫，但这并不意味着交往理性的增长，相反，由于需求更广、危机更深，寻求理性的任务也变得更复杂、更难了"[①]。

法制与多元的社会交往合理化从程序伦理、实质伦理等不同路径，为网络交往公共性价值的实现提供了思想指引，也提出了一些交往实践标准。但从单

---

① 杜骏飞：《公正传播论（2）：交往社会的来临》，《当代传播》2022 年第 3 期，第 52 页。

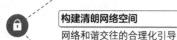

条路径而言，都存在明显局限性。学者们对网络交往秩序问题的研究取向，主要体现为以下特点：一是对网络工具理性压制价值理性的批判，但批判有余，实质指导仍流于原则性和宽泛空洞。二是对哈贝马斯的网络公共领域和交往理性寄予理想化的期待，但又难以从这种程序和批判合理性中得到其切实的交往实践准则指导，只能失望于现实的网络交往非理性现状中。其他中西方实质伦理的多元主张，也有一些学者提出和讨论，但研究取向零散，研究也相对不够系统；这些主张也难以应对虚拟匿名的交往主体，且缺乏中国传统文化底蕴。

基于上述的简要背景介绍，我们如何为网络交往提供一种理性支持？有哪些合理化的路径和规范原则可以适用？如何细化规范标准，并将其延伸至日常舆论引导实践中？

本书的研究目标，正是为进入深度媒介化的中国网络社会及其中的交往实践，提供一种适应中国现实、虚拟场域特征的理性支持。并源于这种理性，找寻可以适用的合理化路径和规范原则，进而将其细化为网民参与行动的规范标准。总之，本书是希望能为网络交往的素养教育和日常舆论引导提供一种有关网络交往实践的知识准则和行动规范标准。拟从以下三个方面解决数个核心问题：

一是展开研究的前置问题：第一，建构网络交往理性的背景、理论依据和分析路径各是什么？第二，网络交往作为一种虚拟交往活动，其主体性、主体意识和实践性是否是真实的？网络交往的公共意义是否存在？或者说，虚拟交往的特质能否支持网络交往的理性建构？

二是分析、比较性问题：第一，如何理解网络表达中情感与理性的关系？网民互动话语的情感逻辑应是有迹可循的，如何突破话语表层意义，还原文本生成的语境，追踪其表达的情感与理性？第二，在社会学交往合理性的三个维度上（网络交往的伦理、制度与人格），不同的交往合理性分别重点关注网络交往的哪些内容？多元理性多个维度的比较和对话，能否阐释和回答网络交往的表现、归因与规范等核心问题？第三，研究所建构的交往实践的相关准则能否适用于网络交往行动者？如何具体与细化，保证其有效的指导性？

三是建构性问题：为什么要初步提出"社会主义网络和谐交往理性"这一概念？如何阐释其内涵和核心要点？

二、网络交往合理化的三维分析框架与研究路径

媒介—社会的共同演化，必然引发社会诸多结构性和观念性的变革；这种变革也体现在社会交往方面。媒介技术的演进推动人类从现实交往、媒介中介化交往向当今的深度媒介化交往发展。人类开始生存于一个由网络和数字技术所建构的虚实相融的网络社会中。人类交往的内涵和本质未变，但交往的主体性、交往的形态、人与人之间的关系等均发生了革命性的变化。当然这种变革也引发了各方面的问题和困境，并为社会和谐带来风险。在这种媒介—社会的演化背景下，本书展开有关网络交往理性建构和合理化知识准则和标准厘定的研究。

本书采用的是社会学合理化路径，即在理性主义以及合理性、合理化范畴内，研究网络社会交往实践的合理性建构和合理化路径、标准的制订。也就是说，本书的理念基础和研究路径，并非基于语言和符号的实用主义交往哲学分析。[①]

从理论基础而言，本书以马克思主义交往实践理论为出发点，基于中国传统儒学以"仁"为基础的交往伦理，并融合了西方工具理性、公共领域交往理

---

① 注：实用主义并没有一个统一的有关交往的理论，但有共同关注的主题。其共同旨趣是交往的本性和能力等基本问题，以及不同交往行动的条件及其结果是什么；研究路径是发掘"研究交往实践和解释这种实践"的共同基础，为解释交往实践提供丰富而精微的方法。总体上看，皮尔士（Charles Sanders Perice）的实用主义本身就是一种对符号进行系统研究的符号学学说。如皮尔士专注的是交流的语言；杜威（John Dewey）关注的则是语言的交流；詹姆斯（William James）的符号现象学研究的焦点是符号与符号行为过程中的经验，研究目标是描述和批判。而米德（George Herbert Mead）在社会心理学领域，从社会秩序出发，成功地分析了语言的机制，阐述语言符号在心灵、自我以及人类社会生成和发展中所起的重要作用。王振林：《现代西方交往理论研究》，北京：中国社会科学出版社，2015 年，第 11 页。

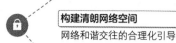
性及其他实质理性。社会学者一般是在三个维度上展开合理性分析的，本书遵循此分析路径，从网络交往的伦理（文化或世界观）、网络交往的制度（世界观的制度化、儒学的礼制）与网络交往的人格（世界观下社会行动人格化，包括行动动机、日常行为）三个维度展开。交往合理性的核心是交往伦理，国内学者多在伦理道德概念上讨论网络交往秩序问题，将"制度"和"人格"两个维度作为伦理秩序建构的一个方面，如以法制制约保障伦理，以人格培养提升伦理，而非在合理化概念下从三个平等的维度来研究。在每个维度上，结合网络交往的多元、网状连接属性，关系、认同等交往特质，分别从上述三种主要交往理性思想展开比较性分析和讨论。分析的具体内容无外乎网络交往行动者的表现、归因与规范。

需要说明的是，本书所论述的伦理，是网络交往合理性的主要维度，实质在三个维度上起到统领作用，是本书的研究重心所在。在此，伦理是和文化或世界观等同；也就是说，我们这里所指的伦理是作为世界观的伦理，是普遍原则的伦理。在儒学中，与这种伦理对应的是"仁"和"礼"。儒学并不像西方文化，伦理和制度（法律）分得十分明确。礼是作为一种人伦原则或宗法、礼法原则，是指导人们行动的具体制度规范。因此，在我们的研究中，选择仁作为伦理层面的考察对象，而选择礼作为制度层面的考察对象。

本书对网络情感研究给予了高度重视。西方理性主义与中国儒学对情感与理性的关系有不同的哲学思路。本书结合情感话语实证分析，也结合相关研究成果，深入讨论了网络交往的情感表达问题；且将情感分析融入后续伦理、制度与人格的讨论中。

本书的创新点与价值体现在以下方面：

首次将社会学交往合理性的概念、内涵内容、分析路径等理论资源，相对系统、完整地引入网络交往理性建构研究中。将韦伯的工具合理性、哈贝马斯的交往理性、儒学的和谐交往理性的比较，贯穿于合理性的伦理、制度和人格三个维度的研究中；在本书中，将源自现实社会、源自中西方的合理性与网络现代性及场域特性有效结合。

研究摆脱了单一的理性框架，结合中西方多元合理性理论中抽取了网络交往合理性研究的理论资源。研究跳出一般的网络行为与动机分析、非理性表现归因探讨、零碎的行为规范和秩序建构、伦理引导等研究路径，也跳出了工具理性—价值理性冲突的批判路径，摆脱了源自西方的理解取向的对话协调伦理等合理化分析框架的局限性，系统性地以多元西方理性结合儒家的人伦与情感立场，考察、阐释与解决网络空间的理性混杂状态，并明确提出多元交往伦理普遍规范可相得益彰。

首次从网络交往情感与理性关系的视角，相对系统地讨论了网络交往的情感表达特征以及情感交往对公共领域建构影响及机制等问题。这项研究和网络交往伦理建构研究一起，构成了本书的重心所在。情感视角的完整引入，有助于我们完整理解中国网络空间交往的特征。情感表达、怨恨等负面情感与线上线下社会和谐的关系，关系到个人的生存状态，关联到国家和社会的和谐稳定，因此网络情感研究有重要意义。哲学、情感社会学、社会心理学、信息科学和传播学等，均对网络公共空间网民表达中的情感表现给予了重视。网民尤其是弱势阶层的情感激荡，在多起热点事件中表现出的群体情感，尤其是怨恨、同情等，已体现出舆论动员力量、道德力量和规范力量。

本书超越了"情感—理性"的二元对立的逻辑，在反思以往公共领域以及网络交往情感研究的理性主义范式基础上，总结和分析中国网络交往情感研究的理性主义范式。传统儒学道德情感的情理交融哲学提示我们，网络交往行动中情感与理性伴生且不可分割。脱离任一方面，讨论公共互动问题难免是有局限和片面的。

本书的实证数据和发现立足于一项情感交融观的文本情感分析研究，目的是突破负面情感的"非理性"表象，理解其在理性建构方面的价值，并探讨阐释情感理性间的交融关系，以支持本书的观点。考虑到特定平台和话题的网民情感表现具有偶然性和不确定性，因此只能说本书结论有特殊性也有典型性。

本书的研究有中国传统文化特色，优于单一化的当代理性的网络交往理性建构；这是对传统伦理现代性和时代性转型的一次重要的理论建构尝试。在当代理性适用性不足的背景下，在中国传统儒学中寻找支持。把传统文化与当代交往合理性勾连，不同交往合理性比较，相关的比较和对话主要发生在儒学合理性与交往合理性之间。

哲学或社会学的合理化知识准则和规范标准，与现实的社会运行常存在或大或小的差异。本书希望能够调和两者，找到指导网络社会可持续发展的路径和规则。本书除了提供一种适应中国现实、虚拟场域特征的理性外，也基于实证、比较分析和逻辑分析，针对性地提出具体、细化的实践伦理规范和引导策略。希望本书成果能促进网民的理性交往，并为政府的网络治理与引导提供理论、理念与话语策略支持，促进和谐网络社区的形成。

本书提出的研究目标，正是为进入深度媒介化的中国网络社会及其中的交往实践，找寻可以适用的合理化路径和规范原则，进而将其细化为网民参与行动的规范标准。

本章为绪论部分，介绍研究背景、学术路径、研究目标与思路框架。首先对媒介—社会的共同演化历史作了简要梳理，重点分析了当下深度媒介化的网络社会与网络交往的形态。确认了网络交往的主体性、主体意识和交往实践性的真实性，将这种真实性作为现实社会可能的风险源的依据。在展开研究目标和思路框架之前，介绍了与此相关的几组概念；提出本书的理论基础是社会学视野中的多元交往合理性与合理化；继而对多元交往合理性，即韦伯的工具合理性、哈贝马斯的交往理性和儒学的和谐交往理性，进行概述和简要比较。基于中西哲学的比较视野，介绍有关情感与理性关系的基础理论。并在简要分析相关研究成果的基础上，提出了本书研究的问题、目标与研究路径；并总结了研究的创新点和价值。

第二章 网络交往的实践特征与理性困境

从 20 世纪 90 年代开始，一种新的交往生态已经形成，这是由以互联网为底层、数字技术为应用的网络媒介所建构的。正如曼纽尔·卡斯特（Manuel Castells）所言，"互联网与相关的电脑中介沟通（Computer Mediated Communication）网络的形构与扩散历程，在 20 世纪最后 25 年里永远地塑造了新媒介的结构，包括网络的构造、网络使用者的文化，以及沟通的实际模式"。① 我们首先要讨论的是，网络和数字技术构成的虚实相融的交往行动空间里，人类社会连接、关系建构、交往主体、场景和方式等的重构特征。其次，本章还要分析网络交往异化带来的一系列问题和理性困境，如人的新型异化和单向度发展、自我调适和关系调适及认同建构困难、伦理困境以及诸多社会环境恶化问题。其三，在分析网络交往具有公共性价值之后，判断目前网络交往的现实是"形式的非理性和实质的非理性"

---

① ［美］曼纽尔·卡斯特：《网络社会的崛起》，夏铸九、王志弘等译，北京：社会科学文献出版社，2001 年，第 439 页。

的双重叠加；继而提出网络交往公共性价值的实现需要网络交往的合理化；而合理化的核心是参与交往主体的理性提升。

第一节　网络交往对自我、关系与时空的重塑

从马克思关于交往内涵和本质的相关论述出发，可以看出，网络交往全面更新和拓展了人的交往方式、主体性和交往社会关系。或者说，数字媒介改变了交往工具的使用方式、场景以及交往的社会化工程，网络交往建立在数字技术的发展与应用基础上。以数字场景为环境，已形成多向交互、去中心化和网链状的交往特征。而人的社会化过程，包括自我认知、环境认知与交往关系、社会关系的建构等，正是在广泛和普遍的网络交往过程中完成的。下面基于符号互动、媒介中介化与深度媒介化理论、媒介延伸论等理论，从网络交往形式主要特征、关系与自我认知和环境的重塑、重构时空与场景三方面进行分析。

一、网络交往的多向交互、去中心化与网状连接

人际间现实的面对面交往情境性强，沟通直接，情感表达饱满；但其受时空范围的制约。网络交往相比传统媒介中介化交往，进一步突破了时空障碍，交往范围得以扩大。电视时代即提出的"地球村"真正成形。建立在网络和移动网络基础上的社交平台正在基础设施化，交往无处不在，且极度泛化。

社交媒体支持与强化了人与人的连接，实现了人们社会交往的便捷高效，人们可以足不出户地购物，异地远程会议、交友、学习又似亲临实境。社交媒体的发展推动了人们交往连接通道、连接结构的日益多样化。从社会网络层面而言，每个进入社交平台和使用在线社交网络的个体被称为节点。网民在不知不觉之中，从现实交往中的具体个体，变成论坛中的 ID；又在微博和微信等经

典社交平台上，转换成数字社会网络中的节点。

连接通道与连接结构的多样化，意味着交往方式的多向交互、去中心化以及无处不在的网状化。从面对面封闭小圈子的交流，到今天开放、自由扩张的社会网络，社交媒体对人们交往关系的连接、聚合与拓展的能力不断增加。

在中国传统的人际交往中，领导权威、父权、君权等思想在交往过程中占据主导地位，社会长期浸淫于"单一中心"和"单向主体—客体"沟通模式中。大众媒介时代，作为媒介和话语的传播控制者，其自然处于传播的中心地位。网络交往塑造了一个去中心化的网格交往空间，在这个空间中，时空纵横交错，多种形态的交往方式互相交融，交往从平面、单向变得更加立体多元。

这种结构中，人们以各种交往方式相互关联，但却没有一个明确的中心点；话语权力被分散，传播与接收界限被模糊。人人为传者、人人为受众的多向交互，使得交往不再是一个以某个中心为轴心的"放射性"联系，而是在多向交互中形成多个传播中心。"处处是中心"，实乃"无处是中心"，或者说是传播话语权力差别被平权的去中心化。人们因此获得信息传播的相对均等的机会；在信息资源的占有、信息影响力等方面，少有人能获得绝对的优势。现实社会地位、权力和优势在网络中被消隐，传统的从属和依附关系难以长久建立。

社交平台圈群（虚拟圈群）的出现，最直接地表征了社交媒体的"社会"与"交往"的特性①。互联网圈群是指"社会成员基于不同缘由，以社会关系的远近亲疏作为衡量标准，通过互联网媒介平台集聚与互动，所建立并维系的一个社会关系网络"②。不同社交平台开发的用于典型社交封闭场景的应用，一直

---

① 周大勇、孙红昶：《互联网"圈子"传播：分层互动与关系的弥合》，《图书馆学研究》2018 年第 17 期，第 18 页。

② 朱天、张诚：《概念、形态、影响：当下中国互联网媒介平台上的圈子传播现象解析》，《四川大学学报（哲学社会科学版）》2014 年第 6 期，第 71—80 页。

在迭代升级,从 QQ 群到 QQ 空间,从微博到"微群",从微信群到微信朋友圈……极大程度满足了人们的交友与交往需求。人手一个的智能手机上,几个乃至数十个有圈群功能的应用会再现在"桌面"上。每个人可能有数个至数十个微信群,每个群有大有小,承载几十人至数百个"好友"。好友被分层、分类管理。通过分享、点赞、评论(包括言语和表层符号、小图片视频等)、转发,群成员相互交流,构成与现实相似但又别有新意的圈群互动。

二、创建新的社会关系

网络交往主要在社交媒介平台中展开。平台可理解为社会交往行动的行为设施,"借用行动者网络理论的专业术语,平台与其说是一种介质,还不如说充当了调节者:它影响了社会行动的表现,而不仅仅是为它们提供便利"。[①] 依托社交媒体的网络交往,体现的是一种人与内容的关系的复合;其中包含三种关系,即人与人的关系、人与内容的关系、内容与内容的关系。这些关系的建构,均受平台这种行为设施的强力影响。本书主要讨论网络人际交往中的人与人的关系,但在讨论中也无法不涉及平台建构的技术基础和人际交往的物质基础,因此也不可避免涉及人—机关系、人—物关系甚或物—物关系。

平台的开发者建构平台的原则,首先是满足人的社会交往本质需求;在此基础上,再行满足人的其他各类核心需求。而对社交需求的满足可能会一并带来其他效应。因此,平台几乎可以承载个人所有的交往行动和各类关系。

从现在建构的平台性质来看,大体上有关系导向和媒介内容导向。虽然网络交往关系的建构有现实社会关系向网络空间的转化和延伸,但网络交往关系更为丰富、多样和特异,这是社交媒体活力的来源。从不同角度来认知关系,有线上线下关系、强关系与弱关系、社交关系与信息互动关系等。关系的建构

---

① [荷]何塞·范·戴克:《互联文化:社交媒体批判史》,赵文丹译,北京:中国传媒大学出版社,2018 年,第 25 页。

能够满足各类需求，如信息沟通、意见发布、关系建立、协商合作、商品交易等基本需求；除此之外，还包括足够好的个体获得报偿机制及名声的彰显形式。

从社会关系层面而言，数字媒介不仅能满足强关系的互动连接，也能应对弱关系连接，甚至包括偶然关系（如网约车司机与乘客）的关联，可以说满足"一切层次上的互动"。研究表明，数字社交媒介特别适于发展弱关系和建立偶然关系，这些媒介使用"促使具有不同社会特征的人群相互连接，因而扩张了社会交往，超出自我认知的社会界定之边界"。①

网络空间创造了不同的互动结构与模式，不同形态的交往和互动场域并存，也形成不同的关系结构类型，如广场、社区社群、圈群、公社社会类型、科层社会类型等。目前，虚拟圈群互动已成为社交主流形式，人们习惯于圈内互动和跨圈分享、"搬运"信息。作为社会意义的圈子（群），指人在特定范围内的人际关系，并引申为关系网、人脉等。社交平台的圈群，如 QQ 群、微博群、微信群、朋友圈等，是指"社会成员基于不同缘由，以社会关系的远近亲疏作为衡量标准，通过互联网媒介平台集聚与互动，所建立并维系的一个社会关系网络"。②周大勇、孙红昶在分析圈子的分层互动特质的基础上，探讨其如何实现对关系的重构和弥合，认为"圈子超越传统的交往方式，规避了现实互动的'场域'限制"；必然"打破现实意义的'差序格局'模式，并逐渐构成'对等格局''多极格局''交叉格局'等模式"，且"弥合了物理空间位移引发裂痕的社会关系"。③

虚拟圈群承载传统意义的基于血缘、地缘和业缘的亲密关系，也转接当下

① ［美］曼纽尔·卡斯特：《网络社会的崛起》，夏铸九、王志弘等译，北京：社会科学文献出版社，2001 年，第 445 页。

② 朱天、张诚：《概念、形态、影响：当下中国互联网媒介平台上的圈子传播现象解析》，《四川大学学报（哲学社会科学版）》2014 年第 6 期，第 71—80 页。

③ 周大勇、孙红昶：《互联网"圈子"传播：分层互动与关系的弥合》，《图书馆学研究》2018 年第 17 期，第 17—21 页。

新结成的基于各类"缘由"的随意、松散、弱连接的关系。圈群结散随意，规模和关系的辐射面，可依群主和个体的意愿拓展或缩小。圈群好友数量直接反映一个人朋友圈的大小，好友间的分享信息、点赞、评论等，构成了圈群互动。个体进出圈群自由，并可依不同的关系，如亲密或陌生，紧密或松散，横跨不同的圈群。圈群内的人互称的"好友"，未必就是已有亲密关系的真朋友。加好友有时只是一种社交礼节，一种拓展人际关系的方式。"好友"可以转化成"真"，也可以随时被"拉黑"或屏蔽。从对圈群的应用而言，人们已对圈群这种交往形式有所依赖，但对某个圈群的黏性如何，可能因社会关系的性质而定，影响的因素也很多。

现实的社会关系也可以全面迁移与映射于更广泛的网络社区关系网，这也意味着每个个体扩张了自己的社会关系，拉近了人与人间的距离，对社会的影响能力也得以加强。1929 年，匈牙利作家弗里吉斯·卡林蒂（Frigyes Karinthy）在他的小说《链条》中提出了六度分隔的猜想。20 世纪 60 年代美国哈佛大学社会心理学家米尔格兰姆（Stanley Milgram）正式提出了六度分割理论（Six Degrees of Separation）。意指每两个人之间的联系，平均不会超过六个人，经过六个人的联系，即可以让两个陌生人之间产生关联。这一理论揭示出，在现代人际社会中，任何两个个体之间都会产生直接或间接的联系；人们的关系实质上具有紧密性，世界很小，它也因此被称为"小世界理论"。人际交往的小世界理论在网络交往中得到验证与发展。社会关系在很大程度上影响着交往者的行为和选择，社会关系可能放大个体的力量及影响，也可能会带来社会压力及影响。

由社交媒体连接构成的人际网络关系，尤其其在借助弱关系进行关系扩张时，又有着弱稳定、随意性和流动性的特点。相较于传统基于地缘、血缘、亲缘等构建的关系而言，它其实相当脆弱。这种脆弱性受许多因素的影响：

一是与技术依赖有关，网络交往的界面依赖和数字场景依赖是其重要特征之一。当界面和场景连接出现中断时，网络交往可能瞬间受限或终止。

　　二是网络交往的身份匿名与身体的非在场①，使情感交流受限。在开放分散和自由的虚拟社会里，设置一个身份用户名，即可成为自己臆想中的人，真实的身份被隐匿。面对屏幕界面，语言的交流变成了键盘的敲击。交往的非面对面，使得人际现实交流的沟通效果没法带进网络，是一种"目光缺失的交流"②。受符号有限性和社交平台相应功能限制，符号性运用难以表达丰富的体验和感悟，面对无生命的屏幕，思想和情感表达难以完整，互动难以真正实现，交流陷入容易模式化、程序化局限之中。互动、交流时空同步被打破，均受交往双方控制。

　　三是身体的在线缺席也会加速各种的自我展演；人们基本通过想象来建构他人并形塑自我。大家心照不宣地进行彼此的面具娱乐和呈现。人与人之间的观念认同纽带、情感交流纽带均变得脆弱。联系随时建立，也可能无预兆地中止，如一言不合就拉黑，对方因此感到莫名其妙。即使在熟人之间，交往中也增多了疏远感。

　　四是由于网络的在线隐身和前台匿名，难以了解交往对象的真实社会身份，获得真实信息。所提供的社交线索可以是隐匿的，也可以是增强的。信任感因此难以建立。

　　五是互联网文化无定态，影响了交往关系的稳定。这是受多元亚文化和流行文化的影响，"各种各样的青年文化团体只是由于兴趣、爱好聚集在一起，他们之间的联系是松散的和多样化的"③。文化无定态也是"网络江湖"厮杀的结

---

① 注：所谓匿名是指无法被识别以及免于由此带来的个人责任，身份的隐而不彰使得网民线上行为能够避免与线下生活有直接关联，线上自我成为一个"独立分区的自我"（compartmentalized self），附加在原有身份和角色之上的社会规范、感受规则（feeling rules）都在一定程度上被悬置起来。

② ［德］韩炳哲：《在群中：数字媒体时代的大众心理学》，程巍译，北京：中信出版集团，2019年，第37页。

③ 曾一果：《媒介文化论》，广州：暨南大学出版社，2020年，第204页。

果，不断地去中心化与重新中心化，使得网络文化的重心也会不断发生转移。

总之，社会网络加大了陌生人建立关系的可能和交流的机会，陌生人交流已具有普遍性。但交往主体之间的交流随意、临时，因而，这样的交往关系是极为脆弱的。

另外，数字技术和人工智能的结合，创生了一种新型的社会关系，即人际关系之外更丰富的"人—物"与"人—机"关系；人和机器人以及一切数字身份的物体进行互动或信息交互，如 AI 角色与人的互动交流。目前看来，机器的自我意识和情感交流能力尚不存在，因此这种实时的人机交互远谈不上精神交往，更谈不上借助这种交互形成全新社会关系。但有朝一日，"当人机关系从信息交互性转变为人格交往性，其性质便发生了根本性的改变"，或者说，"数字技术创建的关系正在取代日常生活的关系，社交媒介更方便连接弱关系，使传统社会中本不会构成关系的关系变得可能、变得容易"。[1]

三、重塑自我认知与环境认知

社交平台融合线上线下互动行为和场景，推动虚拟空间与现实空间边界的模糊，构成一种"超现实"[2]。超现实的生存和交往，正在重塑着我们的自我[3]和自我认知，改变我们对环境的认知。

---

[1] 王敏芝：《数字交往的技术后果与社会想象》，《青年记者》2023 年第 4 期，第 14 页。

[2] 王敏芝：《媒介化时代"云交往"的场景重构与伦理新困》，《暨南学报（哲学社会科学版）》2021 年第 9 期，第 15 页。

[3] 注：弗洛伊德在《自我与本我》中指出：本我是最原始的人格部分，包括人类本能的性的内驱力和被压抑的倾向；自我（他我）是人格中的意识结构部分，来自本我经外部世界影响而形成的知觉系统；在童年生活中，人们通过对父母所用的一系列由惩罚方式体现的行为规则的同化，会获得良知和自我理想，形成超我。参见周晓虹：《西方社会学历史与体系（第一卷）经典贡献》，上海：上海人民出版社，2002 年，第 189 页。

如马克·波斯特（Mark Poster）所言，数字技术引发的革命性的改变，在社会交往层面，即在于为人创造了新的身份，或者说创造了新的交往主体。[①]网络交往中的身体在场已经被数字在场所取代；现实身份被随意切换为数字身份，成为"仅仅存在于语言和行动中的无实体的身份"。[②]人们可以有多个"人设"以实现自己的"数字分身"，每一个账号或一个 IP 都可以像一个主体一样行动，尽管它们可能基于同一个身体。借助自由身份，人们可以在数字空间内更加自由地在场、离场以及身份切换。人的生存空间在无边际地扩大，人的身份和交往的自主性也在不断扩张。

个体的数据化生存与角色设置和扮演，是网民日常交往生活的常态。在虚拟社区中，"人们无须担心'规训权力'（disciplinary power）对身体的监视和剥夺，而一旦人们消除了对身体安全的基本顾虑，就可以尽情、自由地扮演各种化身（avatar），随心所欲地重塑自我。从而使自己的身份呈现出一种流动、多重、不确定和零散的面貌"。[③]

现在，这种依托不确定身份的交往，已成为我们生活和生存的常态，"网络通信技术及其发展会以未知的方式对人类的未来造成永久性的改变，而有一件事无疑是成立的：我们在线上作为虚拟成员的时间越长，网络对我们的自我知觉的影响就会越大"。[④]

网民在虚拟空间里进行自我角色的设定与扮演的过程，一定伴随着个体的数据化过程。和现实社会一样，在虚拟生活的不同场景，个体更为频繁地变换

① ［美］马克·波斯特：《信息方式——后结构主义与社会语境》，范静哗译，北京：商务印书馆，2000 年，第 2 页。
② ［美］南希·K. 拜厄姆：《交往在云端：数字时代的人际交往》，董晨宇、唐悦哲译，北京：中国人民大学出版社，2020 年，第 118 页。
③ 黄少华、翟本瑞：《网络社会学：学科定位与议题》，北京：中国社会科学出版社，2006 年，第 265 页。
④ ［英］布鲁斯·胡德：《自我的本质》，钱静译，杭州：浙江人民出版社，2020 年，第 232 页。

自己的角色。真实与虚拟交织，无论何种，更多以自我表达为主，兼有互动功能。网络空间的个体数据记录，无论是主动还是被动产生的，都往往更多具有公共记录和交流的偏向。但从博客开始，数据的重点开始向自我倾斜，即个体的生活痕迹、自我形象的展示、社会活动场景、社会情绪等数据更为明显。这种个人的碎片化数据化，聚合起来能够部分反映个体的成长史、关系史和社会史，也会使个体暴露在更多的信息风险中。正如维克托·迈尔-舍恩伯格（Viktor Mayer-Schonbergre）所指出的："今天这个时代，遗忘变成例外，记忆成为常态，人类住进了数字化的圆形监狱。"[1]

网络交往对个体的环境认知的影响也非常大。交往中社会化媒体成为个体环境认知的一种重要途径。信息传播的即时、跨时空和内容的丰富多元，有助于网民沉浸式了解各种不同社会环境，包括实体生活、社会环境与拟态环境等。个体间的互动过程，就是在帮助其感受环境变化的过程。如互动过程中感知到的群体的意见与态度等，在一定意义上会被个体作为社会的意见气候，尽管有时这两者实质上不能画等号。

总之，网络交往空间的"超现实"帮助人们沉浸式、全方法了解外部环境，也引发人们对外部世界的认知改变。而网络社会关系建构中多重身份的虚拟和扮演角色的多变，关系类型的多样以及关系结构的复杂，必然导致自我认知的调适，"无疑极大地释放了个体行为的可能性和自我实现的渠道"。[2]

四、重构交往时空与场景

网络人际交往以数字语言为交往介质，构型了虚拟交往场景与空间。"数

---

[1] ［英］维克托·迈尔-舍恩伯格：《删除：大数据取舍之道》，袁杰译，杭州：浙江人民出版社，2013年，第5—22页。

[2] 王敏芝：《媒介化时代"云交往"的场景重构与伦理新困》，《暨南学报（哲学社会科学版）》2021年第9期，第15页。

字化信号语言则将一切信息以碎片化的形式进行解码，并转换为以 0 和 1 实现表述的二进制信息，确保了信息生产的标准性、信息传播的迅速性和信息还原的完整性，从而彻底革新了信息在生产、传播、理解、存储等方面的存在方式，进而为人类全新的交往领域——赛博空间——的打造奠定了基础、制定了规则。"[①] 数字语言构型使人类交往得以摆脱身体、现实身份、物质存在等多重限制，从而超越了传统交往方式的时空因素。对此卡斯特从"流动的空间"和"永恒的瞬间"两方面来总结。[②] 所谓流动的空间，即网络突破了人们活动的物理和地理限制，人们的交往活动更为自由，集聚更为方便。同时，不同时空借由空间的流动和集聚而呈现于同一时空，似乎消解了时间的沟壑，呈现为"永恒的瞬间"（既是永恒的又是瞬间的）。时间的重塑，也实现了多种交往模式的并存或者说混合模式，如一对一、一对多、多对多交流，同步与异步交流，也即实现了随时随意切换交往空间。正如哈罗德·英尼斯（Harold Adams Innis）所言，网络是有空间偏向的媒介，"它不仅在延伸的意义上改变了传播的空间运动，而且使之更为复杂。它使信息的空间展开，成为日常行为的空间"。[③]

网络空间是一种新型空间建构的生成和重构过程。哈贝马斯提出的公共领域，本质上是一类为主体提供交往行动施展的新型社会空间。这个空间由各种对话场所和大众媒介组成，由社会交往与主体间互动构成了其社会空间的实质，给社会变革和政治革新提供了精神动力。现在，这种社会空间已演化成网络社会这种"数字社会空间"。这一空间的核心空间技术要素，已从聚会场所、大众媒介转为数字平台，交往主体已成为数字主体。主体间的交流是一种基于言语

---

① 王仕民、黄诗迪：《互联网技术重塑社会行为的发生逻辑》，《东北大学学报（社会科学版）》2020 年第 2 期，第 18 页。

② ［美］曼纽尔·卡斯特：《网络社会的崛起》，夏铸九、王志弘等译，北京：社会科学文献出版社，2001 年，第 466—525 页。

③ ［英］尼克·库尔德利：《媒介、社会与世界：社会理论与数字媒介实践》，何道宽译，上海：复旦大学出版社，2020 年，第 3 页。

和符号，但是缺失目光交流。社会空间向数字空间的历史性跨越，使人类交往突破了既往社会空间的边界，且在飞速扩张。其边界和构成在不断地延展，并正在与传统现实社会空间进行边界消融和结合性重构。可以说明，人类生活的社会空间将因两个空间的全方位融合而"具备无限的张力和弹性"。[①]

人类交往体现出场景化特征。场景既包括空间和环境，也包括具体行动的实时状态。以互联网和数字技术体系为依托的交往实践，从本质上仍能体现场景性。王敏芝运用"场景重构"概念，找到了观察当下深度媒介化时代观察交往实践的一个具体切口。在《媒介化时代"云交往"的场景重构与伦理新困》一文中，她提出"场景作为社会交往的决定性构成，其数字化重构是现代社会交往形态变化的重要表征"[②]，并深入、细致地分析了数字交往的场景化内在矛盾。她认为矛盾具体表现为以下方面：

一是分享生成场景，"复合场景"共在。大数据、人工智能、物联网、虚拟现实与增强现实、区块链等数字技术构成的空间，使社交场景打破了现实交往物理空间的限制。人们可以随时参与网络会议，参与虚拟人生平台的跨国社交和虚拟生产交易。无论在何种类型的平台，社交分享都是最重要的交往形式，无论是点赞、转发、评论等，还是新闻、小段子或一段有趣视频，均是在由平台建构的分享社会场景中产生的。这类场景基本形成于满足各类需求的平台类型中，没有固定的物理空间和虚拟场景空间，显然是复合、变幻的。身处不同现实场景中的人们在网络空间的交流与分享，会形成一个虚拟交往场景，或者说形成一个同一的复合场景，并由此产生共在感。据此，王敏芝提出"场景分享是前提，而场景共在则是结果"。[③]

二是场景高度"流动"伴随着场景的固化。数字时代的交往场景不断生成、

---

① 王敏芝：《数字交往的技术后果与社会想象》，《青年记者》2023 年第 4 期，第 14 页。

②③ 王敏芝：《媒介化时代"云交往"的场景重构与伦理新困》，《暨南学报（哲学社会科学版）》2021 年第 9 期，第 13—23 页。

迭变与重组，显示出强烈的流动性，体现在场景的随机、持续和人机伴随上。因网络社会交往的泛在，人们更多时候是随机和偶然地卷入一种特定的互动场景中，如最为日常的关系互动，刷屏、点赞转发、偶发感悟评论等。数字交往介入日常生活，人们生活在一个实体场景和数字场景线性延续构成的复合式场景之中，因此，可以说数字交往的场景变换遵循日常生活的线性秩序；在总体线性变换场景中，也可能发生共时的变换和流动。当媒介与人结合越趋紧密时，或者说人和机器合一的时候，人就成了流动的场景。

所谓数字交往的场景流动伴随场景的固化，指的是人们抽离数字媒介对交往的控制时，交往自由某种程度上被剥夺。控制表现在多方面，如工作群中员工无法脱离公司对自己"休憩场景"的征用、网瘾、对网络交友的沉迷、无聊内容的重复观看等。再如算法自动推送和分发特定场景，服务便捷满足需求的背后，隐藏着对社会参与者的场景控制。另外，如爱豆群、兴趣群等网络群体，因着强烈趣缘、群体认同压力、身份地位追求或经济因素，个体间结成强关系，也会造成交往中关系与场景的固化，甚或形成如线下社会般区隔的固化。①

总之，借助社交平台展开的网络交往已成为人们新型的交往方式。虚拟空间中，数字技术、信息节点与复杂的语义网络的关联，消除了传统的时空障碍，重塑与构成了具有场景性的意义空间，发生着社会的符号互动，从而铸就人类交往的当代样态。在新的交往形态中，人们借助各种连接方式和网络，以多元的新型交往形式，拓宽和创新与他人的多样化互动，并结成一种新的网缘关系。"超现实"的生存和交往，也正在重塑着我们的自我认知，改变我们对环境的认知。

---

① 彭兰：《"液态""半液态""气态"：网络共同体的"三态"》，《国际新闻界》2020年第10期，第42页。

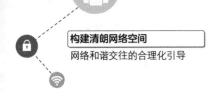
第二节　当代网民的交往困境表现

马克思指出:"在我们这个时代,每一种事物好像都包含有自己的反面。……技术的胜利,似乎是以道德的败坏为代价换来的。随着人类愈益控制自然,个人却似乎愈益成为别人的奴隶或自身的卑劣行为的奴隶。甚至科学的纯洁光辉仿佛也只能在愚昧无知的黑暗背景上闪耀。"[①]异化这个概念,是指用人的物质生产和精神生产及其产品变为异己的力量,反过来统治人的一种现象。网络也在一定程度上导致人的新型异化和单向度发展,并带来交往的自我调适和关系、认同建构困难,伦理困境以及诸多社会环境恶化问题。本节对以上方面先作简要梳理,作为分析交往理性建构必要的现实基础。在后续分章论述的部分,如网络交往伦理建构、规制建构、人格培养等部分再行深入论述。

一、个体的交往异化与单向度发展

异化最初是由于社会分工固化和阶级分化而导致的。现代人对网络和数字产品过度的依赖和不合理利用,以及网络交往中的技术、连接结构、信息内容、交往关系和事实、价值认同等方面的控制,使得网络一定程度上已成为阻碍个人发展的异己力量;表现在如人的自我与主体性迷失,交往行为失范与失格,人际关系调适困难等方面。

(一)自我与主体性迷失

人的发展是指每个人作为人的各种素质、能力和作用的全面、自由、充分、协调的不断成长过程。在马克思看来,未来的共产主义社会是"自由人的联合

---

① 《马克思恩格斯文集》第 2 卷,北京:人民出版社,2009 年,第 580 页。

体"①，每个人都能获得和其他人一样的发展，即能够充分体现自己特长，深刻挖掘自己潜能的，完全符合自己心愿，充分表现自身真正个性的积极因素。同时，人们自身的全面发展促进其他人的全面发展，即"每个人的自由发展成为一切人自由全面发展的条件"。

许多学者对网络推动个体自实现、主体性彰显以及全面发展给予极乐观的评价。如"网络社群代表了一种区别于传统'科层制'和'市场'的关系结构，即超越了等级制的命令、遵从关系和市场式的交换、竞争关系模式"。这种模式可以逃离组织架构的束缚，也能避免简单利益驱动下的交往，重新激发人的主观性和创造性。同时，"网络交往可以剔出个人过度社会化对人的遮蔽，使人的情感、思想、信念得到最大程度的展露，使人的'本真'状态得到真实展现"。②

总体而言，学者们的乐观建立在以下基础上：一是网络的发展和社交平台建构越来越以人为核心和主导；二是人与人之间获得了平等的交流、获取信息甚或合作的机会；三是原有的个体间的差异已不再是影响交往的前提，如社会资源、财富、学历、外貌、职业等；四是人们可以卸下面具，完全展露真实的本我，释放压抑的情感；五是没有社会政治、宗教、道德的限制。从网络交往的发展现状来看，这些判断更多基于乐观想象，观点的得出可能有点简单化。体现在以下方面：

一是个体迷恋数据化生存与表演，自我身份频繁变换难以调适；获得自由和发挥主体性的空间，同时面临自我迷失的危险，或者说易失去自我判断和自我认同。个体在虚拟空间里进行自我角色的设定与扮演，和现实社会一样，在虚拟生活的不同场景，个体更为频繁地变换自己的角色。真实与虚拟交织，无论何种，更多以自我表达为主，兼有互动功能。因此，相对而言，规范的成分

---

① 《马克思恩格斯选集》第 1 卷，北京：人民出版社，1995 年，第 294 页。

② 张文宏：《网络社群的组织特征及其社会影响》,《江苏行政学院学报》2011 年第 4 期，第 70 页。

会少一点。

在数字世界里不断分享和交流，且沉溺于表演式网络交往，可能受多重复杂的心理需求支配。如减轻自身的某种认知失调，尤其是在现实世界里的认知失调。如网上的代号与昵称，可能无意识反映了某种心理。如将害怕孤独，渴望联系甚至焦虑病症的心理带入网络，可能会借存在感体现自己的价值，获得他人的认同以及社会资本。但是沉迷于数据化表演的个体，看似在追求自我表达与社会认同，或许也正在逐渐失去自我判断和自我认同。实际上，寄希望于虚妄的网络联系并不能解决孤独，反会导致现实社交的减少，更易陷入逃避现实和孤僻自我的困境。浮躁且无实质思想和情感交流的互动，使人对现实处境的敏感度降低，对现实活动的专注度下降，更加失去独处的能力。而这种独处能力原本是可以帮助我们集中注意力思考问题、了解自我并与他人产生真正互动的。很少有人能在现实和虚拟空间中自由切换，许多年轻人陷入网瘾症的原因正是在于难以从虚拟的关系、认同或情感中挣脱。

总之，沉溺于数字化表演，易淡化自己的现实存在，造成现实互动中的疏离；或者说易逃避现实和孤僻自我。面对屏幕的交流，在距离上，人与人的交流似乎"天涯若比邻"；但思想与情感上，人与人却成为"比邻若天涯"。沉迷虚拟实践，远离现实生活，一旦回到线下，人们往往缺乏处理和应变的能力，而变得无所适从。长期下来，害怕现实，逃避现实，习惯于利用沉迷网络转移自身与现实的矛盾，自我封闭于虚拟世界。

二是陷入信息迷恋、麻痹的困境。"电子传送的'突现'特点，使网上交流不能采用其他情景下沟通的正常节奏。"[①]哈贝马斯的交往理性的核心条件在于可理解性，是其他如表达真诚、真实与正当的前提。交往双方的对话沟通首要的是语言的可领会性。网络交往主要基于文字而疏于口语交流。社交平台表达场

---

① ［美］华莱士：《互联网心理学》，谢影、苟建新译，北京：中国轻工业出版社，2001年，第29页。

景对字数限制和对内容的屏幕拉式呈现，又导致交流的信息内容趋于碎片、表面浅层和娱乐通俗。另外，网上人际沟通因场景流动、变换频繁和形式扭曲，使人际印象形成的过程比面对面的沟通更为缓慢和复杂。"人类创造、捕获的信息越多，人们便越是被淹没在信息的汪洋大海之中。特别是无价值的垃圾信息的泛滥，导致人们陷入信息超载、信息麻痹的困境。"① 而网络碎片、表层和娱乐化的信息更加剧了这种困境。人们无所适从，对事实本身和真相将信将疑，对价值评判难以肯定和认同。进而，逐渐丧失信息的选择能力和主体性批判能力，转为对信息本身的占有欲以及不加分辨的迷恋和崇拜。因而不得不承受信息的压迫。

三是对环境的认知偏着，易陷入信息茧房。网民越来越多地依赖自己的社会关系网络，如相关群、专家、"大V"甚或信源威信不明的自媒体等来获取信息、了解环境，如存有信息残缺或偏差，网民获得的信息或知识也会出现缺失或误差。算法自动推送一方面赋予和强化了网民对信息和内容的选择权，另一方面又在这种口号下，利用一种复杂的内容生产和影响机制，实质上控制了信息和内容。种种因素，帮助网民更容易营造出一个封闭的个人世界。桑斯坦（Cass R. Sunstein）用"信息茧房"（information cocoons）这样一个概念来描述这一现象，他指出，虽然信息茧房是我们在信息超载时代的一种保护性措施，但是，当人只选择自己关注或符合自己需要的信息时，结果的确可能是作茧自缚，使自己失去对环境的完整判断。② 而终日生活在这种茧房之下的人们，会难以接受社会公共信息以及社会意见，社会交往与治理会变得非常困难。

四是虚幻欲望的寄托与表达，陷入虚无与信念缺失。网络社会已是虚拟社会与现实社会的统一。网络交往代表了一种新文化实践和文化想象。人们对网

---

① 孙伟平：《论信息时代人的新异化》，《哲学研究》2010年第7期，第114页。
② ［美］凯斯·R.桑斯坦：《信息乌托邦》，毕竞悦译，北京：法律出版社，2008年，第8页。

络寄予了太多的超真实的想象，将自己的存在和精神自由寄托于网络这个缺少真实的意义场域。人们片面表达、张扬和快速转移自己的需求和欲望，而忽略对自身存在意义与有价值问题的思考[①]。网络空间充斥着无主题、无中心、无意义的文字游戏，填满了信息、内容和观点碎片。极端个人主义、功利主义、享乐主义、技术至上主义等纷纷涌现，冲击着人们的思想，迷惑着人们的选择，容易让自我越来越陷入迷失和虚无，人生信念陷入迷惘和缺失。

（二）行为失范与人格失格

行为失范与人格失格表现为个体的行为责任感丢失和人格扭曲。

网络交往是人在新场域的社会关系，只有人自身才是交往行动的唯一主体和责任承担者。共同的社会生活需要规范和秩序，"就人们的网络行为而言，那些不符合社会规范之要求者，自然应当被列入'偏差'和'失范的范畴'"。[②]当网络自由被过度放大时，人们的行为就会出现失范和越轨。交互双方在场的压力消失，原始的快乐、放纵开始支配着个人欲望。传统的人生伦理信条抛之一边，日常生活中被压抑的人性中的恶俗的一面得到宣泄与放大。本我与他我、身与心不再成为一个统一体。这种人格分裂在哲学角度指人性人格的扭曲。

而社会化媒体对个体行为的更深刻影响，是对行为模式的影响。彭兰对网民在自由表达和参与公共事务讨论时的几种典型行为总结为：[③]

内容的宏大化追求与形式的轻薄化处理。对于政治性的宏大话题的强烈关注，以及各种话题的泛政治化。同时，对于各种宏大、政治性、"正能量"的话题和观点，又会找到轻薄化、娱乐化的形式来加以包装，如恶搞、灰段子等各

[①] 袁祖社、高扬：《虚拟与实在二重景观下多元交互主体价值存在的探讨——网络生活场景的公共性价值理想的反思与吁求》，《江苏社会科学》2011 年第 3 期，第 62 页。

[②] 李一：《网络行为失范》，北京：社会科学文献出版社，2007 年，第 88 页。

[③] 彭兰：《社会化媒体理论与实践解析》，北京：中国人民大学出版社，2015 年，第 103—108 页。

种轻薄化的网络语言和流行语等。

习惯性质疑与无条件轻信并存。质疑、猜疑一切，尤其是对来自官方、权威信息方的信息，质疑成为一种思维方式和一种条件反射式的惯性，如阴谋论盛行就是质疑惯性的一种典型表现。应当说质疑有各种现实的原因，也有其正当性和积极意义。但当其成为思维基调和行为惯性时，就容易走向狭隘和极端。从社会层面，也易引发民粹。但吊诡的是，网民似乎又容易轻信。不假思索地崇拜或相信所谓"权威"或"专家"，对专业、复杂难解的问题和知识简单化理解和处理。情感上对与煽情故事、官恶民轻、弱者良善等标签相吻合的事件，采取宁信其有的态度。

二元对立框架下的简单化、标签化思维。采取简单的非黑即白的判断框架，喜欢用贴标签、符号化的方式来简化复杂事件。如对强者为恶的声讨、弱者本善的同情，再如对爱国与汉奸、民与官的关系、贫与富的对立等问题的思考，均容易落入这一简单的二元思维框架中。

价值观分化下的站队行为。思维简单化和标签化，更易促成人们在价值观分化下的站队行为。政治立场、社会思潮的两极分化表现得非常充分，如"新左派"与"新右派"，"五毛党"和"美分党"、"爱国党"与"恨国党"、"女权"与"直男"等。甚至在许多社会和日常生活问题上，也是立场先行。如转基因与反对转基因，中医与西医，疫情管控的站队等。

（三）关系调适困难：持续在线的压迫与人际冷漠

交往的本质是社会关系的总和。和谐融洽的社会人际关系有利于个人的发展和社会的进步。个体建立网络社会关系的心理需求多元而宽泛，如娱乐、参与团体、获得肯定认同、减少孤独感、工作和生活的实质帮助等不一而足。但人们对这种关系的控制是相对自由的，人们选择或回避哪些社会关系，有时有很强的目的性，有时却很随意和随机。

网络交往的广泛连接，拓展了人际交往的范围。然而，在快餐式、娱乐式、游戏化的交往活动中，或熟悉或陌生的"好友"，随意添加是常态。但是，这种"好友"多数仅止于加上，人数的增多伴随的是大量没有任何交流的"僵尸"好友；即使是熟悉关系，也没有因加好上"好友"而改善或密切关系。

马克思和恩格斯提出，在所有相互交往的人们之间的"共同利益"，"不是仅仅作为一种'普遍的东西'存在于观念之中，而首先是作为彼此有了分工的个人之间的相互依存关系存在于现实之中"。[①]长久而稳定的交往关系必须以现实为基础。在现代工业社会，冷漠的商业、金钱关系，残酷的竞争突出，人际关系的冷漠助长了人的孤立感。如当年富士康代工厂员工连续跳楼事件所揭示的，现代化的流水生产作业和军事化管理、快节奏的生活频率、休闲时间被加班和肥皂剧的剥夺，过去协作生产过程中的技术、情感交流机会可以说丧失殆尽。而单元居室生活又在日常生活时间将人们隔离，生活进入了"鸡犬之声相闻，老死不相往来"的状态，进一步加剧了人们的孤立感。

现在，人们在虚拟世界寻找同伴，希望得到亲密关系、价值认同、精神慰藉或情感宣泄。遗憾的是，面具扮演式的交往，使得人人都无法触及对方的真实心灵。增加的好友和加入的圈群，大多是僵尸般的数字存在。强或弱关系的好友，对话多止于符号性、虚伪的表面问候，难以产生真正的交集。群组的功能仅在于发布，在一个一群人默默凝视围观的群组里，真正的互动和精神交流是无法产生的。群里信息碎片化、答非所问、话题不一致、有用信息被遮蔽等情形是常态。交流双方因为身份不明或缺乏规则约束，交流内容难以被置信，信任感难以建立。一些信息甚至干扰了人们正常的生活。相应地，群变为鸡肋般的存在。人们并没有借由社交平台改善孤立的状态。

同时，从网络交往的场景生产、在场维护等层面而言，社交平台带来便捷、自由和广泛连接的同时，也造成了程度不等的困扰。参与交往者的网络交往介入意愿（动机、情感和态度等），以介入的活跃度，决定着其网络在场的频率，

---

① 《马克思恩格斯文集》第 1 卷，北京：人民出版社，2009 年，第 536 页。

影响着其参与场景生产的规模和强度。王敏芝从网络交往场景角度，也对其进行了深入分析。①

人们热衷于分享和交流，希望能够保持"持续在线"和时时"关系在场"。实质上很少有人需要"时时在场"，更多是某些心理压力因素使然，并可能导致有效"交流场景"的丧失。王敏芝从场景角度，深刻指出了网络交往持续在线与"交谈场景"丧失两者间存在的悖论。② 保持"持续在线"和"关系在场"，是当下网络社会被赞许的特有交往形态与文化样态。人们不得不保持在场的数字关系管理，向他们表明自身的存在；无法随时在线，隐性地被社会视为一种失礼或缺点。对于网络时代的交往行动者而言，"在场是一种回应日常生活需要的做法，更是个体在数字空间获得存在感和相互依存感的实践"。③

但是，持续在场在时空和强度上的压迫，导致个体的精神压力和紧张倦怠状态，这是不可避免的。因为保持在场、维护关系需要时间和精力成本，人们也时刻处于相互的"自我扮演式展示"和"他人凝视式审视"之中。这种交往形态极大程度上压缩了个人生活的自由空间。同时，与关系在场伴随的，是面对面交谈场景的丧失。交往的自然场景离生活越来越远，哪怕"面对面交谈其实是我们所做的最具人性，也是最通人情的事"。④ 人们保持存在，但却因为各种原因，如回避矛盾、规避风险等，人们刻意保持沉默。即使是在线下，人们也开始拒绝面对面的交谈。

保持在场下的场景不间断生产，即连接、维护和营造，使网民日常的不堪重负。参与交往是基于理性动机和情感需求的共同推动，但保持在场，并保持不断的场景维护、内容生产更新和氛围营造，可能更是基于个体的情感补偿需

①② 王敏芝：《媒介化时代"云交往"的场景重构与伦理新困》，《暨南学报（哲学社会科学版）》2021 年第 9 期，第 13 页。

③ ［英］尼克·库尔德利：《媒介、社会与世界：社会理论与数字媒介实践》，何道宽译，上海：复旦大学出版社，2020 年，第 52 页。

④ ［美］雪莉·特克尔：《重拾交谈》，王晋等译，北京：中信出版集团，2017 年，第 1 页。

求。人们在不停地加已知或不明来路的好友，并点赞、分享、及时回复或有意耽搁，时时制造气氛、展示出镜，"炫耀""我"的生活状态。个体因此日渐远离主体性的自我解放，成为网络上的数字符号存在。

总之，人们对网络的依赖性应用，包括保持"持续在线"和"关系在场"，保持在场场景的生产和情感维护等，反而导致一种吊诡的现状，即"网上熟悉，网下陌生"的奇特现象屡见不鲜。交往中的我们尽管仿佛随时共在一个场景，但也仿佛时时"生活在别处"，"在场缺席"成为深度媒介化背景下的日常景观①。网上畅聊甚欢的好友，相见时有可能只能沉默以对。或者用刷手机，来缓解亲朋好友无话可说的尴尬。"一个活生生的、感性的、丰满的人被符号代替，变得单面化，甚至有被抛弃、虚无掉的危险。"②理性交流被实质上的"无言"代替，情感也已远遁；丰富的网络交往关系建构路径，却导致越加空虚，甚至冷漠和疏远。

另外，个体意见和态度有既有倾向，但也难免受到他人、环境和意见气候的影响。这种影响是在互动中形成的。在网络交往中，个体的既有态度倾向在复杂的网络互动催化下，作为更为原子化和孤独化的个体，极易产生比传统社会更深刻的"化学反应"。个体最终呈现的意见与态度，在这种催化下可能出人意料又难以预测。当虚拟社会交往成为人们生活常态时，当个体长期和深入地参与交往和公共讨论时，个体被涵化也就成为必然。

二、网络交往的伦理困境

现实社会中起作用的交往伦理的现实基础、作用机制，在网络空间正被逐

---

① 夏德元：《移动互联网时代的泛在生存与在场的缺席》，《新闻大学》2016年第5期，第64页。
② 汪怀君：《论网络空间人际交往的伦理困境》，《自然辩证法研究》2005年第7期，第64页。

步消解。网络社会的中介化、去中心化交往特质，无可避免地与后现代思潮相结合；并且放大了后现代性的反权威、反体系、意义不确定、语言游戏性等特质。因此，相较于线下社会，网络社会所面临的人与人之间的交往伦理挑战更为严峻。本节和第四章重点就四个方面的问题进行了讨论，一是人与人之间的道德情感问题，二是网络重塑关系带来的人与人之间的关系伦理问题，三是参与公共事务表达和讨论时的一些问题，导致事实与价值认同方面的困境；四是网络交往场景的私密性受到的威胁，个人和集体隐私权受到侵犯。

网络交往伦理是以身体不在场的匿名交往为基础的。基于它的一些特征，如道德主体不确定、伦理规范多元化、道德评价尺度相对化等，也必然会带来人与人之间道德情感的一些伦理问题。如真实情感交流弱化和难以维系；无价值与虚无主义消解传统价值规范和权威；情感失控，沟通失序，表达冲动、极端；本能正义感和高尚感支配下的网暴行为等。

基于连接的聚变裂变，强弱关系建构的满足，也会带来一些关系伦理问题。如不为交往对象负责、过分利用关系、建立维护关系的动机不纯或恶意；利用网络广泛关系误导舆论；挑战有关关系"适当和正当性"的社会规范；建立违法利用关系或不符合社会传统伦理道德的所谓"纯粹关系"等。

再如公共讨论观点情感极化，基于偏见、成见，常理常识不清；讨论议题和内容娱乐化和庸俗化；缺乏共识动机和交流诚意；让一切人事泛政治化、泛道德化等。

个人和集体的隐私权被侵犯，以及数字鸿沟的存在，是网络交往伦理另外两个重要的话题。学者们给予了很大关注。王敏芝对网络交往隐私权侵犯和数字鸿沟问题的讨论，有别于其他学者，她在网络交往的场景流动和场景供给层面进行了深入探讨。[①]

---

① 王敏芝：《媒介化时代"云交往"的场景重构与伦理新困》，《暨南学报（哲学社会科学版）》2021 年第 9 期，第 20—22 页。

网络交往场景的私密性受到关系开放、场景流动的威胁。数字化的交往场景可以更容易、随意和偶然地复制、分享和重组，个体间交往可以从一个场景瞬时转向另一个不同性质的场景。比如，某种程度上，网络社区建构的技术逻辑其实是模仿、还原现实社会的交往逻辑，即在互联、开放中，并行着重聚后的小封闭群体，同时，交往可以随时转移至私密私下的交流。技术营造的隔离可以帮助个体实现节点对节点的私密社交，这符合现代人的心理特征。但在场景的高度流动中，私密性极易受到破坏。现在经常出现的一些个案，正是某人同时私聊和群聊，但有意或不经意间，将个人私聊的话语转发至工作群亲友群，引发许多麻烦和风波。

个人社交基础场景的私密性受到信息透明化的威胁，隐私权注定是不完整的或难以保障的。网络的技术逻辑鼓励流动和开放，导致交往中场景在广度上不断扩张，在信息上日趋透明。但在权益层面，个体或小群体的隐私需要保护，封闭需求需要得到满足。如何应对私密性被开放、透明破坏的威胁？场景化交往并非有着明确的物理空间，也难以得到参与者公认的虚拟边界。既如此，交往参与者在某次群里的互动中如何拿捏好保护隐私的尺度？如何小心翼翼地保护自己，以防在亲朋群里的信息被其他人改变私人性质而转发于公共平台上？网络空间的数据化生存，其实意味着将自我的一切向社交平台开放，此时，如何保证自己的数据不被出售获利？

贫困人群面对的数字鸿沟在数字场景层面正在加深，或者说正深入发展为"数字场景鸿沟"。人们可以随意进入和使用网络平台和应用，所以，表面上看，数字化交往场景是一种公正供给，但背后仍存在潜在歧视。由于自我排斥、财务排斥、技能排斥、地理位置排斥等因素的叠加，许多人正在成为"数字弃民"[①]，

---

① 王敏芝：《媒介化时代"云交往"的场景重构与伦理新困》，《暨南学报（哲学社会科学版）》2021年第9期，第20—22页。

或者干脆就被数字时代故意遗忘和抛弃，成为被忽略的"流众"①。供给丰富与潜在歧视的矛盾是网络交往公正平等伦理悖论的一个重要方面。关于这个问题，由于本书着重的是人际交往的合理化，是网络合理化的一个部分而非全部，对网络公平公正等问题没有深入涉及。

三、交往环境恶化与社会风险的增加

"媒介改变人际关系与行为，并因此改变了社会与文化。"② 目前交往环境在多种因素影响下有恶化趋势，社会和文化风险因此增加。

一是网络交往的违法犯罪问题日益突出，但法律准绳难立。网络空间中个体身份的匿名、虚拟以及变换随意；同时，交往联系广泛、关系建立随意松散，使得犯罪行为更为隐秘，更滋生了一些新型的犯罪形式。网络违法犯罪因此有了大量的可乘之机。相对自由、道德感消隐后的本我中的恶性张扬，情感感染极化严重的网络环境，为网络违法犯罪提供了土壤。如传播淫秽和虚拟信息、侵犯他人隐私名誉、诈骗等刑事案件层出不穷。道德约束内在，法律是社会关系的强制性准绳，但法律的适用受网络虚拟环境的制约，网络交往中的违法行为对传统的法律规范及其违法量刑、管辖权限和证据搜集各方面都提出了前所未有的挑战。

二是网络交往促进了文化生产和传播的活力和创造性，但也带来文化冲突与认同危机。

网络空间人的自我和自主性得以张扬，环境相对轻松。但"去中心化"以及交往规范的尚未成熟，网络人际交往又"缺乏面对面、眼对眼交流"的社交

---

① 蓝江：《生命档案化、算法治理和流众——数字时代的生命政治》，《探索与争鸣》2020年第9期，第113页。

② ［丹麦］施蒂格·夏瓦：《文化与社会的媒介化》，刘君等译，上海：复旦大学出版社，2020年，第16页。

压力，因此个体的被约束感和自律性大打折扣，文化创造和价值观表达带来负面影响。后现代文化、其他各类现代文化也不可避免向网络世界延伸，并与网络特征结合，产生一些新型的文化形式。

相对于传统的语言文字规范，网络交往语言文字符号的运用缺少严谨性，随意而没有规范。基础的语意语法错误严重，词不达意、文不对题屡见不鲜；标题党盛行；用词用语追求新奇、另类，网络流行语、火星文泛化使用。超出常理的表达和不合逻辑，在从众心理和虚荣心满足的支配下，反成时尚广受追捧。语言符号的不严谨，对个体素质的培养、社会文化传承、历史厚重感的积淀等均带来巨大冲击和伤害。文化在网络交流中越来越失去其原味，而呈现出文化乱象。

网络文化碎片化；多元共存的亚文化、小众文化成为网络文化"主流"。在技术推动人群依流动的场景而分化和重新聚合的过程中，网络社会有从大众、小众社会转型为碎片化社会的趋势，"大众日渐因意识形态、价值、品位与生活风格的不同而分化"[①]的情势更为显现。但多变无定性和无定态；技术的不断迭代与重构式演进，建构了不同的、生命力或长或短的互动结构与模式，影响到网络亚文化、小众文化的稳定性。这种无定态也是网络文化江湖不断厮杀的结果。网络去中心化与重新中心化的变形过程，是文化碎片化的一个过程，也是亚文化、小众文化在网络空间各领风骚、升落不定的过程。

网络社会有一种与后现代社会混合形成的气质。如果说 BBS、微信等社交平台培育了草根文化，那么，当下社交短视频自媒体又助长了江湖文化的盛行，过于娱乐化，相比草根文化，更多夹杂着粗鄙、轻浮和浅薄。网络恶搞、解构式的戏谑一直是网络大众文化的典型、常态，一些段子往往风行一时、甚或引发全民狂欢。这些文字或视频的段子，标新立异和颠覆传统，用各种讽刺、幽

---

① 西门柳上、马国良等：《正在爆发的互联网革命》，北京：机械工业出版社，2010年，第 16 页。

默诙谐、调侃等手法鄙夷正统、经典和权威。网络恶搞和戏谑往往能表达草根话语，宣泄负面社会情感，满足自我实现和引发关注的某种心理需求。在社会层面能吸引人们对某些现象的关注，引发思考。"网络恶搞"的失控，也可能会演变成网民的集体失范，冲击社会的正面价值观，促发社会文化的碎片化和混乱。

网络空间除了受到后现代文化的浸染外，也是快餐功利、金钱利益至上、技术和金融精英控制、黑客、企业家文化等各类文化的生存场。大众文化、亚文化和小众文化、草根江湖文化、后现代文化等的交融交错，不仅会引起个人和社会的文化眩晕；当其一旦与传统主流文化发生冲突与内爆，更易导致文化的混乱和社会稳定问题，并发生"我们是谁?""我们何往?"的文化认同危机。

三是交往秩序失范，诚信度受到质疑，信任的风险增加；交往关系变得扑朔迷离，难以做到真诚、深入和持续。双方相互信任是正常持续交往的基础。在卢曼看来，信任可以弥补理性的不足，但"分化了的交往媒介，语言和符号带来了新风险，从而提出了有关信任的新型问题"，"交往不再依赖不变的有关什么是正确的本性，或者不依赖个人的封闭的熟人圈"。[1] 在网络社会，没有权威媒体机构的信息控制和组织，没有威信的消息源，没有可信之人可依赖，信任的风险大为增加。对参与交往者而言，"信任不再是一种资源，它倒反而成为信息的敌人"。[2] 信息泛滥却又真假难辨，人们会陷入信息超载、信息麻痹的困境之中。虚假信息、流言谣言极大干扰了人们的思考、判断和决策，导致盲目跟风、社会恐慌情绪蔓延。如日本核泄漏事件之后，"含碘物品可以预防核辐射""以后的海盐都被污染了，不能吃"……炒作的流言借助网络、微博、短信，

---

① ［德］尼克拉斯·卢曼:《信任：一个社会复杂性的简化机制》，瞿铁鹏、李强译，上海：上海人民出版社，2005年，第64页。

② ［美］约翰·奈斯比特:《大趋势——改变我们生活的十个新趋向》，孙道章、路林沙等译，北京：新华出版社，1984年，第32页。

一夜之间点燃了公众的恐慌情绪，在全国掀起了抢盐狂潮。不确定的交往带来未知的风险，使交往双方难以相互信任，诚信度也受到质疑。即使是各领域的权威专家，作为信源的威信和话语动机也受到质疑，甚至被质疑为"有组织的不负责任"，更何况屏幕后面不确定的网友了。垃圾欺骗和情色信息、广告营销信息，无孔不入。

总之，网络交往的违法犯罪问题日益突出，但法律准绳难立。种种交往秩序失序的问题，导致人际交往虽众生喧哗但陷阱丛生。交往秩序失范，诚信度受到质疑，信任的风险增加；交往关系变得扑朔迷离，难以做到真诚、深入和持续。网络交往促进了文化生产和传播的活力和创造性，但也带来文化冲突与认同危机，个人和社会面临的风险因之加大。

第三节　网络交往的公共性价值与交往合理化

一、网络交往的公共性确认

网络交往是一种媒介中介化的方式，已成为当代人社会交往的最基本方式。信息技术的可供性建构了多元的社会关系和具有新特征的交往空间，帮助人们拓展了社会实践场域。

哈贝马斯虽然理解大众媒介与公共性之间的现实联系，但他的公共领域基于言语交流，因此，他认为交往互动一定也是基于言语的，只有基于言语的交往互动才能构筑起真正的公共性。[①] 像报刊这样的早期大众媒介就是以言语为主的，就有推进公共性的实效；而广播、电视等大众媒介，是主体—客体的单

——————————

① ［德］哈贝马斯：《公共领域的结构转型》，曹卫东、王晓珏、刘北城、宋伟杰译，上海：学林出版社，1999 年，第 46—221 页。

向传播，公众处于被动地位，故而只能塑造出公共性的假象。现在，尽管广泛的网络交往带来了许多实践层面和文化、秩序层面，包括伦理、规制和人格等的失序和困惑；但是，这些失序和困惑从公共性发展的角度来看，也是难得的良机，它为新秩序的构建提供了可能。互联网的交往本性回归以及由庞大网民规模建构的公共性，决定了网络交往对交往方式的重组蕴含着巨大的公共性潜质。在网络社群中，个体性能够与普遍性的价值关联，并缔结出一个具有价值意义的网络共同体。因此，网络交往"也承续着交往实践的公共价值"。[1]

首先，考察网络交往公共性价值的基点，一是技术可供性隐含着的强大的动员能力；二是观念。技术可供性的不断迭代优化，成为网络交往公共性实现的重要依托。在《交往在云端：数字时代的人际关系》的作者南希·K.拜厄姆看来，正是因为"云交往"所具备的多元、多维、多向的技术可供性，形塑了当代社会的中介化社会交往。[2]技术的使用方式与平台的组织架构，会有各类意义的赋予，"透露了我们作为传播者的观念"。[3]也就是说，网络交往作为交往中介物，会融合技术平台和网络交往参与者的观念。而在技术可供性赋能的支撑下，网络交往参与者之间发生多元的观念碰撞，并在碰撞中逐渐走向协调，从而建立起某种协同机制。网络交往的公共性价值是在由网络社会的网民作为公共人的参与和技术作为公共物的依托下，才确认起来的。

另外，从技术可供性而言，网络交往方式多为交互的、去中心化的，因而使网络交往方式呈现出多元性和混合性，从而改变了传授者的关系，因此，可

① 王敏芝：《数字媒介时代"云交往"的公共性重申》，《传媒观察》2021 年第 4 期，第 71 页。

② 南希·K.拜厄姆：《交往在云端：数字时代的人际关系》，董晨宇、唐悦哲译，北京：中国人民大学出版社，2020 年，第 5 页。

③ Sturken M. & Thomas D. Technological Visions：The Hope and Fear that Shape New Technologies. Philadelphia，PA：Temple University Press，2004，pp.1—18.

以说"互联网交往蕴含着巨大的公共性潜质"。①同时，我们还需看到，基于言语的交往本身就是通达建构公共性的基本方式。阿伦特（Hannah Arendt）最先敏锐地揭示了言语交往与公共性之间的必然联系：言语的发动至少包含着参与双方的谈论与说服、合作与沟通，因而必然指向群体性和公共性。②网络延伸了人类的言语表达能力，也包括提升了面对面的口头沟通效果。网络交往去中心化，突破时空界限，延伸至更广泛的人群和区域，因此更具普遍性意义上的公共性。网络能够汇聚起分散、多元和碎片化的个体，将其重新集结至公共生活中。这种集聚首先体现在网络社群的交往生活中。从结构上来说，一方面虚拟社区、各类圈群的兴起，建构出有边界、相对稳定的圈式结构，一方面，新兴的社会网络则是一个以个体为中心，以其关系为纽带的相对动态的链式结构。

其次，人类现代生活的大多数日常场景和内容都与网络空间及其内的交往有关。

虚拟与现实世界的维度统合，使网络社会已成为一个虚实相连的社会形态。吉登斯用"脱域"概念表达这种人类交往场景的空间性跨越。但他主要强调的是时空跨越带来的复杂结构，即"使在场和缺场纠缠在一起，让远距离的社会事件和社会关系与地方性场景交织在一起"的复杂时空结构。③王敏芝用"超现实领域"和"复合场景"来指代这种统合空间，他认为数字交往的空间变革"要远比吉登斯所揭示的极端"。④

同时，两维世界的统合的推动力，除了结构的统合外，也来自数字交往为

---

① 蒋艳艳：《互联网交往的伦理悖论》，《东南大学学报（哲学社会科学版）》2019年第3期，第26页。

② ［美］汉娜·阿伦特：《人的条件》，竺乾威译，上海：上海人民出版社，1999年，第4页。

③ ［英］安东尼·吉登斯：《现代性与自我认同：现代晚期的自我与社会》，赵旭东、方文译，北京：生活·读书·新知三联书店，1998年，第23页。

④ 王敏芝：《媒介化时代"云交往"的场景重构与伦理新困》，《暨南学报（哲学社会科学版）》2021年第9期，第15—16页。

人们提供了一种貌似在一起的场景统合。貌似在一起，实际上是一种共在感。"共在"不仅是指人类社会性存在的基本场景，因为没有共在恐怕也就无所谓社会存在可言；也指人们情感维系的一种重要方式。"共在"是人们交往行为的原始动力，是人们在相互关系中确认自身存在和价值的心理基础。

其三，网络交往"再社会化"的实践，其实就是公共性的再考量过程。网络已被祛魅，虚拟空间成为我们生存和交往的"自然世界"的新的一部分。网络交往生活越来越真实，对现实生活的介入程度也越来越深，呈现出普泛性、社会性的鲜明特征。数字化生存的"数字公民"和"重新部落化"，是一个再社会化的过程。这个过程需要我们为其中个体提供行为的基本规范和行为反馈。同时，由于参与主体的身份标签被模糊化，传统交往科层化的潜在行为规制和道德约束被抹去，人们需要再社会化的过程获得合宜认定。

其四，所谓虚拟空间对空间与关系的再造，将网络交往的公共性"内置"其中。[①] 所谓内置，正是源于网络交往中关系与空间的非虚拟性。这个空间并非与"线下空间"并置、隔离或对立。网络交往的参与主体的主体性并非虚妄，表现在参与内容诉诸个人、公共利益和共识，交往过程会与现实产生密切的互动，影响波及现实的线下生活。同时，虚拟空间一样体现着空间所具备的或私密的或公共的性质。总之，虚拟空间对空间与关系的再打造过程，也是其逐步深化成一种新型公共领域的过程。

二、网络交往合理化：公共性价值的实现

（一）网络公共性价值实现的核心因素：交往主体的理性提升

网络交往的公共性是其技术和社会属性决定的；交往身份与场景的虚拟性，

---

① 王敏芝：《数字媒介时代"云交往"的公共性重申》，《传媒观察》2021年第4期，第74页。

并不与其中公共性存在的基础——即关系与空间的非实在性相冲突。当然，这种新型交往公共性的"内置"，并不意味着其价值必然会实现。"一部人类交往史，就是一部公共性追求的历史，也是一部公共性的实现史"[①]。网络交往实践的公共价值的实现，在当下，仍然需要实践理性的支持。正如麦克卢汉（Marshall McLuhan）所言："任何技术都倾向于创造了一个新的人类环境。"[②]技术建构了网络空间，并确定了新型的交往形态，为人类创造了一个新的生存环境。相对自由的交流、沟通和关系架构，是公共性得以生成的基础。但公共性非自然生成，它是社会意识聚合的产生，只能在交往实践中萌生。

数字交往中自我认同的扭曲、个体私权与社会公利的利益和价值冲突、社会认同的涣散等公共性价值实现的难题，我们不能否认有网络空间的技术和架构要素的规定和局限性使然。确实数字交往的技术供给在某种意义上"提供了有失公共性伦理的支持"[③]，一些平台有意无意地否认自己作为内容生成与集聚平台的"媒介"定位，从而试图与数字交往中大量不良信息和互动行为撇清关系，如虚假信息、谣言流言、网暴围观等造成的冒犯亵渎、隐私泄露、私权和机构权利被侵入、色情暴力与恶俗内容等。在上述方面，技术漏洞难辞其咎，监管机制与流程完善作为远远不够。

理想的网络交往社会建构，或者说公共性价值的实现，受制于多重因素，包括背景、技术架构、交往行动参与者等。一是宏观的社会、文化及其权力背景，包括政治、经济、法律、文化与价值观传统等。二是网络平台的开放或封闭结构、平台的个性与算法政治。三是参与交往个体与群体自身的理性和能力

---

① Dutton W. H. （Ed.）. The Oxford Handbook of Internet Studies. Oxford：Oxford University Press. 2013，p.67.

② ［加］马歇尔·麦克卢汉：《理解媒介——论人的延伸》，何道宽译，北京：商务印书馆，2000 年，第 7 页。

③ 王敏芝：《数字媒介时代"云交往"的公共性重申》，《传媒观察》2021 年第 4 期，第 75 页。

局限性。为了重整网络社会的交往秩序，杜骏飞在期待网络领域对话的开放性和协商理性的框架内，似乎清醒地意识到网络人际交往的冰冷的事实，"数字时代改变了社会的介体，但迄今为止并没有成功改造社会的主体；在我们目力所及处，也还没有做到深度改造作为社会演化基础的制度体系"。① 我们的理解是，技术体系是改变社会交往中介体特性的重要物质基础，对这个体系的演化趋势、影响社会和个体的逻辑和机制，对技术控制下导致社会和异化的可能，我们仍需持警惕的态度。

但从反思技术决定论的角度，这个空间环境能否实现公共性价值，并持续优化和推动社会进步和发展，技术肯定非决定性因素。公共性价值能够实现的最根本的要素，还是交往主体自身的理性提升。具体而言，网络交往公共性价值的实现，需要参与主体，或者说数字化空间中的数字公民，能够在私人领域和公共领域之间找到价值平衡，有实现公共性的自觉和意愿。当然，公共性价值的实现，也需要政治、经济、制度、文化等方面对虚拟社会公共生活的重新合理化。

比如，就网络交往的道德实践而言，"网络空间道德事实上就必须是现实社会中道德的合技术化延伸"②；或者说，道德合理化是追求网络公共性价值实现的一个核心层面。网络交往实践中，利己与利他之间、私权与公利之间均存在冲突，需要动态地调和博弈关系，在人际依存中使道德伦理得以不断完善。或者说，使利己的价值诉求和公共利他的价值共识得以达到平衡、兼顾和和谐。当然，法律的完善与监督约束力的提升，以及交往参与者人格的健全也同样是网络公共性价值实现的核心层面。

---

① 杜骏飞：《公正传播论（2）：交往社会的来临》，《当代传播》2022年第3期，第53页。

② 杨嵘均：《论道德的合技术化延伸及其网络公共性的生成》，《探索》2019第2期，第172页。

（二）网络交往"形式的非理性和实质的非理性"的双重叠加

网络空间交往的一个最基本和最明显的现实，就是网络交往"形式的非理性和实质的非理性"的双重叠加。或者说是网络社会"理性的不足导致非理性的生存与交往方式"，这可以说是对网络社会各种交往形态中充斥的大量异化或非理性现象的一个概括。

韦伯在考察西方社会现代性危机时，将其根源归咎于工具理性的泛滥对价值理性的压制。他以"形式的合理性和实质的非理性"来概括西方社会的异化现象。认为是过度的理性化和对工具理性的过度追求导致了非理性的生活方式。同时，韦伯的异化概念是基于资本权力扩张所致劳动异化的分析，也即劳动异化之上出现的产品分配、社会关系和人的本质的异化现象。他将异化现象完全纳入和消融在他的形式合理性和实质合理性之间对立窘况的分析之中，据此得出异化现象无论在何种社会组织形式，或人类社会未来发展中也无望获得根本克服。他的判断当然也包括网络生存形态。

我们对网络社会的未来当然不能这么悲观；但也不能不正视前已述及的所谓非理性的生存与交往方式的种种表现。信息科技的表达自由"赋权"功能，并没有带来社会交往的自由和和谐。我们对网络世界的乐观想象正在破灭，如自由、平权、去中性化、去权威，借助虚拟世界消除现实世界的异化等。现代社会的人们尚未摆脱"机器的奴隶、商品的奴隶、官僚制的奴隶"，就又陷入了一种新的交往异化境地：信息科技的奴隶、信息本身及自我人格分裂的奴隶。

本书无意讨论资本侵入网络，对网络交往形态、意义的控制等问题。但网络和数字技术作为一种提升效率的工具，参与网络建构和参与社会生活的各类主体，对效率、效益的追求比现实社会尤甚。从这层意义上，韦伯所判断的过度的"形式的理性"也适用于网络社会。但是，网络的另一面，是其又在形式理性上进行某种程度的消解，使其呈现为非合理性特征。而网络交往"形式理性的非合理性"来自作为数字人的"我"之"公共性的衰落"、网络交往的制约性和规范性较弱。

一是人类网络交往的离身性代替了传统的具身性，参与交往的生活空间、场景是虚拟的，交往实践的体验也是模糊和不确切的。"我"成为一个虚实结合的数字人，成为数字时代的独居者，这可能带来理查德·桑内特（Richard Sennett）所忧虑的"公共人的衰落"。

数字人被困在私人领域，普遍自恋，日常行为与他们无关，更无关公共生活。自恋、孤独的个体，缺乏与他者的双向互动思想、真实的情感刺激，思想和心理体验均因此变得贫乏。因为个体在网络空间的交往只能以数码方式、以数字人身份参与，导致"自我"的改变，个体参与公共性交往的衰落。有学者因此怀疑网络交往的主体间性体系能否建立，"如果需要对数字空间中的交往行为作出界定和描述的话，我们可以将其称为'物体间性'。换言之，在数字空间中道德秩序建构的基础不再是主体间性，而是以数字协议为基础的数字对象化的物体间性"。① 这种怀疑当然有道理，但人是精神的存在，虽然交往的表层形态是信息、符号的组合，但实质是个体与个体间思想意识、情感层面的精神性互动。虽然其具身性没有参与网络交往，但其社会生活、交往实践与其社会身份地位、意识观念的影响，最终必然体现在网络交往之中。以"物体间性"取代主体间性，实质是对网络交往的主体性的否认，可能有技术决定论的嫌疑。那么，如何理解网络交往中的主体间性？这可能是个有意义的问题。

二是网络交往没有现实可用的交往规范，导致网络交往出现混乱。网络的交往环境是一个有别于现实生活的、新的生态系统，网络这个系统会产生一些诸如不同地域、不同话语体系甚至不同情感影响下、面对同一个网络事件的参与者组合，面对这些现实生活不可能存在的交往场景，现实生活的交往规范自

---

① 蓝江：《云秩序、物体间性和虚体——数字空间中的伦理秩序奠基》，《道德与文明》2022年第6期，第142页。

然不可能适应网络交往的要求；即使规范制定出来，也需要进行可操作性的检验，而这个检验过程又会因网络交往方式的多元和复杂而变得不可能做到。当然，规范还可以在网络交往者的对话辩论中生成，但这种生成性的规范会受平台本身、因平台特点而聚集的同类群体所局限，导致规范只能适用于有限的范围，难以在不同群体间达成共识，又会造成规范的混乱。

三是规范缺乏外部权威的强制保证。网络交往的去中心化同时也会带来权威的缺乏，需要外部权威的介入，但还是由于网络交往的多元性、复杂性，外部权威也同样缺乏现实的参照。同时，网络身体不在场形成的交往参与者的弱责任性，又使意志难以维持，得不到信念的支撑。因此，我们会发现，网络交往规范的增删是一种常态。因此，网络交往行动者很难社会化；时空的跨越，交往者的即出即进状态，使社会化成为一个一个的快闪拼接。

综上，网络、数字技术及它们构建的社交媒介在推动"数字再社会化"过程中，重构着社会现实。人们创设了新的交往社区、交往场景，并建立新的关系。网络交往因此具有了天然的公共性意义。网络社会"理性的不足导致非理性的生存与交往方式"，造成网络社会个体的交往异化与单向度发展，如自我认同的扭曲、行为失范、人格失格、关系调适困难、网瘾症等问题，也导致了如伦理困境、个体私权与社会公利的利益和价值冲突、社会认同涣散等后果。如何规范网络空间与交往活动的秩序，体现网络交往的公共性价值？网络社会理性困境前所未有。

从提升网络交往主体的理性，规范其交往行动的角度而言，应该培育和建构何种类型的交往合理性？应该找到哪些合理化路径，并提出交往合理的网络交往实践标准？考察学者们的相关研究，他们从秩序建构路径方面提出各类观点，为网络交往公共性价值的实现提供了观念指引，也提出了一些交往实践标准。但都存在局限性，且不够成为体系，也没有上升至网络社会合理化层面来讨论。

　　网络空间良性秩序和交往和谐，需要生活世界的完善，需要规范意义上的他律，当然也需要技术上的自觉和规则。但从根本上来说，需要每一个交往主体基于公共性实践的自觉与自省。这正是我们强调网络交往公共性价值，以及努力建构交往合理性，讨论合理化标准的用意所在。

第三章 网络交往的情感与理性

网络交往和社交媒体公共参与研究正逐渐深入情绪情感领域。"情绪"和"情感"是心理学两个概念，情绪一般指个体在其需要是否得到满足的情境中直接产生的心理体验和相应的反应。情绪是身体需要、先天就有的，所以情绪的特点是外在的、不稳定的、多变的。而情感一般是指个体意识到自己与客观事物的关系后产生的稳定的、深刻的心理体验和相应的反应。所以情感一般是在社会实践活动中所产生的。本书是对网络社会中人与人交往的研究，因此用"情感"一词来表述。对网络交往情感问题的回答，本章将从以下方面展开研究。

首先，需要从社会结构和社会运行机制方面寻找答案。正如特纳（Jonathan Turner）所言，什么样的社会结构条件会唤醒什么样的情感，这是情感社会学的基本问题之一[①]。线上世界的情感状态在某种程度上，是日常世界即线下世界这一"至尊现

---

① Jonathan H. Turner, Human Emotions: A Sociological Theory, London: Routledge, 2007, pp.1—2.

实"的映射，与日常世界社会结构的状况密不可分。线上世界已经构成了迥异于线下世界的虚拟社会结构和运行机制，对网络情感现象的探索应更具体化，在对互动媒介和互动空间的技术影响机理的理解中，把握这种全新的结构和运行机制。当下中国社会情感结构的主要要素，或者说深层的情感律动，是"怨恨"与"同情"；这种结构也必然反映在网络表达上面。

其次，独立从情感的视角研究网络交往和讨论公共领域建构的问题。无论是现实社会还是虚拟社会，情感唤醒伴随着社会化的过程，社会行动的各方面定然存在着情感相伴。传统儒学也认为，我们无法将情感剥离出来。否则，讨论公共互动问题难免是局限和片面的。因此，应该以情感为视角，但不应该站在"情感—理性"这一二元对立的逻辑上，而是需要超越这一逻辑；以此思考公共领域建构和网络交往情感的理性主义范式研究。

最后，基于情感与理性交融的立场，本章以专题形式，进行了一项实证研究。即运用细粒度情感分类与标注方法，结合基于情感词典的文本挖掘技术，运用情感分析法和相应的文本情感分析软件，管窥在特定的传媒语境下，网民的表达文本蕴含着怎样的特征、多元的情感类型和理性要素；并在儒学情感与理性交融哲学的指引下，进一步分析文本互动下的情感流动特征，探讨和阐释愤怒等优势负面情感通达理性的路径和机理。

第一节　网络社会的情感结构

一、网络社会个体的情感困境

由传统社会向现代社会转变，既是社会形态、结构和制度的转变，也必然伴随个人心理结构尤其是人的情感的转变。从某种程度上讲，现代社会正在无形中逼迫着社会个体不断地自我约束和控制自己的情感，而且，当这种约束与控制越来越强的时候，也就意味着个体的情感越来越成为一些外在力量的控制对象，这些外在力量包括组织、权力和资本。同时，我们也应该看到，情感表情日趋符号化，最终成为人设塑造、社会交往和营销的一种符号和工具。由此导致情感的异化、虚假化和淡化，这些都是社会现代性的代价之一[①]。朱喆等分析了当代中国人的情感困境，认为具体表现为情感结构失调、情感控制失衡、情感表达失范、情感沟通失序、情感支持失真、情感伦理适意等问题。[②] 现在，当现代社会向虚拟社会转变时，情感困境的一些特征随着个体进入虚拟社区，体现出共性和特殊性。

一是网络互动中个人情感的本我释放与欲望的宣泄。现实社会中，"本我""他我"的协调统一构成了一个完整的自我，本我受道德、法制的规训和压制，"他我"要求个人的言行与其社会角色和身份一致，符合社会的期待。但在相对隐匿的网络空间中，各种羁绊似乎被解除，"他我"与本我分离，自我不再是现实中的自我，人们可以自由地表达和表露情感。在这种语境下，叙事成了本我的张扬和欲望的展露；碎片化的个人表达和利益诉求，往往夹杂着不受控制的情感宣泄。此时，网暴成为社会公害，冲动、粗俗和侮辱性的语言表达见怪不怪；互动沟通难以深入，往往成了互动漫骂和怒怼。

网络交往中的情感结构失调，或者说情感冲突化，主要是人在社会生活中的生活体验类情感与社会约束类情感的冲突，生活体验情感如快意、舒适、拉风、酷炫等，社会约束类情感如政治情感、道德情感、审美情感等。对生活体验类情感的过分追求，会导致其在与社会约束类情感的冲突中或失衡或唤醒。于是，负罪感、羞耻感、正义感、使命感、忧患感等高级情感渐升，并在网络

---

① 王宁：《略论情感的社会方式——情感社会学研究笔记》，《社会学研究》2000年第4期，第122页。

② 朱喆、萧平、操齐：《儒道情感哲学及其现代价值》，北京：社会科学文献出版社，2018年，第138页。

社区中相互碰撞，这种碰撞是一种自然的情感律动，但在"后情感社会"中不再自然。

梅斯特罗维奇（Stjepan G. Mestrovic）认为当代社会是"后情感社会"，"后情感"不是通常意义上的情感，它是被合成的和拟想"后"的情感，而这种"后情感"被自我、他者，甚至被整体的文化产业普遍地用来操作。当"后情感"被文化产业精心制作和操纵时，称为"后情感主义"，它已成为人们当代生活的一条基本原则。"后情感主义"是指情感被自我和他者操纵，使情感不再具有态度鲜明性、个别性，而成为柔和的、机械性的、大量生产的然而又是压抑性的快适伦理①。"快适伦理"这个词形象地表达了后情感社会日常生活的伦理状况。它把日常生活的快乐与舒适作为一种情感追求，哪怕这种情感是虚拟的、包装出来的，只要快适就好。快适伦理是后情感社会的一个显著标志②。当下，后情感主义已渗透入网络空间，以社交平台、自媒体、短视频为典型的新的文化产业，虽对快适的追求无以复加，但却抛弃了电视时代的庄重，内容和情感制作不再完整、精致，代之以廉价、粗俗和表面。

二是过分远离或排斥权力政治情感，走向官本位主义、极权主义或威权主义的极端对立面。③健康的政治情感如责任感、正义感、同情感等，其实是合理情感，因为它强调以社会群体为本位。人们对权力的服从、尊敬及对地位的追求，也有其合理性，这是个人的社会性使然。官本位、极权主义或威权主义来自对政治和权力的过分追逐，对个人可能会导致权威人格，即整个人的人

---

① Stjepan G. Mestrovic：Postemotional Society，London：SAGE Publications，1997，p.44.

② 王一川：《从情感主义到后情感主义》，《文艺争鸣》2004 年第 11 期，第 8 页。

③ 注：所谓政治情感，指公民对政治生活各方面所产生的内心体验和感受，是伴随人的政治认知过程所形成的对于各种政治客体的好恶感、爱憎感、美丑感、亲疏感等心理反应的统称。同时也包括人们的权力欲、控制欲以及对社会地位、政治地位的追求之情。

格组织都是围绕权威主义这一中心而建立起来的，如逃避自由、愚忠、媚上欺下。

如果说传统社会形成权威人格的深层原因是不确定性，那么现在网络权威人格的消解过程，本质上也是权威人格的理性化过程。一些网民一方面政治情感泛滥，沉浸于将各种社会话题泛政治化，蔑视各类权威；另一方面，又轻薄化各类宏大话题，用恶搞、段子、网络流行语等娱乐化手段表达对政治和传统、权力权威的复杂情感。

三是一些网民对自己的道德情感的轻视，而对他人与社会苛责；即过分倾向于律他而非律己。道德情感是人类共同具有的一种种族经验[①]。对个体而言，这种对道德的情感反应和内心感受源自"先天"，也来自个人所处成长环境的培养。因此，网络道德情感不能脱离网民的虚拟生活，并且深深扎根于、取决于网民的虚拟生存状态及其感受。

对他人、其他群体、社会和国家过分倾向于道德情感，也是一种伦理乌托邦。过分苛责，戴着放大镜挑剔，似乎眼里无法容下一点沙子。无论是西方哲学还是儒学，都有某种伦理乌托邦特征，在道德方面，它们的学说中常常有理想与现实的"应然"与"实然"之间的越位或错位。网上一批网民对他人、其他群体和社会整体抱着道德至上信念，要求他人成为德性楷模，完美无缺，要求社会是一片净土就是这种学说的真实体现。

对自己过分的宽容，会使自我认知、自我同一、自爱自尊失衡，还会使自我适应、自立自强受阻，甚或走向虚无。除了放松对自己的道德要求外，在网上虚拟社会，人们也积极建构和表达新的基础性道德情感，不吝于表达对与己

[①] 注：道德情感包括：对己自我认知感、自我适应感、自我同一感、自爱自尊感等；对人同情关怀感、体贴仁慈感、友谊真诚感等；对自然的敬畏感、亲近感、秩序感、护爱感、神往迷恋感等；对社会的合作责任感、公正公平感、荣誉成就感、爱国使命感等。

无关的他人的同情，依恋虚拟的圈群，寻找自我认知、认同与自尊。但在线下，或在线上对触犯自己神圣道德感、高尚感的人或群体，又走向道德洁癖，伴随的是对他人的漫骂和污辱。

生活情感感性化、低级化；积极情感与消极情感二元结构失调；审美情感扭曲。情感本有理性的成分，但人们表现出来的情感越来越感性化，导致现代低级生存性情感遮蔽一切。网上低级的情感包括滥情、无情矫情、虚情见于各种交往场景，焦虑、怨恨、仇恨、郁闷、紧张、焦虑成为口头禅，诚信、信任缺失，情感无力综合征患者型剩男剩女日益增多。相反，真挚的爱情、幸福感、爱国感、道德情感、价值情感、审美情感、宗教情感等高级情感越来越缺失，越来越稀有。同时，正负面情感（积极情感与消极情感）的二元结构失调 ①。虽然适度的负面情感表达有助于现代人的心理健康，但负面的情感充斥着一些论坛和圈群，也是一种不正常的现象。这种结构失调的主要标志是幸福感降低。

四是审美情感的异化表现。审美情感是由人的审美、爱美的生命需要所产生的情感。审美伴随人的灵魂的空前解放，应该说，在诸多情感中，审美情感是最自由的情感。网络空间人们本应享受自由，不断提升自己的审美情趣。遗憾的是，一些网民以丑为美，以低俗为美。现在，自媒体短视频的繁盛使这种审丑情趣达到无以复加的地步。

二、怨恨与同情：网络上的深层情感律动

当下中国社会情感结构的主要因素，或者说深层的情感律动，是怨恨与同

---

① 注：根据价值的正负变化方向不同，情感可分为正向情感与负向情感。正向情感是人对正向价值的增加或负向价值的减少所产生的情感，如愉快、信任、感激、庆幸等；正向情感是一种积极情感（Positive Affectivity，PA）。负向情感是人对正向价值的减少或负向价值的增加所产生的情感，如郁闷、焦虑、怨恨、痛苦、鄙视、仇恨、嫉妒等。负向情感是一种消极情感（Negative Affectivity，NA）。

情。情感结构的概念大体上指的是，在一个文化中，情感具有稳定性和明确性，且代代相传，同时每代人都会"把自己的创造性反应塑造成一种新的感觉"。[①] 基于情感结构分析网络社会的情感时，既要考虑到现实社会当下存在的情感，也要考虑到网络社会在转型过程中产生的新情感和新危机。在公共领域的构建中，情感主要是负面情感，往往被冠以"非理性"和应该压制的坏情绪，并因此饱受诟病。

当怨恨和同情进入身体和身份均不在场的虚拟场域，进行场域转移和对象转移时，会有何表现？会对网络世界的情感实践产生何种影响呢？

学者们微观情感研究的成果，也间接证明了，时代深层的情感律动必然反映在网络表达上面。在考察网络公共领域和交往的情感现状时，许多实证性研究均发现，负面情感"怨恨"（愤怒）和正面情感"同情"是网络空间两种最主要的情感表现。怨恨和愤怒两种负面情感当然有所不同，在不同性质的热点事件中首要的负面情感往往两者具其一。这可能是因为，愤怒更具个人情绪宣泄，而怨恨是怨和恨的结合，更反映了一种社会心理。如孙慧英、明超琼曾统计近十年的热点事件，她们就是提取社会情感中的同情、怨恨作为研究变量。[②] 杨国斌也发现，"在目前中国大陆的网络事件中，最能够激发网民参与抗争的情感是愤怒、同情和戏谑"。[③] 值得说明的是，本书所指的正、负面情感均为中性立场。无论是正面的同情还是负面的怨恨，都有其价值与意义。因为，这些情感已然成为现代社会发展的心理动源，在新的价值结构与伦理秩序建构中发挥着重要作用，它使批判精神得以发展，同时也激发着公众的正义感。在这个过程

---

① ［英］雷蒙德·威廉斯：《漫长的革命》，倪伟译，上海：上海人民出版社，2013 年，第 65 页。

② 孙慧英、明超琼：《公共领域中热点事件的社会情感价值分析》，《现代传播》2020 年第 7 期，第 147 页。

③ 杨国斌：《悲情与戏谑：网络事件中的情感动员》，《传播与社会学刊》（香港）2009 年第 9 期，第 60 页。

中，我们会发现现代型国民气质应运而生。①

（一）根植于传统文化的"同情"

"同情"根植于我国传统文化，是当下社会的现状，因此也是网络最显性的情感，许多研究支持这一观点。如库利（Charles Horton Cooley）从情感互动的角度指出，"同情是通过与他人交往从而理解他人情感的交流行为，同情行为是在刺激和引导之下有选择的行为"。②罗斯（Edward A. Ross）从社会控制的角度，对同情心的社会意义进行了补充，他指出"同情心倾向于取消悬殊差别"③。虽然西方学者也关注同情，但他们对同情的理解偏重于交流、共情；而非中国传统社会和文化将其上升到"人"的觉知和道德责任层面。如檀传宝提出，"道德情感基础的另一个重要支点是人的同情、分享以及社会性兴趣所指及其范围、领域之大小"。④显然他是将同情作为人的道德情感基础来看待。

中国传统的政治文化即有情感色彩，如仁政、民本和大同等思想；社会也对权力有仁德、仁爱的期许。至于民间，"恻隐之心，人皆有之"；说明同情是普通民众普遍具有的一种情感。孟子本着对"人"本身的认同，将同情上升到"人"的自觉和道义责任层面；他希望诉诸同情来克服人际间的冷漠。在网络上许多的公共事件中，网民表现出的同情，尤其是对"弱者"的同情，极大慰藉了当事人和社会；经网络情感集聚、情感感染和共振，形成了一种舆论力量。

吊诡的是，互联网的"身体不在场"、互动异步等结构性特点，使网民的行

---

① 罗贵榕：《社会公平感、愤怒情绪与群体性事件的关系探讨当代中国社会精神气质转型的怨恨渊源》，《内蒙古社会科学（汉文版）》2012年第5期，第140页。

② [美]查尔斯·霍顿·库利：《人类本性和社会秩序》，包凡一、王湲译，北京：华夏出版社，1999年，第110页。

③ [美] E. A. 罗斯：《社会控制》，秦志勇、毛永政译，北京：华夏出版社，1989年，第8、29页。

④ 檀传宝：《道德情感、审美情感与道德教育》，《中国教育学刊》1997年第1期，第4页。

为和情感失去外在约束，就像真实社会的人使用"法术"隐了身且其声又能被现场的人们听到，这隐身人就会感觉自己可以"言所欲言"，而互联网上的全是隐身人，每个隐身人自我中心式的言所欲言，必然会侵蚀人际间的同情。在一些公共热点事件中，尤其在许多对有违法律或道德有亏的当事人的网暴事件中，在原始道德和高尚感的支配下，一些网民的同情心似乎消失，再无影踪。或者说，人们在网络空间自我中心主义抬头，漠视他人的感受，无法激发出一种属于他者的人的同情。

（二）社会转型期的"怨恨"

当代中国各类负面情感中，核心的是怨恨情感，其在社会交往中充分地以各行为或表达方式释放出来。社会怨恨已成为现代化进程中的一种典型现象[1]，传统社会标志性的精神气质——羞感在"身体不在场"的掩盖下荡然无存，取而代之的是"言所欲言"氛围滋生出的怨恨。现如今，怨恨在各类负面情感中越来越突出，已上升为现代社会占主导地位的精神气质。[2]基于对中国社会情绪结构变化的历史考察，成伯清指出，经历了从改革初期的嫉妒成风到当下的重重郁积的怨恨的转变，怨恨成为当下中国主导性的情绪氛围；究其根源，是多种社会问题共同作用的结果，一旦社会伤害事件被关注并发酵，怨恨就成为当前主导的情绪氛围。[3]

成伯清认为怨恨的本质，是"自我"对于"他者"的一种特殊的否定性情感，它或是产生于因为对他者所施加于自我的伤害和挫折无法反击或报复而郁积的"无能感"和愤怒，或是因为对于跨越经由与"他者"比较而产生的巨大

---

[1] 张凤阳：《转型背景下的社会怨恨》，《学海》2014年第2期，第69页。

[2] 李骅：《论西方怨恨伦理的形成》，《中国矿业大学学报（社会科学版）》2010年第2期，第23页。

[3] 成伯清：《从嫉妒到怨恨——论中国社会情绪氛围的一个侧面》，《探索与争鸣》2009年第10期，第49页。

鸿沟的"无能感"。① 显然，成伯清对怨恨的解读，尤其强调的是，怨恨是一种将多元的无能感和愤怒糅合交织的复杂情感。

而从尼采（Friedrich Wilhelm Nietzsche）、舍勒（Max Scheler）等学者对怨恨的描述中，可概括出怨恨具有以下特征：一是怨恨是一种复合情感，合成了生气、报复感等冲动情绪和悲伤、嫉妒、不满仇恨、委屈不平等心境。"怨恨可能以不同的形式出现，每种形式都只是提供了一部分人身上的毒素，如果这些形式发展到极端，混为一体，那么怨恨也随之形成了。"② 二是怨恨是动态发展的，有一个情绪样态逐步深化、扩散的动态过程。情感强度从单一类和低度，可逐步强化至混合极端；怨恨对象范围不断扩大，可从具体的某个对象泛化至某个社会阶层整体、全部社会和人类。

在西方，"怨恨"代表着一种反抗。舍勒认为怨恨是弱势群体，尤其是无权无势的下层人民，面对伤害、挫折和价值秩序不平等的对抗性负面情感反应。③ 罗斯指出，怨恨"通过确立权利平等而使人们趋于平等"④，是弱者为争得自身正当利益与强者相对抗的一种方式。舍勒提出基于怨恨的对抗冲动也是一种爱，是"现代仁爱"。⑤

中国社会的怨恨可能并不意味着强烈的对抗情绪，但无论如何，表达怨恨意味着一种复杂情绪的宣泄。负面情感尤其是怨恨，作为一种社会情感形式，不仅仅是个体的情感体验，同时也折射着社会的现实生活状况。当下中国正处

---

① 成伯清：《从嫉妒到怨恨——论中国社会情绪氛围的一个侧面》，《探索与争鸣》2009年第10期，第50页。

② ［美］弗林斯：《舍勒思想评述》，王芃译，北京：华夏出版社，2003年，第56页。

③ 郭景萍：《情感社会学：理论·历史·现实》，上海：上海三联书店，2008年，第267页。

④ ［美］E. A. 罗斯：《社会控制》，秦志勇、毛永政译，北京：华夏出版社，1989年，第8、29页。

⑤ ［德］马克斯·舍勒：《价值的颠覆》，罗悌伦、林克、曹卫东译，北京：生活·读书·新知三联书店，1997年，第104页。

于社会转型期，存在许多怨恨滋生的客观上的结构因素和主观的负面情感。

第二节　情感理性的二元对立和网络交往情感研究的理性主义范式

一、反思公共领域研究的情感理性二元对立模式

20 世纪 80 年代后期，哲学家们开始挑战公共领域范式中理性与情感之间传统的二元对立模式，在不同路径上讨论情感在公共领域的作用问题。对哈贝马斯公共领域、交往理性的反思和批判，已发展出多种视角和相应议题。其中，"情感"视角在近几十年来已越来越被重视。学者们开始理解情感在不同领域的重要角色，肯定情感的价值，并在多元路径上挑战传统理性主义"情感"与"理性"二元对立的模式。

哈贝马斯的公共领域模式基于理性主义，强调理性对情感的优先。他构想了一种与情感分离的理性观念，这种理性观念强调，公众参与公共议题主要是凭借理性能力；为了实现商议共识，应该强调排除情感的理性自我控制。如克劳斯（Sharon R. Krause）将激情与正义偏倚的可能挂上钩，"如果理性不能超越激情，不偏不倚的正义就没有可能"[①]，哈里曼（Rober Hariman）与卢卡特斯（John Louis Lucaites）也担心，当公共生活被情感支配的时候，可能就会处于危险之中[②]。但这种情感分离的理性显然太过理想化，当理性话语被过分强调，交

---

① ［美］莎伦·R. 克劳斯：《公民的激情：道德情感与民主商议》，谭安奎译，南京：译林出版社，2015 年，第 58 页。

② Robert Hariman & John Louis Lucaites, No Capital Needed: Iconic Photographs, Public Culture, and Liberal Democracy, Chicago: University of Chicago Press, 2007, p.86.

际中的情感和修辞等成分被忽略 ①，就真的能产生不偏不倚的正义吗？哈贝马斯在其公民商议研究中，也考虑到了这一问题，他引入了公民的依恋关系和欲望，肯定了情感在规范辩护的理性程序中的促进作用，以及对形成正义情感、增强正义稳定性方面的价值。尽管如此，他也仅将情感作为一种手段，而非理性功能本身。

情感作为一种公共领域的实践，常常被排斥。一些学者对此进行了反思。如麦圭根（Jim McGuigan）指出期待公众通过理性地公共讨论参与政治是不现实的。但是，他没有直接将情感介入公共领域实践，而是提出了"文化公共领域"概念，指出文化公共领域是政治、公众与个体的情感性方式的结合 ②；或者说，公众在文化领域的讨论常常是以审美和情感的方式，情感因而间接地影响了公共领域的政治性讨论。

作为对哈贝马斯的回应，南希·弗雷泽（Nancy Fraser）重新思考了公共领域的问题；且提倡"多元的公共领域"模式，这个模式就包括了情感的实践。多元的公共领域模式的提出，是缘于她对哈贝马斯公共领域的一个质疑，如果阶层权利不平等，那么哈贝马斯关于公共领域平等、开放、公正的想象会成立吗？她认为公共领域的理性主义范式"排斥了边缘群体或底层群体的参与"，因为这些群体在理性商议能力较弱的情况下，参与公共领域的方式可能更为多元，但这些多元的风格不在哈贝马斯的视线范围内 ③。在国内，潘霁则提出，"以多样化的标准突破以往以理性商议为唯一标准的局限"。④

① 转引自杨国斌：《悲情与戏谑：网络事件中的情感动员》，《传播与社会学刊》（香港）2009 年第 9 期，第 39—66 页。

② Jim McGuigan，The Cultural Public Sphere，European Journal of Cultural Studies，2005（4），pp.427—443.

③ 袁光锋：《"情"为何物？——反思公共领域研究的理性主义范式》，《国际新闻界》2016 年第 9 期，第 104—118 页。

④ 潘霁、刘晖：《公共空间还是减压阀？"北大雕像戴口罩"微博讨论中的归因、冲突与情感表达》，《国际新闻界》2014 年第 11 期，第 20 页。

在弗雷泽路径的影响下，一些学者展开了后续研究。如袁光锋认识到"情感"视角对于理解当代中国公共领域的意义，对上述的后续研究路径，展开了系统的梳理和分析，并提出了许多有创见的观点[①]。本书在其基础上，展开了进一步的梳理，下面按研究取向进行归类阐述。

情感是底层或附属群体公共参与方式。这种取向肯定了情感的价值，少数群体、弱势群体正是用情感以平等的姿态进入公共领域的，因此情感的公共参与方式被认为拓展了公共领域实践的边界。但袁光锋在情感"是否有助于公共领域的构建"意义上，提出了"好情感"与"坏情感"之分。他认为，多元的公共领域是描述性的，并没有像哈贝马斯的公共领域那样上升到规范性的层面，因为它并没有能够为"好的情感"与"坏的情感"提供较为明确的边界和判断标准。正是由于把情感视为公共领域实践的诸多研究，都缺少对"情感"规范能力的探讨，这些研究依然没有摆脱"情感—理性"二元对立的逻辑，只能看作是对理性主义范式的补充。

情感对公众的影响。林郁沁等学者并不认同公共领域的规范仅来自"理性"，并对"理性的讨论、辩论构成了对权力、公众的约束力"这一观点提出了质疑。他们将"公众"视为一种具体的、历史的构成，讨论了"情感"与"公众"形成之间的关系，以及公众情感与政治权威的互动。据此认为，"情感"也能够具有规范能力，并且这种规范能力因文化而异。

情感与民主商议，即探讨情感是否可以作为一种导向伦理行动和民主商议的积极因素。这个方向是国内外学者一贯的研究重心，因为它承接了哈贝马斯公共领域与交往理性的研究。理性主义者基于"情感即非理性"的传统判断，担心情感会对人们判断和认知的公正性产生影响，依旧将情感与认知和理性相对立，对情感进行排斥。但纳斯鲍姆（Martha Nussbaum）、克劳斯等学者认为，

---

① 袁光锋：《"情"为何物？——反思公共领域研究的理性主义范式》，《国际新闻界》2016 年第 9 期，第 104—118 页。

情感和认知之间是包含关系，即情感包含着认知；且认知必须在情感参与的前提下，才能转化成行动；他们甚至认为，如果没有情感，"人们无法思考"①。克劳斯还提出了一种新的激情政治，将理性与情感容纳在一起，指出情感在理性判断中的作用。纳斯鲍姆与克劳斯等学者基于情感与认知关系的新理解，反对"认知—情感"的二元对立模式，开始把情感视为一种导向伦理行动与民主商议的积极因素。这一观点也得到各个领域学者的支持。特纳从生物的角度阐述，他认为情感是人性与俱来的生物反应，不会轻易被文化所挤掉②。达马西奥（Damisio）通过神经科学的研究证明，情感是理性系统的构成要件③。经济学家弗兰克（Robert Frank）提出，假设每个人都是纯粹理性的人，甚至只关心自己，对他人漠不关心；即使如此，在讨论有些关系到集体和社会价值的问题时，仍需要情感的介入，才能够得到尽善尽美的解决。④

而在国内，2009 年，杨国斌对"理性话语的过分强调"进行了批驳，他认为"活跃的公共领域和公民社会，应该是有激情的公共领域和公民社会"⑤。许鑫呼吁"理性审视非理性言论"，判断"非理性言论有助于释放社会情绪，维护社会稳定"，"是通往理性的必经之路"。⑥基于"情感作为人性本源的冲动"，并参照特纳、达马西奥等人的观点，郭小安对公共舆论中情感的功能进行了再思考。他认为"情感并不是事实的对立面，它是认知心理和理性系统的构成要件，是

---

① Redlawsk，D. R.，Feeling politics：emotion in political information processing，New York：Palgrave Macmillan. 2006，p.19.

② ［美］乔纳林·特纳：《情感社会学》，孙俊才等译，上海：上海人民出版社，2007年，第 6 页。

③ ［美］莎伦·R.克劳斯：《公民的激情：道德情感与民主商议》，谭安奎译，南京：译林出版社，2015 年，第 59—60 页。

④ 转引自黄真：《国际关系中的情感》，《中南大学学报（社会科学版）》2012 年第 5期，第 165 页。

⑤ 杨国斌：《悲情与戏谑：网络事件中的情感动员》，《传播与社会学刊》（香港）2009年第 9 期，第 105 页。

⑥ 许鑫：《理性审视网络非理性言论》，《新闻记者》2012 年第 10 期，第 59—63 页。

社会动员和社会整合的一种资源"。[①]

情感与公众形成、舆论形成及社会动员关系。这是国内学者研究的重要方向。如杜忠锋和郭子钰关注情感与社会动员之间的关系,以山东于欢案为例探究了情感对社会动员的影响。而在舆论形成层面,袁光锋提出"公众的情感反映了公众对事件的认知"。[②]可见,情感已成为我国舆论的重要组成部分。

中国特色的情理交融公共领域模式研究。近十几年来,一些中西学者在考察公共舆论情感的功能时,涉及情感与理性关系的阐述各有不同,但已实质上秉承情感中性、情感与理性交融的观点。除哲学层面的反思,为回应学界质疑公共领域概念压抑情感层面的问题,一些学者从构建情理交融的公共模式入手,如台湾学者吴介民、李丁赞的研究,他们不仅从哲学层面进行反思,也从经验研究层面提出一种能够"共通感受、情理交融"的公共领域范式。该研究回应了学界对哈贝马斯的公共领域范式压抑情感的质疑。吴介民、李丁赞在研究中指出,中国民间社会和公民社会的信任基础不同,前者基于情感召唤,即博感情,后者基于说理论辩,即讲道理。因此,公共领域范式的缔造应该兼顾二者,做到"融会情理"[③]。郑琪也明确提出"理性和情感应当结合起来理解,以突破固有的、简单化的二元对立范式"[④]。显然,吴介民、郑琪等人有关情理结合的明确主张,是受到传统儒家的启发。

综上所述,各领域的学者以不同的方式讨论了"情感"在人类交往生活中

① 郭小安:《公共舆论中的情绪、偏见及"聚合的奇迹"——从"后真相"概念说起》,《国际新闻界》2019 年第 1 期,第 115 页。

② 袁光锋:《公共舆论中的"情感"政治:一个分析框架》,《南京社会科学》2018 年第 2 期,第 105 页。

③ 吴介民、李丁赞:《传递共通感受:林合社区公共领域修辞模式的分析》,《台湾社会学》(台北) 2005 年第 9 期,第 119—163 页。

④ 郑琪:《公共领域理性与情感的博弈——公共情感研究缘起与分析》,《青年记者》2019 年第 24 期,第 32 页。

的作用。本部分讨论了几种有代表性的、以情感为视角反思哈贝马斯公共领域范式的理论研究。这些研究"画"出了一条——"从理性主义范式补充"到"情感的规范能力"、再到"情感和认知的包含关系",最后从哲学层面反思、提出"共通感受、情理交融的公共领域范式"的研究路径,并用"共通感受、情理交融的公共领域范式"释解了哈贝马斯公共领域"理性主义"范式中情感与理性的二元对立问题。

通过对这些反思路径的分析,可以发现,最开始"情感是底层或附属群体公共参与方式"的研究取向虽然转向对情感与理性对立并列的不认同,但依然在理性与情感博弈或二元分离语境中,去考察个体参与公共表达的情感表现。或者说,它并没有超越情感和理性的二元逻辑,对情感缺乏辩证的态度。近些年来,在情感对公众的影响、情感作为一种导向伦理行动和民主商议的积极因素以及情感与公众形成、舆论形成及社会动员关系等研究的基础上,哲学、社会心理学、情感社会学和传播学等领域,国内和国外均有一批学者做了更为深入的反思,不仅通过质性研究重新认识,甚至通过神经科学的研究证明,作为公共领域建构中的情感是理性系统的构成要件。而国内的学者受传统儒学情感—理性交融哲学的启示,实质上已秉承情感中性、情感与理性交融的观点,据此回应了学界对哈贝马斯的公共领域范式压抑情感的质疑。

二、中国网络交往情感研究的理性主义范式

国内学者因为重视网络公共领域和交往中情感表达的地位和作用,所以成果较为丰富,但多数研究都停留在定性的理论或经验分析,针对的多是个案。难以相对宏观地把握;基于一定数量热点事件,以数据支撑的研究较为少见,勉强为之的研究,其局限性也明显。毕竟一个热点事件的发生发展过程复杂,也受到多种因素的制约,量化难以兼顾,不可避免地简约化。本书尽可能搜集核心成果,并将其研究取向和结论从以下多方面进行梳理和分析。

（一）情感实践：情感动员与弱势群体的社会抗争

情感作为边缘和弱势群体的网络公共实践，社会抗争性动员是主要的理论脉络。网络动员的研究，目前尤其关注突发事件中的社会动员，并以具有政治性的动员为目标指向。比如有学者讨论了弱势群体的悲情抗争，这被视为与执政党意识形态、政治伦理、权力结构等都有关系[1]。而情感现象与社会动员研究，一般是将情感视为一种社会动员的方式。

社交平台及其上兴起的用户生成内容（UGC）模式，是最能体现情感力量的场景空间。近些年，社交平台上呈现的网络抗争事件数量居高不下，抗争的动力、动员方式、抗争模式也在不断变化中。如贵州瓮安、湖北石首等事件，抗争的"主战场"都在网络上。抗争动员是社会抗争过程最核心的环节[2]。因为它是"社会运动的初始，也是抗争持续下去的动力"。[3]

传统公共管理学者所采用的资源动员理论、政治过程和微观动员等理论范式，适应于传统社会组织发达、抗争行为制度化的线下社会。这些理论强调运动组织对资源的运用、资源的可获得性以及政治机会，或者重视社会地位与集体认同感对社会运动的影响等。但对网络空间基于自发性、抗争根源复杂的抗争行动，对其动员机制、意义等解释力并不强。现在，学者们已意识到传统理论不适应网络空间的这个问题，意识到情感的重要影响，并重视审视情感与社会动员的关系。英国学者莫菲（Moufey）认为理性主义无法解决社会产生的冲突，激情动员比理性讨论更容易获得共识，但只有当激情被当作捍卫普遍价值的理性反应时，才能与理性一致[4]。谢金林也提出，要深入理解网络社会运动的

---

① 王金红、黄振辉：《中国弱势群体的悲情抗争及其理论解释——以农民集体下跪事件为重点的实证分析》，《中山大学学报（社会科学版）》2012 年第 1 期，第 152—164 页。

② Tilly C. & Tarrow S.：Contentious Politics, London：Paradigm Publishers, 2007, p.89.

③ 谢岳：《社会抗争与民主转型》，上海：上海人民出版社，2008 年，第 148 页。

④ Moufy C.：On the Political, London and New York：Routledge, 2005, p.67.

内在机理，应该分析情感对网络政治抗争动员的影响，这样可以使政府科学地应对网络集体行动，促进政府与公众的良性互动。① 下面本书从三个方面来展开分析：

第一，通过对众多网络抗争事件的分析，发现情感在社会动员中的重要作用。网络空间是情感交流和情感共鸣的场域，在自由、匿名的网络场域中，人们的抗争行动，显然会受情感的影响和驱动。如谢金林的研究，试图打通个人情感与网民参与公共话语建构、社会认同这一宏观层次的联系。他通过湖北"石首事件"的个案分析，提出"情感在网络政治抗争动员过程中发挥着决定性的作用"。② 对于这个决定性作用的判断，可能仍有疑义，但他无疑高度强调情感的作用。他是从个体和社会两个层次的"决定性"来论证支撑他的观点的。一般的网络抗争研究是在弱势群体的语境中展开的，也有学者考虑到中产阶层的壮大以及参与网络社会的普遍，开展了一项情感表达对中产阶层行动的推促作用的研究，发现微博话语中的情感表达"对于阶层行动的推促作用比较有限"。③

从个体来看，网民对事件的解读方式由情感刺激决定。在网络空间，显性的组织性、有计划的抗争动员较少。从目前来看，网络政治抗争大多属于自发性的，决定网民是否参与抗争行动的因素，或者说动员的推动力，是道德对错的情感判断；而非理性的动机或目标。

从社会层次来看，网民情感反应决定网络抗争动员框架的建构，而情感反应植根于社会文化，社会文化是网民与政府互动模式的隐性支配力量。网民之间的互动与交流，建构了网络话语，形塑着民意并生成舆论，客观上起到社会动员的作用。谢金林认为，网络空间的组织性差，也受到严格监管，因此网络

---

① ② 谢金林：《情感与网络抗争动员——基于湖北"石首事件"的个案分析》，《公共管理学报》2012 年第 1 期，第 80—93 页，第 80 页。

③ 沈浩、罗晨：《中产阶层在微博话语中的主题、利益诉求及情感表达》，《现代传播》2019 年第 8 期，第 144 页。

舆论"难以被某个人或者某个组织所操纵"①，网络舆论、网络空间话语体系、网络民意都在网民的对话与互动中形成。当一个社会运动的组织性很差时，运动积极分子将不能决定这个运动的走向，它会被大众头脑中普遍存在的、基于一个社会文化传统的一些基本解读模式所左右②。也可以说，网络空间的抗争行为，可能网络舆论推手或舆论领袖在信息流传扩散和解释过程有所作用。但动员的发生，谢金林认为，不是直接由网络舆论推手或者舆论领袖支配的，而是由网民的交流互动决定的。是议题和公共话语中情感的渲染促成抗争的共识，是情感的共鸣激起民意的愤慨。因此，可以说，情感的强大力量和情感流动、共振机制是引发网络抗争的根本原因；否则，网络空间抗争行为难以生成。

第二，接下来的问题是，情感能够起到社会动员作用的核心影响因素是什么？引发动员的机制是什么？以往研究都在集中讨论具体的情感、情感表达方式或情感要素在动员实践中的作用与机制。

首先，情感倾向与情感表达方式，本身就能够作为一种社会动员方式；且特定的情感可能与特定的动员效果有关联，如"心灵鸡汤"文、网络流行语、网络谣言、集体演出、表情包、底层叙事等。下面这些学者结合个案直接呈现了具体化的社会动员方式。

谢金林将社会动员方式分为舆论谴责、人肉搜索、舆论审判、网络恶搞和线下集体行动五种类型③。杜忠锋、郭子钰在微博场域"石首事件"个案的研究中，采用了基于语料库的情感交叉分析方法，在情感倾向（主要为积极和消极）、社会动员策略范式（理性动员和感性动员）两个维度，以及其下相应的

---

① 谢金林：《情感与网络抗争动员——基于湖北"石首事件"的个案分析》，《公共管理学报》2012 年第 1 期，第 80—93 页。
② 赵鼎新：《社会与政治运动讲义》，北京：社会科学文献出版社，2006 年，第228 页。
③ 谢金林：《社会抗争中理性与情感的选择方式及动员效果》，《国际新闻界》2017 年第 11 期，第 107 页。

情感类型、策略剧目的多个层面，进行了分类和操作化定义。他发现，消极情感如愤怒、质疑、嘲讽、谴责和悲哀等，更易引发感性动员；而积极情感偏向于引发理性动员，其中，"认可"效力更高，存在有情感极化的现象。其中，最易引发感性动员的情绪类型为：愤怒、质疑和嘲讽。其中，"愤怒"验证了杨国斌提出的最能够激发网民参与抗争的情感是愤怒的说法。本书下节的情感实证个案研究也呼应了这点。这说明"愤怒情绪在引发感性动员上更为擅长"。①

其次，"表演式抗争"作为一种新的动员策略，引起了学者们的注意。正如郭小安所言，"在新媒体时代，底层动员者将'以死抗争'披上表演的外衣"；"表演式抗争"既能吸引眼球，又能避免悲剧后果，也就是说，极化的以死相逼的绝望情感转为表演，也意味着在表演后面隐藏着理性"算计"的色彩②。杜忠锋、郭子钰其个案分析中，在动员范式维度下分了"策略剧目"层次，"剧目"这一概念可能正是基于表演式抗争内涵。他们发现，倾向为消极情感的感性动员剧目序列，主要是舆论谴责、恶搞戏谑和舆论审判；而在积极情感中，感性动员剧目序列则为舆论审判、舆论谴责、虚构身份与情境和恶搞戏谑。

第三，在情感社会动员研究领域，一些学者尝试打通个人情感与群体认同、社会认同层次的相对宏观联系。网民互动网络从个体间至群体至网络，伴随着动态的情感流动、感染共振的过程；各种情感反应无不植根于社会文化，也无不反作用于社会。静态的情感表达方式、类型等与社会动员的关系研究，可能仍无法解释情感引发动员的机制是什么。只有将个体分析层次与社会分析层次的联系打通，才能理解情感影响下的社会认同建构，这才是释解当代中国网络

---

① 杜忠锋、郭子钰：《微博舆情中情感选择与社会动员方式的内在逻辑——基于"山东于欢案"的个案分析》，《现代传播》2019 年第 8 期，第 20—29 页。

② 郭小安、刘明瑶：《媒介动员视角下"表演式抗争"的发生与剧目》，《现代传播》2016 年第 5 期，第 76 页。

政治抗争的根本。①

　　而在宏观层次上的研究相对深入。如杜忠锋、郭子钰通过情感交叉分析，提出并分析论证了网络社会动员是丰富的情感表达、情感渲染和情感共鸣三个因素层层推进的结果，即通过情感表达丰富社会动员方式，通过情感渲染促进群体共识形成，通过情感共鸣推动社会动员开展。②

　　道德上的同情心、正义感是推动网民情感激荡的核心情感，也是诱发网络抗争的根源。人类原始、共通的道德情感，最易撩动网民内心深处情感之弦。许多基于语料库的情感分析研究，也在支持着这类情感的影响力。网络公共话语往往蕴含着这些共通的情感；公共事件也是围绕情感而形成的热点议题。有许多研究支持情感在社交媒体危机传播爆发时会发挥独特的支撑作用。如情感这一变量在对危机情境的分析，以及对组织责任的归因中，显示出愈来愈明显的关联性③。史安赋也提出，危机爆发时，社交媒体用户相近的立场倾向产生了强大的"聚合"效应，导致以"情感压倒事实"的"后真相"。④

　　社会转型期，弱势和边缘群体普遍有相对的利益剥夺感、对现状的无奈无望感，加之他们话语空间狭小，社会对其负面情感的舒缓无力。因此，一些与他们相关的事件或问题呈现在网络社会平台上，经过多极传播链条的渲染，形成某种共识，并进一步引发他们的情感共鸣。弱势和边缘群体作为相对利益受

---

① 谢金林：《情感与网络抗争动员——基于湖北"石首事件"的个案分析》，《公共管理学报》2012 年第 1 期，第 80 页。

② 杜忠锋、郭子钰：《微博舆情中情感选择与社会动员方式的内在逻辑——基于"山东于欢案"的个案分析》，《现代传播》2019 年 8 月，第 20—29 页。

③ Coombs, W. T. & Holladay, S. J. An exploratory study of stakeholder emotions: Affect and crises, in N. Ashkansay, W. J. Zerve & C. E. J. Härtel. (Ed.). The effect of affect in organizational settings: Research on emotion in organizations, New York: Elsevier, 2005, pp.263—280.

④ 史安赋、邱伟怡：《社交媒体环境下危机传播的新趋势新路径——以"美联航逐客门"为例》，《新闻大学》2018 年第 2 期，第 122 页。

损的社会阶层或群体，具有天然的正义性，也是全社会的同情对象。以正义、道德、共同利益的名义，维护弱势群体利益的动员极易被大多数网民接受；集体抗争因此有了条件和可能。

情感渲染促进群体共识形成。社会动员需要建立在有规模优势的群体网民共识形成的基础上。情感在网络社会动员中影响的首先就是群体，进而推至社区和社会。群体共同关心事项、共同目标愿景、协作意愿以及共同利益和价值观念，这构成了群体认同和群体共识。在这个认同和共识形成过程中，一些群体心理机制如从众、群体压力、沉默的逻辑等起到作用。这些机制无不是隐含着情感要素，如害怕孤立等。

社交平台给了动员发起者情感生产的主动权、创造力和多元的方式。同时，相对方便的媒介可用性，以及相对自由的表达空间，降低了弱势和边缘群体发声的门槛。他们也在力图消解信息垄断，摆脱主流文化设定的认知和价值框架，创造属于自身群体的网络表达方式，进而形成草根文化。草根群体的信息渠道和有限话语权为网络动员提供了新的方式和能力。虽然如此，受制于个人和媒介素养的欠缺，以及社会经济和文化影响力的低下，弱势群体更易受群体心理和情感的摆布。面对与自己利益切身相关的公共事件，群体中自我亢奋式的情绪感染和心理暗示，极易在群体中蔓延开来。或者说，情绪渲染相比于理性的意见和观念，更易促成群体共识，增强群体凝聚力。

情感共鸣推动社会动员开展。观点流动和情感渲染收获情感共鸣，进而群体成员之间产生契合和认同。但在网络空间里，构建群体认同的传统要素已被虚拟世界所解构；网络的认同易建立在价值观基础上。只是这种价值观拥有者对应的是匿名者，因而个体所持价值观无法被明确，是真实的？或是扮演、虚假和扭曲的？建立在不确定价值观认同基础上的群体认同，也是松散、易变和脆弱的。群体认同建构的过程，无法经由个体直接、实景的参与，符号互动的结果是，情感代替意义，更易被激荡和被扩散，进而引发社会动员的展开。

对弱势和边缘群体而言，悲情共鸣是一种有效的情感动员策略。或者，诉诸个人的情感体验，将公共事件的主角身份定位为弱者和受害者，更易博取同情和支持。叙事运用悲剧手法，为事件注入悲情，从而诱发情感共鸣。或者，在个人化的基础上，将悲情导向社会生活，渲染、夸张和虚构社会的黑暗和对人的压迫。突出平民与精英阶层、弱势与强势群体的二元对立及其普遍化。具体而言，往往将前因后果复杂的公共事件简化处理，转化叙述为单纯的恃强凌弱、不言而喻的仗权欺人的故事。习惯运用弱势群体的身份和话语；标签化事由与对立双方，如用强弱划分双方阵营，用正义与非正义、公平与不公平贴上标签。

总之，情感渲染与情感共鸣是联结网民自我认同与社会认同的桥梁，是网络社会抗争意义建构的关键环节。网络中原子化生存的个人，借助网络社交平台所搭建的裂变式传播路径，在讨论公共事件的过程中，共同认知与情感逐渐形成、彼此的情感共鸣也越来越强烈。在通过情感渲染产生情感共鸣的过程中，个体不仅生成了自己的社会位置和对命运的认知，而且生成了明确的"自我观念"，还生成了一幅关于"我们"的图景。自我认同建构中的"我"与集体认同建构中的"我们"就这样被紧紧地联结在一起。在这个共同的相互联通的建构中，有关于生活世界的意义诠释，还有共同的行为规范，以及共同行动的目标。

（二）非理性：情感极化的归因

虽然一些学者在讨论网络交往时，习惯性使用哈贝马斯的"公共领域"一词，但对于互联网是否构成哈贝马斯交往理性支撑的"公共空间"和"理想沟通情境"，学者们逐渐形成怀疑的共识。在这个新的交往场域，公共讨论并非和谐交响乐，而是一个"由对立观点、极化情感等构成的不和谐或刺耳的噪音环境"[1]，网

---

[1] Farrel：The Consequences of the Internet for Politics，Annual Review of Political Science，2012（15），pp.35—52.

络用户在情感、意识形态和态度等方面都出现极化现象。[①]从网络用户情感层面而言，网络世界中极化的情感实践和情感氛围可以归因于哪些因素？

情感社会学者田林楠对网络情感极化归因的分析相对系统，分析也比较深入。他是从三个维度展开分析，认为这三个维度因素共同形塑了网络情感极化的现状，即互联网的结构特性（身体及身份的不在场）、运行机制（去抑制效应、信息茧房和网络狂欢等）以及线下世界的社会结构（怨恨社会）。[②]这个研究虽然立足于一个事实，即极化已成为网络情感表达的普遍性特征；但其研究范畴，注重的是个体与个体间的互动，在线上世界的情感状态及极化的归因，并没有试图解决个体的情感极化能否或如何上升到群体情感极化甚或社会极化。

同时，田林楠的归因，并没有考虑个人素质、媒介素养和人格特征等个体因素。当然，具体到个人素质方面，来寻找极化的推动因素可能是不恰当的，据此提出的相关建议也空洞，无助于解决问题。但本书以为，一个时代的社会文化结构规定了人们有共性的精神气质和人格特征，如我们常说某个世代的人文化素养不高，或者说，现在的人戾气重。因此，我们仍不能断定，现实社会并不存在稳定地输出暴力情绪和行为的个体、哪怕他处在不同类别的情境中。因为人格的异化并非完全是网络社会平台互动结构和情感互动推动的结果，究其根本，可能还是线下普遍的人格特征迁移到网上的结果。

在基于言语而非面对面的中介交往中，身体在场性的缺乏、身份的隐匿这些结构性特征，使网络世界的交往双方对网络情感冲突和言语暴力缺乏现场感，对伤害的"真实性"缺乏感同身受。田林楠运用有关暴力的情感社会学理论，具体论证了两种场景下的冲突双方的情感表现，即双方身体在场的冲突与

---

① 桂勇、李秀玫、郑雯、黄荣贵：《网络极端情绪人群的类型及其政治与社会意涵——基于中国网络社会心态调查数据（2014）的实证研究》，《社会》2015年第5期，第78页。

② 田林楠：《网络情感是如何极化的？——一个情感社会学的视角》，《天府新论》2017年第2期，第133页。

网络交往中身体不可见的冲突的差异。因身体的缺位，各种极端话语和情绪的倾泻不再有阻碍。言语再激烈，似乎也构成不了实质意义上的暴力情境，带不来直接的身体伤害，这就如同影视和游戏中的杀戮不会有人当真一样。双方因此没能产生身体在场的冲突性紧张，"一言不合就开撕"也就成网络常态。冲突紧张感的消失，加之身份的隐匿，个体感知不到自己的恶行对他人的后果，也不用担心可能要承受恶行对自己的反噬。总之，网络交往身体身份双重不在场，"使得个体对其恶劣言行后果产生心理盲视，道德自抑机制因此失效"。[①]

网络世界匿名性、互动的异步（asynchronous）等运行机制，导致网络世界是一个对情感和激情缺少外在约束和内在道德责任的空间。情感需要对其进行约束，即需要对其进行限制、调节和治理。但互联网中的去抑制化的运行机制，使人格自我节制、规制和道德等传统抑制力量削弱，情感和激情也随之丧失了约束。互联网中的去抑制（disinhibition）是指"个体行动时对他人的评判和自我的呈现的关注和考虑急剧减少的现象"[②]，界面性中介交往，匿名和身体的不可见为个体创造了隐身之所，虚拟性又使得个体对世界的认知迷惑起来，将线上身份和行为游戏化、虚拟化。似乎只要一关机，就能脱离那个游戏和游戏身份，连同网络上的行为也会一并消失一样。同时，互动的异步性使得个体可以避开对方的直接回应。人际间的道德责任感也被网络特殊的运作机制侵蚀。同情、怜爱、尊重、将心比心等正面道德情感，因他者的不在场而可有可无，相信依赖和相互负责等关系，因中介化交流和时空相隔而难以建立。自我中心、唯我独尊意识不可避免地抬头，甚至有可能加剧"无道德关怀地漠视人际关系"和

---

① 田林楠：《网络情感是如何极化的？——一个情感社会学的视角》，《天府新论》2017年第2期，第133页。

② Adam N. Joinson：Disinhibition and the Internet, Gackenbach（eds.）：Psychology and the Internet, Burlington：Elsevier, 2007, p.75.

"我们的伦理凋零"的情形①。交互双方所谓"我们的伦理"缺失之后，便是肆无忌惮的表达，无论是愤怒、厌恶、漫骂侮辱甚至威胁，都成为无足轻重的行为，对方的感受不再能感同身受，也不用担心身体、精神、社会规制各方面后果。

网络个体间交往关系向一个个同质化的、但又界限分明的群体方向拓展。如果说网络世界的交往运作机制提供了情感极化的技术路径，那么个体间互动也经由某种路径推动情感极化的形成。原子化的网民在过滤泡和信息茧房的控制下，看似自主选择、实则被圈定在特定的信息内容和交往对象圈群里，并被不断地合并同类项，由此形成一个个观点、意见和目标基本同质的群体。但这些群体间又界线分明。或者说，网络社会交往从大众交往"降为在意识形态、种族、性别或其他旨趣相似的人之间的互动，分隔为各种圈子和派系"②。网络"相似性自恋"（narcissism of similarity）的世界由此创造出来。另外，网络内容的情感化也在推波助澜；或者说"情感内容"也在强化群体间的界线与对立。用户生成内容时代，满足个人化内容阅读，不遗余力提升流量是当下网络内容生产的典型特征。不仅是一般是信息、内容，甚至是新闻，也打下了深深的情感的烙印。总之，在各个"信息茧房"之内，个体被推动着不断接收和发布各种"情感新闻"，这些看似代表个体意志的"情感新闻"，在互相激荡和传染中已渐失原有的观点、情感、情绪和意识形态，其同质性也在这种相互影响中被不断地强化，其结果是与其他茧房的对立变得越来越尖锐，从而导致网络世界的"巴尔干化"（balkanization）和政治讨论以及情感的极化③。"互联网鼓励志同道合（likeminded）者发现彼此"④，当他们这样做时，他们的信念就会被强化，而

---

① ［英］克里斯·希林：《文化、技术与社会中的身体》，李康译，北京：北京大学出版社，2011年，第202页。

② 成伯清：《互联网时代的社会性》，《中国社会科学内部文稿》2014年第2期，第36页。

③ Wright Scoot & Street John：Democracy, deliberation, and design：the case of online discussion forums, New Media & Society, 2007, 9（5）, pp.849—869.

④ Farrell：The Consequences of the Internet for Politics, Annual Review of Political Science, 2012（15）, pp.35—52.

且他们还会对自己变得自我关注（inward-looking）和极端化毫无觉察。

情感极化的归因还可以从线下世界和线下世界的互动和关联机制来分析。众多学者都用"狂欢"这个概念来描述线上世界的情感"放纵"状态。所谓狂欢就是人们暂时性地进入一个安全、放松和远离日常的场景中。人群聚集在一起，摆脱日常生活的单调无聊、压抑和等级秩序，进入一种反结构的生活状态，即"狂欢广场式的自由自在的生活……充满了同一切人一切事的随意不拘的交往"①。网络世界可以将无数陌生的人群跨越时空聚集在一起，可以生产和创造一个个安全的能够宣泄不满的场景，散布种种戏剧化的事件。因此，网络也就为网民提供和创造了集体欢腾和放纵极化情感的空间，网民借以感受"狂欢式的世界"，减轻孤独、情感饥渴和压抑等现实的社会痛苦。更主要的是，摆脱互联网的规训和控制，是人们追求自由和放松的本能；也可以说，网络世界情感表达的极化和狂欢化，来源于这种本能。而"恶搞""网络戏仿"等后现代表达，如同是批判强势力量的"隐性文本"。在层出不穷的网络事件中，人们运用狂欢式的恶搞和戏仿，发出对世俗、占统治地位的真理、权力和权威的"欢乐、兴奋，同时也是讥笑、冷嘲热讽的狂欢式的笑"。②

（三）怨恨：网络情感极化的社会现实根源

许多研究表明，一些社会热点在网上的发酵、情感极化甚或引发群体性事件，多与怨恨有关。

网络世界的交往情感实践受到现实社会情感结构的影响。网络世界已成为个体生存状态的重要一维，但网络世界的情感体验相比线下世界，有其独特性，其更为丰富、复杂和多变。但无论如何，线上体验都能在线下的日常生活中找

---

① ［苏］巴赫金：《巴赫金全集》第六卷，李兆林、夏忠宪等译，河北：河北教育出版社，1998年，第170页。
② ［苏］巴赫金：《巴赫金全集》第五卷，白春仁、顾亚玲译，河北：河北教育出版社，1998年，第13—14页。

到影印，其中最为生动的影印就是"这个时代的深层情感律动"①。当线下社会主要情绪氛围为怨恨时，对线上的情感实践会产生何种影响呢？这一问题可以从以下几方面理解。

前述已论及，怨恨是一种自我的无能感和愤怒感的复杂情感；而怨恨一经形成便会流动和"怨恨转移"②。转移指的是"作为怨恨对象的'他者'不再局限于引发怨恨的特定对象，而是不断蔓延扩散和转移"③。怨恨的表达常常体现为"怨恨转移"；具体表现为脱离原因的产生和消失，无缘无故的拒斥，无规则、无预兆的爆发。任何事实相关或不相关的人和物都可以成为对象。并且，这种情感转移成为一种心理定式。对"他者"和社会而言，无法分析和预防这种无来由的恨意。

网络世界为个体的怨恨转移提供了良好的契机。他身体没有在场，但又可以时刻睁大眼睛，寻找并紧紧抓住每个可能的转移发泄怨恨的机会。他没有身份，无需担心报复和各类反噬后果。"一言不合便开撕"，生动地描绘了这种无来由复仇式的极端情感表现。对心怀怨恨的网民个体而言，"无能感"之中的隐忍是无可奈何的选择。对伤害和挫折进行报复的强烈愿望，或出于性格软弱或成本难以承担而无法即刻行动。网络世界的身体不在场特性，为这种长时间隐忍提供了突然爆发的机遇，层出不穷的各类貌似不公不平的人或事，为其提供了无所不在的怨恨转移对象。这种突然爆发式的怨恨情感氛围，即是舍勒所指出的"怨恨批评"。无能感和无奈感越强，不以解决为目标，不以特定人和事为

---

① 田林楠：《网络情感是如何极化的？——一个情感社会学的视角》，《天府新论》2017年第2期，第134页。

② ［德］马克斯·舍勒：《价值的颠覆》，罗梯伦、林克、曹卫东译，北京：生活·读书·新知三联书店，1997年，第40—42页。

③ 田林楠：《网络情感是如何极化的？——一个情感社会学的视角》，《天府新论》2017年第2期，第135页。

对象的怨恨批评爆发越会成为常态。[1]

（四）情感极化破坏公共领域的逻辑分析

在哲学层面上，"非合理性"行为主要指传统行为和情感行为。但在行动实践层面上，非理性除了情感外，还包括其他一切有别于理性思维的精神因素，灵感、直觉、幻觉、下意识等。而非理性言论主要是指一种表现情绪化而非有逻辑性的意见表达。严格来说，非理性言论是中性的，因为情感表达有正面负面的或说积极消极的，但都是人的正常反应。情感表达影响公众舆论，但不至于对个体和社会造成直接的负面效果。

但现在，非理性这个词是人们描绘网络现状的一个常用词，与理性相对，含有强烈的贬义色彩。可能因为网络中情感极化、言语暴力的广泛存在，许多人直接将"非理性"在负面情感、情感极化、群体极化、言语暴力的语境中使用，甚或是将负向情感表达等同于情感极化。也就是说，许多研究在讨论情感表达与公共领域建构、社会危机的关系时，有意无意地，直接将负面情感表达导向破坏公共领域、引发公众极化和社会危机。

考察和梳理学者们的相关成果，可以发现一条负面情感表达导致公共领域破坏和社会危机的逻辑线。本书将其大体上总结为：负面情感（或非理性）表达（如情感类型、线索、方式）—动员或非动员下的情感感染（有时用渲染、传染）—共振共鸣下的优势情感共识—情感极化（或媒介审判、言语暴力）—群体极化—公众极化—破坏公共领域—社会危机。从个人的情绪发泄性冲动一直延伸到社会危机，在这条长长的逻辑线上，许多学者择其中一个或数个环节，使用不同方法展开研究。如对社交媒体群体极化，张洋讨论了其形成以及纾解机制[2]。杨国

① 成伯清：《"体制性迟钝"催生"怨恨式批评"》，《人民论坛》2011 年第 18 期，第 20 页。
② 张洋：《社会化媒体极化的形成与纾解》，《青年记者》2020 年第 5 期，第 28—29 页。

斌的研究提出，网络情感经由情感动员方式产生，因此网络共识容易达成，继而对网络行动产生重要影响，这种影响甚至会在现实社会中延续。[①]

如前述情感社会动员研究领域，一些学者尝试打通个人情感与群体认同、社会认同层次的联系，以此正确理解当代网络社会抗争行为。再如杜忠锋论证了网络社会动员是丰富的情感表达、情感渲染和情感共鸣三个因素层层推进的结果。情感传染[②]是社交媒体情境下十分常见的一种情感流动现象。杨洸运用情感分析方法，聚焦社交媒体上各类可见的线索，抓取"家在深圳"网络社区中关于深圳房价话题的主帖和跟帖，进行了一项有关网络情感传染及线索影响机制的实证分析[③]。他的发现集中在以下几点：肯定了社交媒体上情感传染是强烈存在的，且易于形成网络情感极化和优势情感共识现象；情感传染并非完全是自发的，网络情绪在很大程度上是可以被操控的，情绪点燃和传染度影响着话题的属性、意见领袖的影响力和用户的参与度；内容和非内容等各类可见线索又影响着其他网民的参与和情感的极性表现。杨洸的研究，在理论上拓展了网络情感线索研究的解释范畴，肯定了网络情感传染并非是意识的而是需要意识参与的过程。

另外，网络交往表达的情感转换也已引发注意。情感的流动伴随着情感感染、共鸣等现象；此外情感的对象，以及不同类型的情感之间也会转换或生成其他类型。如怨恨对象的无来由和扩大化，个体间、阶层之间的怨恨上升转换为民族主义的情感等。再如"同情"就有可能产生一种"正义的愤怒"。王汎森

[①] 杨国斌：《悲情与戏谑：网络事件中的情感动员》，《传播与社会学刊》（香港）2009年第 9 期，第 39—66 页。

[②] 注：情感传染是指人们在接触他人的情感表达后导致他们自己的情感表达变得与他人更为相似的过程。

[③] 杨洸：《社交媒体网络情感传染及线索影响机制的实证分析》，《深圳大学学报（人文社会科学版）》2020 年第 6 期，第 115—126 页。

做了关于个体日常情感"烦闷"如何影响对"主义"的信仰的研究。[①]

夏倩芳、原永涛运用群体极化理论，采用以社会公众为着眼点、以群体互动为表征的分析框架。遵循桑斯坦的简要定义，群体极化即群体成员在参与或接触讨论后，在某一特定问题上的观点上比初始时更加极端。[②]夏倩芳指出，网络社会互动过程，确实可以导致"以心理群体或舆论群体形式存在的社会公众的意见极化"，社交媒体的技术属性为意见极化的过程提供了物质基础；而选择性接触和社会背书构成了两种基本的解释机制。[③]她的研究也涉及情感要素，如她提出社会心理学群体极化的研究，忽视了人的基本心理要素——情感。虽然群体行为的实证研究已然证明，集体信息互动的过程就是情感表达和交流的过程[④]。但对社会心理学而言，由于对这一事实的认定需要可测量的极化事实或结果，所以在研究方法上尤为强调表层数据的可观测性、可统计性。但这种研究方法难以理解深层的心理情感问题。

事实上，在信息学、社会心理学领域，已普遍采用情感分析的视角研究社交网络的群体极化现象。如在信息科学领域，高俊峰、黄微从经典的群体极化理论入手，归纳了网络舆情命题下受众情感极化的动力机制和关键影响因素，并构建了生发机理模式。他们"论证明晰网络舆情受众情感极化的内外部动力和 4 个关键影响因素"。[⑤]2021 年，张琦等人做了一项融合社会关系的社交网络

---

① 王汎森：《"烦闷"的本质是什么——"主义"与中国近代私人领域的政治化》，《知识分子论丛》第 13 辑，第 263—304 页。

② ISENBERG D J.: Group polarization: a critical review and meta-analysis. Journal of personality and social psychology, 1986, 50（6），p.1141.

③ 夏倩芳、原永涛：《从群体极化到公众极化：极化研究的进路与转向》，《新闻与传播研究》2017 年第 8 期，第 5 页。

④ 杨国斌：《悲情与戏谑：网络事件中的情感动员》，《传播与社会学刊》（香港）2009年第 9 期，第 39 页。

⑤ 高俊峰、黄微：《网络舆情信息受众情感极化的生发机理及干预措施分析》，《情报理论与实践》2019 年第 5 期，第 122 页。

情感分析的综述性研究。① 研究者提出，对用户发表在社交网络上内容的情感分析已较常见，但这类研究普遍存在情感分析准确率低的问题，原因是分析文本短小精炼、语义模糊、特征较为稀疏。而融合社会关系的社交网络情感分析，是将用户交互形成的社会关系结合到内容情感分析中。再如在社会心理学领域，有一个研究方向，是分析两种对立观点之间的相互抵触是否趋于严重的。这项研究认为，当用极化的视角来分析两种对立观点时，就不得不把情感抵触要素考虑进来，即"必须考察互动双方观点持有者及其所属群体之间情感抵触或者说相互厌恶的程度"，以及是否存在由情感抵触引发非理性对抗行为的可能性。

学界对群体极化、社会公众极化的研究起步较晚。夏倩芳指出，社会科学有必要也有能力把握它，它不神秘也不可怕，因为"极化的存在是可探知的，程度是可测量的，运行机制是可解释的"②。但是，群体理性的本质是非理性，情感作为非理性的具象形态之一，正在情感社会学领域建立较宽泛的学术范围，而在社会心理学领域，对研究者来说，最重要的不是对群体的非理性进行空洞傲慢的批判，而是要考虑如何在情感层面为理智提供一些立足点。

第三节　负向情感通达理性的路径机理

在如微博、知乎、豆瓣、今日头条等社交平台上，公民参与公共讨论的话语文本承载着个体或群体的各类情绪与情感；文本表现可谓是舆情监测器的重

---

① 张琦、张祖凡、甘臣权：《融合社会关系的社交网络情感分析综述》，《计算机工程与科学》2021 年第 1 期，第 180—190 页。
② 夏倩芳、原永涛：《从群体极化到公众极化：极化研究的进路与转向》，《新闻与传播研究》2017 年第 8 期，第 10 页。

要组件。也可以说，文本蕴含的情绪与情感，与理性的意见观点一起，共同表达着人们对社会环境、事务的担忧或期待。随着对社交媒体情感问题研究的深入，学者们开始运用情感分析法，挖掘文本中蕴含的情感。情感分析法，又称意见挖掘，即"对带有情感色彩的主观性文本进行采集、处理、分析、归纳和推理的过程"[①]。

特定的社会情境会影响社会情感的产生。[②] 不同的社交平台、公共事务和话题，用户参与表达的情感类别、强度和社会影响可能均有差异。知乎平台有相当规模的用户群体和互动频次，它兼具问答功能和社交功能，有着独特的网络参与方式和特定的情感表达形式。近几年，将研究对象置于知乎语境的研究成果在逐年攀升；而校园暴力是全社会关心和易投入情感的热点问题。本书前期选择知乎问答上针对校园暴力的一个特定议题展开文本情感分析和相关探讨。[③]这项研究即是运用细粒度情感分类与标注方法，结合基于情感词典的文本挖掘技术，运用情感分析法和相应的文本情感分析软件，管窥在特定的传媒语境下，网民的表达文本蕴含着怎样的特征、多元的情感类型和理性要素。这里结合其实证发现展开分析与阐释。

一、网络情感研究中文本情感量化分析的运用

国内学者通常运用质性方法，选择一些网络热点或突发个案事件，揭示公众互动话语的情感特征，分析动态的情感变化和传播机制。随着研究的深入，

① 洪巍、李敏：《文本情感分析方法研究综述》，《计算机工程与科学》2019 年第 4 期，第 750—757 页。

② Hareli S & Parkinson B. What's social about social emotions. Journal for the theory of social behaviour, 2008, 38（2），pp.131—156.

③ 李名亮、谢芷诺：《负向情感通达理性的路径机理：基于一项文本情感分析》，《智能营销传播前沿研究》，廖秉宜等著，中国社会科学出版社，2022 年，第 258—282 页。

少数学者开始利用爬虫（Python）等相关软件，对微博、推特等社会化媒体文本内容中蕴含的情感进行量化分析。研究视角集中于两方面：一是公共参与文本的情感呈现与表达特征。二是公共参与情感表现的多元影响因素研究，尤其是群体极化的影响因素研究更是聚焦点。[①]

情感是心理学用词。而对信息、知识和情报获取、处理、管理、传输等问题进行综合研究的情报科学，目前借助计算机技术的辅助，在感知的测量方法上已有了新的突破。情报科学与心理学结合的"人类情感识别和情绪计算模型"[②]研究，已有相当进展；并进一步向网络领域渗透，形成网络文本情感分析。此类研究的分析维度仍较简单，一般仅在情感强度、情感极性层面[③]，简单地将情感三分为积极、消极和中性[④]，对网络情感的分类尚不够细致。情感词的抽取是网络情感计算的重要方法，即根据带有情感倾向性的词语，计算出文本的情感倾向和情感强度；而情感词典法是主要操作方法之一。

已有热点事件的个案研究一般是质性的；而因顾及个案的特殊性和偶然性，量化的文本情感分析又多为基于非个案、扫描式的互动文本选择。相对而言，特定语境、限定议题下的个案性量化分析也有某种程度上的普遍价值。正如孙慧英、明超琼所言，社会热点事件的社会情感价值仍"缺乏微观层面上的具体研究"，而"尽管在一个事件中往往混杂着多种情感，但较为突出且稳定的情感

① Tenenboim、Ori、Cohen & Akiba A.：What prompts users to click and comment：A longitudinal study of online news，Journalism，2015，16（2），pp.198—217.

② Bonabeau E.：Agent-Based Modeling：Methods and Techniques for Simulating Human Systems，Review of Proceedings of the National Academy of Sciences of the United States of America，2002，99（Supplement 3），pp.7280—7287.

③ Palomino Marco、Taylor Tim、Gker Ayse & et al：The Online Dissemination of Nature-Health Concepts：Lessons from Sentiment Analysis of Social Media Relating to "Nature-Deficit Disorder，International journal of environmental research and public health，2016，13（1），p.127.

④ Zarmeen Nasim & Sayeed Ghani：Sentiment Analysis on Urdu Tweets Using Markov Chains，SN Computer Science，2000（8），p.86.

通常是有限的",相类似的事件，往往具有类似的情感构成。①这使得微观具体研究有了某种程度上的普遍价值。郑琪提出单一事件中不同情感的组合和转变，也有待进一步研究。另外，夏倩芳也认为网络极化研究需要开启一种以"群体互动"为表征的分析框架。②

因此，本书以为，在特定的互动场景中，追踪情感流动如情感传染、转向等表现，可能更为典型和有效。也就是说，对社交媒体公共参与情感表现的考察，可能需要从"非理性"之类的大而化之批判，或基于宽泛的各类事件的文本分析，转为情感判断更为细粒化、情感表达强度更为明确、情感互动与流动更为具体的实证研究。

值得一提的是，文本情感分析实质上是一种情理融合的分析方法。因为量化的情感分析是基于网络互动中碎片化的各类文本，进行情感分类、情感词类与情感赋值，简单地说，是在或偏向说理或偏向情绪的文本中挖掘和分析情感要素。目前已有相当数量的量化情感文本分析，深化了网络情感研究。但成果犹不够丰硕。主要存在的问题是，研究缺乏哲学基础，选择分析的对象涉及的范畴不同，研究结论大相径庭。

这里结合前期文本情感分析的数据和相关发现，在儒学情感与理性交融哲学的指引下，进一步分析文本互动下的情感流动特征，探讨和阐释愤怒等优势负面情感通达理性的路径和机理。

二、基于情理交融观的分析与诠释

如何进一步考察和诠释知乎用户的情感表现？如何突破负面情感的"非理

---

① 孙慧英、明超琼：《公共领域中热点事件的社会情感价值分析》，《现代传播（中国传媒大学学报）》2020 年第 7 期，第 147—152 页。

② 夏倩芳、原永涛：《从群体极化到公众极化：极化研究的进路与转向》，《新闻与传播研究》2017 年第 6 期，第 5—32 页。

性"表象，理解其在理性建构方面的价值？情感具有流动性，即不同情感在互动下有相互影响和转换。本书借助优势情感"愤怒""恐惧"和"期待""同情"等，分析优势负向情感背后的理性要素，追索用户在回答和评论文本互动中的情感流动路径和特征，探讨阐释情感间的交融关系。

情感对公共领域理性建构的正面或负面作用，均可以找到大量的特例、成果予以支持。这是因为网民参与公共讨论的情感表达受多元因素的影响；情感表现具有极大的偶然性和不确定性。

具体至某特定平台或议题，情感表现除与话题属性、意见领袖的影响力、用户参与程度等紧密相关外，更受不同平台特有的互动功能属性制约。如有人悲观地认为微博讨论的理性、平和已经近乎一种奢望；也有人断言，知乎已不知不觉中成为高素质、高学历网民的聚集地。

本书前期在知乎语境下、针对校园暴力议题的个案情感分析，有特殊性也有典型性。前期研究发现，用户公共参与的情感基调总体是负面的，是以质疑官方、对抗权威的态度、情绪宣泄式地表达自己的愤怒、恐惧等情感；文本互动中存在某种程度上的负面情感传染和共振。但情感具有复杂的发生、发展和流动逻辑；并不仅仅只有"传染—共振—极化—社会危害"一种路径。或者说，"公众的情绪表达并不必然会沦为勒庞所揭示的'乌合之众'，也并不必然导致桑斯坦所揭示的'群体极化'现象"①。

就本书限定的场域和议题而言，愤怒、恐惧等优势负面情感存在着向正面情感流动的现象，且在互动中情感趋于平缓，理性有所回归。或者说，在情感与理性的交融中，网络公共场域有着某种程度上的自我净化能力。情感表达背后所蕴藏的"理性因素"，或者说其通达理性的路径机理体现在以下方面：

一是对校园暴力的本能反应，延伸至对官方权威的质疑，一并激活了用户

---

① 郭小安：《公共舆论中的情绪、偏见及"聚合的奇迹"——从"后真相"概念说起》，《国际新闻界》2019 年第 4 期，第 117—134 页。

的愤怒等负面情感。质疑的内容本身有正当合理的成分，质疑本身也彰显了公民表达权利。

二是表情也能达意，在愤怒偏激话语表象下，包含有理性的观点和社会诉求；并不缺乏逻辑清晰、观点中肯的文本；而极端者是少数。

三是负面情感促发强互动。其激发的社会期待是一种美好的展望，直接蕴涵着公民对实现幸福生活的内在诉求和合理建议；其激发的同情更是一种朴素情感的体现。

四是用户参与公共讨论的分享性自我和情感表达，具有"情感补偿""情感释放"的宣泄功能。无论是正面或负面情感宣泄，均有舒缓用户面对的社会结构性压力的功效。而通过情感宣泄与群体的情感聚合，不同的社会阶层尤其是弱势阶层，均可以让社会听到自己的声音；或者说，情感宣泄也有在某种程度上推动参与式民主的功效。

起码在本案例中，有证据显示网民的公共讨论仍是处于安全的运行轨道；愤怒与极端化不是必然的正相关；情感更非理性的对立面。实质上，如纳斯鲍姆所言，"情感可视为一种导向伦理行动与商议的积极因素"[1]；无论是正面情感或负面情感都可以被认为是一种社会整合的资源；情感在理性官僚制之外可以给民主政治带来活力。理性无法解决社会产生的冲突；激情动员比理性讨论获得共识更为重要；"只有当激情被当作捍卫普遍价值的理性反应，才能与理性一致"[2]。风险社会，安全事件频发，社交媒体放大了这种风险。在网民的社交平台表达中，情感对社会共识的离散或是聚合作用，我们都应该审慎对待。

学者们对网络情感研究的路径方法各有千秋。相应而言，针对不同的平台

---

① Chao Y. E.: The politics of suffering in the public sphere: the body in pain, empathy, and political spectacles. Doctoral dissertation (Philosophy), University of Iowa, 2009, p.98.

② Mouffe C.: On the Political, London and New York: Routledge, 2005, p.48.

或议题，情感被证实起到不同的作用，或是导向非理性甚或群体极化，或是潜在地捍卫着普遍价值，可能有助于通达群体理性。这意味着，网络情感对于公共表达的影响有着复杂的可能性。现在，我们仍无法下一个判断说，"情感在公共互动中是影响事件发展的决定性因素"，因为我们很难将情感与话语的理性分隔开来讨论：情感是否是情感极化或群体极化的促动力，或是否有助于推动公共讨论的共识。影响的复杂可能性还来自情感与特定文化的关联，文化的多样性塑造了情感以及情感表达方式。因此，我们只能把情感置于人们的具体的网络公共实践中，理解不同文化的情感实践之异同。

但不可否认的是，情感表达是有价值的，如情感是社会无力无奈者的"呐喊工具"，通过情感宣泄，边缘和弱势阶层的声音才有力量，才能有反馈。一个理性的社会不应禁止这种呐喊，排斥这种声音。因此，我们不建议压抑网络情感，去构建一元网络公共区域。当然，以情感的天然性及所谓的非理性特征为由去规范网络公共区域，也有消解网络公共领域建构的可能性。

本章情感视角的完整引入，有助于我们完整理解中国网络空间交往的特征。情感表达、怨恨等负面情感与线上线下社会和谐的关系，关系到个人的生存状态，关联到国家和社会的和谐稳定，因此网络情感研究有了重要意义。哲学、情感社会学、社会心理学、信息科学和传播学等，均对网络公共空间中网民表达中的情感表现给予了重视。网民尤其是弱势阶层的情感激荡，在多起热点事件中表现出的群体情感，尤其是怨恨、同情等，已体现出舆论动员力量、道德力量和规范力量。

本书梳理了一条从情感非理性表达到社会危机发展的逻辑线，这里有太多的问题值得我们进一步研究。如情感如何塑造了网民之间的交往关系？情感流动有什么样的机制，它们如何使得情感影响力放大？情感如何影响网民转向公众，进而完善公共领域？甚至情感表达如何建构了公众的主体性？情感能否被操控、压制和监管？或如何被合理地引导？在后面章节的论述中，我们将尽可能地将情感要素考虑在内进行分析。

本章讨论网络情感，但不可能下个非此即彼的判断，如建立在情感上的网民比看起来理性的网民更真实，或更激情和冲动，或更应引导管理，等等。我们反思公共领域和网络交往研究的情感—理性二元对立逻辑，梳理和分析网络情感研究理性范式的多种路径，只是试图能更完整地将情感纳入网络交往研究中来。本章还进行了一项文本情感分析，考虑到特定平台和话题的网民情感表现具有偶然性和不确定性，因此只能说研究结论有特殊性也有典型性。但无论如何，这项研究是对中国传统哲学"情感与理性交融"的一次实证。

总之，我们对公共场域理性状况的判断，均需要摆脱西方哲学情感与理性的二元对立观，避免将情感纳入"非理性"范畴的窠臼。取而代之的是，相关研究应理解情感为人的最基本的心理要素和存在方式，取怨恨、愤怒、同情等为"人之常情"的情感中性立场；并在情感和理性中寻求动态的平衡。

第四章　网络交往合理化的伦理与引导路径

　　在汉语语境中，伦理一词常与血缘家庭挂钩。一谈伦理，人们就容易联想到血缘至亲间的礼仪规范和行事法则。从哲学角度来说，伦理是一种社会领域的万物之法，[①]而道德就本性而言是一种"伦理上的造诣"。[②]本研究所指伦理，主要指向人与人交往关系的道德伦理；而道德回应也与情感息息相关。伦理学的哲学体系非常庞大，包括亚里士多德（Aristotle）的完善论、康德的普遍性原理、休谟的共同观点、罗尔斯（John Rawls）的正义论、哈贝马斯的话语伦理、斯坎伦（Thomas Michael Scanlon）的契约理论、儒家的仁等。无论哪种伦理思想，均是为了在哲学层面建构伦理的合理性与建构社会成员的伦理共识，进而在伦理实践层面上维持社会的正常运转，使每个个体处于

---

① 注：哲学的伦理包括个体、群体在形形色色的连接状况下的想法和做法，包括统治伦理、立法伦理、职业伦理、道德伦理等。

② ［德］黑格尔：《法哲学原理》，范扬、张企泰译，北京：商务印书馆，1961 年，第 170 页。

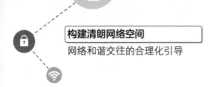
社会的保护之中。

本章的思路架构遵循三个框架：

一是由本书采用的理论基础所框定的，将多元交往理性的伦理取向和其伦理行动准则进行比较的思路。伦理取向是交往行动者在伦理原则的指导下，所选择的行动取向；即在某种原则的指导下，会采用何种行动方式。伦理取向和伦理原则直接关联。如责任伦理的行动取向为成就取向，其伦理原则为客观普遍准则（善行或客观的善行、价值中立、批判理性主义等立场）；而交往伦理的行动取向为理解取向，其伦理原则为共识真理（道德的认知内涵不是立足于客观真理，而是立足于共识真理）。分设三节展开相应论述和相关比较，包括网民成就取向的责任伦理、哈贝马斯交往理性理解取向的网络对话和协商伦理，以及儒学的交往和谐取向与"仁爱""友善"的网络伦理准则。

二是关涉网络交往伦理行动的两个问题：交往具体实践层面的，社交平台的交往实践所造成的网络空间的伦理问题；交往平台作为一项元技术介入人们的交往生活后，对传统交往关系所造成的影响。至于平台技术本身的功能价值和价值观问题，并非本书的重点所在。伦理行动的两个问题涉及诸多具体的子问题，包括：传统交往伦理在社交媒体时代的适用问题；具体的网络结构和应用造成了何种伦理问题，如人肉搜索、围观、隐私侵犯等；交往主体应在什么样的标准下重新进行伦理的协调和规范等。

三是分析立足"道德原点"的五个维度而深入。分析心理学家乔纳森·海德特（Jonathan Haidt）提出的人有五种普世的道德基础：一是同情情感，对伤害和关怀的敏感，这是我们为人善良以及利他的基础；二是致力于公平和正义，这是个体参与群体生活的基础；三是忠于和献身于团体和群体，爱国主义、民族主义、区域或团体自豪感；四是社会阶层的跃升或维护，渴望获得权势和尊重；五是天然地对高尚、纯洁和神圣怀有强烈渴望。这五个维度几乎囊括人类所有的道德特点。我们下面对网络交往伦理各种问题的讨论，也可以循着这五个维度的道德原点，或者说作为分析的基础来深入。

第一节　网络交往的伦理困境与合理化意义

网络交往诱发了多重道德困境，如人的自主性丢失、社会正义公平的损伤、网络隐私受侵犯、网暴、数字鸿沟等；这些道德困境使网络交往合理化有了理论和现实的意义。

一、网络人际交往的伦理困境

现实社会中起作用的交往伦理的现实基础、作用机制，在网络空间正被逐步消解。网络社会的中介化、去中心化交往特质，无可避免地与后现代思潮相结合；并且放大了后现代性的反权威、反体系、意义不确定、语言游戏性等特质。因此，相较于线下社会，网络社会所面临的人与人之间的交往伦理挑战更为严峻。网络交往伦理是以身体不在场的匿名交往为基础的。基于它的一些特征，如道德主体不确定、伦理规范多元化、道德评价尺度相对化等，也必然会带来一些伦理问题。

道德主体身份与身体的双重不在场，引发主体虚拟化和不确定。道德感是外界强加于人并强迫其遵守的行为规范。现在社会相对确定的道德主体，进入网络虚拟场景后，身份因虚拟化而真真假假，道德主体因此不确定起来。对主体而言，现实的道德约束在虚拟交往中得以松绑，法规难以有效规制伦理，恍惚身处绝对的自由王国。因各种强弱关系发展出的虚拟关系，建立于符号而非面对面人际交流基础上，真实情感交流弱化，也更难以维系，甚或随机、无来由的断裂。

道德语境虚拟感，无价值与虚无主义消解了原有的价值规范和权威力量。人们涉足与现实完全脱节的虚拟空间，可以完整地感受和探索新奇的领域。在网络交往中，人们乐于以虚拟身份，满足于感性和肤浅，享受想象和游戏的感觉。无法、无意愿做深刻的价值判断，后现代"无厘头"给了人们一种现实生活中没有的轻松和自在。加之，去中心化的网络结构，权威的强制力和引导力坍塌。

总之，单向度的规范体系被弃置，所有的一切因虚拟和"不真实"都可以预先被原谅。现实社会交往的价值规范、判断和原则，被虚无、无价值取代或消解。道德界限因之模糊。正如英国哲学家齐格蒙特·鲍曼（Zygmunt Bauman）所言："我们的时代是一个强烈地感受到了道德模糊性的时代，这个时代给我们提供了从未享有过的选择自由，同时也把我们抛入了一种从未如此令人烦恼的不确定状态。"①

道德情感有激情，但有时也有冲动、暴躁和极端，可能造成多种不利后果。本书第三章对网络交往的情感问题已做了一些研究。目前看来，对网络表达中情感控制失衡的理解有不同观点，如情感表达失范、情感沟通失序等。而对情感的社会控制应不应当、如何建构相应的规范和伦理规则等问题，不同的学者更是各执己见。网络中人的本我中的"破坏"和"恶"一面在被激发和包容；年轻人颇具反叛精神又缺乏阅历、理性思考和判断能力。总之，现在网络表达似乎理性被感性控制，但相应的伦理规则确立的滞后，使这一问题在社交媒体平台更为显性。

对于网络道德情感的失控产生机理，本书还发现，网络空间的情感生发以及情感转移的机制被破坏，道德情感的产生和维持有不确定性，有时难以正常产生和维持。人有着复杂的情感，如正向的同情、幸福、爱情、提升与超越，负向的内疚和羞耻、厌恶或恐惧、郁闷与焦虑等。它们的生发和情感间的转移，对于道德至关重要。

如羞耻来自外部的伤害，被他人注意到自己所犯的错或所做的坏事，羞耻才会油然而生。但当我们在网上所犯的错误无法被他人注意到，或无法与自我关联的时候，羞耻产生的路径就被打断了。

---

① ［英］齐格蒙特·鲍曼：《后现代伦理学》，张成岗译，南京：江苏人民出版社，2003年，第24页。

内疚感是人们内在的心理监管，使我们对自己保持隐秘的懊悔，会引起赎罪和弥补，实现积极的道德目标。但当我们在网上无法了解自己的行为会引发他人何种反应，对他人导致何种伤害时，我们也就无法对自己的行为作出取舍和修正，以使我们的行为与社会规则和普遍信念契合。内疚感这种内化的规训远比外部的社会谴责带来的羞耻感更有制约力。内疚产生机制被阻隔以致内疚感无从产生，并引发更深的各类网络伤害问题，是网络社会呈现某种病态的显性标志。

提升作为一种积极的情感，指当我们发现他人正直善良、行为端正时，社会公平和谐时，会感到一种与之对应的、令人振奋的情感。当网上信息真假莫辨、诚信缺失、信任感难立时，我们的振奋感何以产生？

个人对弱者和受害者的"同情"有可能产生一种"正义的愤怒"。在原始道德和高尚感的支配下，对所谓"作恶"当事人的同情心消失，可能会对其甚或其家人施以网暴。而正义感，以及消极的愤怒、质疑、嘲讽、谴责和悲哀等，更是推动网民群体情感激荡的核心情感，可能引发感性动员，甚至诱发网络抗争。厌恶也是道德行为的源泉，它近乎一种复杂的直觉，会带来排斥、敌对、隔阂。但当网上个体的这种直觉无法与真实的感知对象的真实状态匹配上时，厌恶也就失去了对审美的提振功效，网上"审丑"也因此大行其道。

网络社会的道德评价标准与不确定、不稳定，①与现实社会存在巨大差异。作为社会道德水平的一种控制和稳定方式，道德评价不论在现实社会还是网络社会均应当存在。在特定的社会、文化、民族和特定的历史时期，现实社会的道德标准是相对稳定的。而网络空间虚拟性与后现代性的叠加，强化了道德评价的相对性，网络交往伦理建构的有限性，道德评价标准仍需在网络世界的交

---

① 道德评价指人们在社会生活中依据一定的道德准则，对包括自己、他人或群体的行为、品质、可感知的意向以及社会风尚在内的各种道德现象进行善恶褒贬的道德判断活动。

往实践中逐步完善、确定和稳定。

二、网络交往的伦理悖论与伦理相对性

（一）网络交往伦理建构的可能性与有限性

网络交往具有伦理建构可能性，但又陷入伦理建构的有限性——缺乏伦理合理性。[①]

"伦理是一种在本性上普遍的东西"[②]，这是中国儒家道德哲学与西方黑格尔哲学的共同立场。可以说，网络交往伦理建构，是要以实现网络交往的价值普遍性为预设前提和根本目标，使个体性复归于普遍性；但这种个体价值向普遍价值的复归，应该立足于个体与普遍性之间的价值关联。

网络空间的交往活动是公共性建构的过程。公共性的建构需要伦理的支撑，这也就蕴含着交往伦理建构的新可能。碎片化的个体借由公共性建构而汇聚起来，生成了经验层面的网络社群。在交往和互动中，经过价值凝聚与个体认同，网络社群上升、过渡为网络价值共同体。这造就了个体性向普遍性的价值提升，因而潜藏着伦理的意义。

正在发展中的网络共同体仍不能看待为有共同价值的实体，或者说伦理实体。网络空间个体从传统社会的统一体中觉醒起来。从社会表达而言，个体地位得以提升，权利得以尊重，但也伴随着自由主义、个人中心主义等价值观的肆虐。从精神世界而言，网络似乎已成为原子化个体的世界，共同体的价值凝聚力仍微弱，只能称为"弱共同体"。相比较传统社会，从伦理的精神本质和普遍本质而言，网络伦理的建构可能性转化为实体伦理的距离越发遥远。

[①] 蒋艳艳：《互联网交往的伦理悖论》，《东南大学学报（哲学社会科学版）》2019年第3期，第24页。

[②] [德]黑格尔：《精神现象学》下卷，贺麟、王玖兴译，北京：商务印书馆，1979年，第8—9页。

哈贝马斯理想中参与交往的理性个体，即具有自主自觉的主体意识，有参与公共表达的真诚和能力，在网络空间交往情境中仍没有共性和普遍性。无论是理想还是现实中的网络共同体，一方面呈现出"个体主义"特征，另一方面，从精神层面而言，主体性缺失下的自我异化和自我扮演式实现，情欲、享乐、娱乐等感性压倒理性，成为"无精神的存在"。因此可以说，网络空间中，价值凝聚的共同和普遍性未成为伦理建构的前提和目标。虽内在着伦理可能性，但却缺乏伦理合理性。

（二）反对网络交往伦理的相对主义倾向

网络交往的伦理建构似乎有"形"而"无实"，深陷可能性与有限性的悖论之中。或者说，网络空间真正具有伦理合理性吗？这仍是一个正在观察和有待求证的问题。具体到规范伦理建构层面，我们也可以问，伦理意义能否作为现实的评价标准？

哲学家的伦理标准，在特定的社会背景或历史阶段，是相对恒定的。说是"相对"，是说伦理不是恒定不变的公理，往往依据情境的不断改变而调整。同时，标准也不能完全匹配现实的社会运行规则。如果说，现代社会虚无和后现代思想拒绝承认任何一种话语权威，实际上也在破坏旧的规范伦理，并摧毁建构一种有着确定基础的规范伦理的可能性。那么，进入虚拟社会，交往场景和交往机制发生变化；我们更难依据传统伦理标准尺度虚拟交往；或者说，伦理作为一种相对恒定的标准，也不意味着能够或者应该彻底地被贯彻到虚拟社区交往生活中。

在多数情况下，我们不能从道德洁癖高度，苛求网络事件当事人和参与者，谴责或苛责他们存在严重的伦理缺失。人非草木，岂非无情无义；人非完全的理性人，更遑论在自由度大的虚拟社会了。在有些网络讨论中，即时行为反应更多受情感支配，非理性表现明显；有时道德、道义与情感的合理性选择、成本考量更难。因此，对当事人的空洞的失德指责其实无可裨益。我们的这种观点，其实让坚持伦理"义务论"、指责网络交往伦理"滑坡"的理性主义学者很难接受。如人肉搜索、围观、网暴等现象确实产生了后果。但秉持正义、高尚、爱国爱民等道德感，参与公共事件的讨论，贡献一点所知的信息，本身无可指责。要求参与各方的真诚态度和理性思考表达能力，符合哈贝马斯对话伦理的四种条件，在现实社会也是一种理想，更遑论虚拟社区了。

总之，网络空间自身难以真正建构出一个实体主义的、精神的伦理存在，但我们不能因此忽视网络空间具有的伦理意义。虽然网络场景中的非理性影响着虚拟交互中的很多选择，伦理标准也应依据情境改变而改变，但是，我们仍然认为，应以理性为基本准则，反对网络交往伦理的"相对主义"倾向。理性和法律一起，构成我们的基本坚守，互联网的开放、自由精神不是模糊法律界限的借口，更不能用来否认理性。这也是专设本章讨论网络交往伦理问题的根本出发点。

第二节　目的合理性之交往伦理：
网民成就取向的责任伦理

一、核心交往目标：关系与认同

在工具理性层面，一般理解，网民之间的核心交往目标为关系、认同。下面就关系责任伦理与认同危机两方面展开论述。

（一）网络交往的关系责任伦理

基于连接的聚变裂变，强弱关系建构的满足，也会带来一些伦理问题：

一是利用关系的动机不纯，过分利用关系；为交往对象负责的伦理缺失。从用户的交流结构来看，当下各类社交平台，已经造就了一个个以个体为中心的社会网络的集合。开放式和圈群封闭式的混合结构，极大满足了个体建立社会网络连接的需要，方便了个体社会关系的拓展。亲朋好友自不待言；哪怕其中多数只是弱关系，在某些交往关系目标的驱动下，一些弱关系也可能发展成强关系。而社交媒体上多样化的关系，不仅仅只有商业关系和利益关系，更多的是兴趣关系、认同关系、结盟关系甚至对抗关系。无论哪种类型的关系，一些人都将其转换成社会资本，异化成个人获得利益的工具。这种关系利用，可能损害交往关系对象的利益，如时间精力机会等的损失，情感和心理满足的伤害等。关系的多样化，是社交媒体活力的来源，但关系利用伦理的缺失，最后的结果，只能是网民不胜其扰，纷纷抛弃所谓的"好友"关系。网上关系成为"屏上不再激活的死关系"。显然，这是对社会交往整体利益的伤害。

二是借助网络关系的聚变和裂变效应，在某些公共话题上形成舆论，以影响舆论和事件进程，甚至直接发起社会运动。这就有了社会责任伦理问题。个体间互动碰撞产生的能量，因社交媒体的关系连接和大规模网络形成而放大。聚变促使群体在某些方面变得更为智慧和强大；如群体的协同行动变得更易实现；同时也可能带来群体负面效应，如群体极化、群体盲从等。而信息和内容的发散、渠道的扩散以及人群规模的扩大，为用户能量的聚变提供了基础。

三是弱关系与纯粹关系挑战有关"适当和正当性"的社会规范。人们有理由担忧线上的"随性关系"和"纯粹关系"所引发的社会伦理问题。因为这种线下关系可能会模糊群体之间的社会界限，从而挑战有关适当性和正当性的社会规范。

人们更容易建立一种"随性关系"，即遵循个体的本性与他们建立关系。尤其是与那些在线下不可能建立关系的人在线上相遇，突破原有线下交往的各种人际限制，包括空间、年龄性别、文化种族、身份地位等。当跨越原本"非匹配"关系的朋友们在网上进行互动时，他们不必像面对面交流那样，承受源自他人或自我怀疑所带来的压力。因此，比起线下来说，这些关系在网上更容易被建立和维护。

　　跨越原界限也会导致人们更容易建立"纯粹关系"。所谓纯粹关系，即以建立关系本身为目的，更多摒弃其他利益性目的，无需更多承担某种维护社会秩序的功效，也就无需承受更多的显性或隐性的社会压力。比如，更容易建立不被社会认可的随意或临时性关系，如男女间的随意亲密关系，或现在流行的各类交友"搭子"。这可能破坏原有的两性社交规范和社会秩序，因为在传统文化定义和婚姻习俗中，这种男女之间的关系往往不被社会所宽容。

　　四是现代商业活动中人与人交往的伦理问题，如广告、促销等活动中发生的人与人之间关系是工具—责任伦理的关注重心所在。而这个领域的失范问题是社会伦理失范的重灾区，如欺诈、欺骗、失信、诱导、在特定人群的污名化污辱等现象一直存在。

　　因此，现代广告一直在承受社会对其运作规范的指责和人文价值影响的哲理批判（规范伦理）。这种伦理批判的旨趣，一在于广告产业活动中人与人的关系，人与产业生态、社会生态的关系；二是讨论集中在广告的正当性、运作规范与社会人文价值影响三个层面；三是核心的分析对象，针对的是广告信息，包括商品形象、设计符码、代言人等在设计、制作与传播过程中的道德规范问题。

　　而"信息伦理"的概念，在20世纪90年代中期伴随信息社会的逐渐明朗才确定。在当代信息社会，广告传播信息活动有了和质量、结构性的变化，广告领域借助人工智能应用的东风引入信息伦理和数据伦理概念。如广告的智能策略与创意，将以往人类依托知识、思想主观表达的想法、文字与广告表现，转为依托用户数据并经过标签化的标准化物料。

　　伦理问题最终研究的是人的道德问题，理应以人为主要研究对象。但在广告智能体逐渐具有"拟主体性"的时候，广告伦理的指涉对象可能会更复杂。此时对伦理风险的讨论，理应与现代广告伦理的讨论旨趣偏移："不再纯粹讨论人与人之间的关系，人与产业生态环境的关系，因为人与人之间的伦理已不能约束人与这个自己发明的一种特殊产品——拟人体的关系，更无法约束人机协作甚至超越奇点后，拟人体与人、社会环境的关系。"①

（二）网络空间的认同与认同危机

认同可理解为个体对自我、他者和社群的认可、接纳程度；本质是一种意义感、身份感和归属感。认同在宽泛的意义上，既是交往、沟通的目标，也是其结果。个体的自我认同在与"有意义的他者"的互动中得以构建，并在不同范围的互动过程中，将认同延伸至个体所属社群、社会共同体层面。认同的沟通、价值凝聚与归属感，使其在互动群体中有清晰边界，所谓认同危机，如认同断裂、价值迷离，其实是个体离散于这个清晰边界带来的后果。

认同是共同体内价值凝聚的过程，即个体在价值分享、互动中相互认同价值的过程。卡斯特指出，网络共同体有新的价值认同方式，其早已颠覆基于血缘和地缘的价值认同传统。网络的认同力量是"集体的认同"或"社会的认同"，而不是"个人的认同"。②之所以强调群体和社会认同，是因为网络社会个体在自主自觉能力觉醒基础上，个体公共意识因网络公共性有极大提升，并开启了一种主动的建构认同的过程。人们已经不再仅仅关注自我和自我所属社会地位，而是主动看待、评价周围的事物和环境，以及社会情势。在与他人在网络社会中交流、对话中，形成某种群体的价值共识。总之，经过价值凝聚与个体认同，网络社群上升为网络价值共同体。在经验层面，网络价值共同体实现了"我们"的汇合，进而在价值层面，达成了"我们"的凝聚。③

认同也是个情感流动的过程；情感渲染与共鸣是联结网民自我认同与社会

---

① 李名亮：《智能广告信息伦理风险与核心议题研究》，《新闻与传播评论》2020 年第 1 期，第 78 页。

② ［美］曼纽尔·卡斯特：《认同的力量》，曹荣湘译，北京：社会科学文献出版社，2006 年，第 6 页。

③ 蒋艳艳：《互联网交往的伦理悖论》，《东南大学学报（哲学社会科学版）》2019 年第 3 期，第 28 页。

认同的桥梁。网络中原子化生存的个人，借助网络社交平台所搭建的裂变式传播路径，在讨论中，围绕公共事件产生出共同认知与情感、提升了彼此的情感共鸣。在这个的过程中，个体不仅产生了明确的自我意识和自我认知，对自己的社会身份、"他们"及个人命运有着自觉的认知，而且也获得了关于"我们"的图景。自我认同、集体认同与社会认同的形成，架起了个体和群体、社会联结的桥梁，生成了关于生活世界、关于人生的意义和价值诠释模式。与此同时，社会通过认同创建了社会成员共同的行为规范，确立了共同行动的目标。

现代性危机包括认同危机在内，核心是现代人与自然、人与人的冲突和对立；根源于斗争性的主体哲学，以及其所蕴含的"主体—客体"二元关系。为改造这种哲学以避免现代性危机，哈贝马斯提出主体性向主体间性的转变，强调"主体—主体"间的平等互动和对话；在公共生活中建构起协商伦理，认同的价值基础才能得以持存①，才能促进生活世界和谐。互联网技术可供性下的强大连接、关系建构能力，以及建构交往平台和场景的创造能力，促使人们对互联网实现哈贝马斯意义上的理性交往、创造公共领域的潜力寄予厚望；并纷纷从培育交往理性思路给出实践路径。希望能够以协商伦理，包括恢复和拓展人际间的精神交往，促进主体性提升、自我解放和自我实现，促进社会认同和团结等。

然而，乐观与网络交往非理性的现实，放大了人们的失望情绪。因为"互联网也呈现、放大和延展了现代性语境下的认同危机，一些公共讨论甚至加剧了社会疏离、分裂和对抗"。②胡百精对网络认同危机的加剧感到悲观，其观点是公共表达实际上加深了鸿沟和对立、加固了界限和偏见。他认为，无论是相对宏观社会议题，或是具体的网络热点，公共讨论往往走向论争和对抗，观点和情感常见对立和极端。公共讨论参与者基于情感、偏见、成见、动机，展开各

---

① ［德］哈贝马斯：《现代性的哲学话语》，曹卫东译，南京：译林出版社，2004年，第390页。

② 胡百精、李由君：《互联网与对话伦理》，《当代传播》2015年第5期，第6页。

种激情式表演；往往立场先行，对话沦为尖锐对抗，互动导致分裂和势不两立，甚至上升至阶级对立。围观者或置身事外、漠然处之，或吐槽戏谑、推波助澜。如女权、转基因、中医药等问题的论争，一直未能有底线式的稳固共识，因为讨论很难基于常理常识、事实澄清和价值共识。网络群体效应的存在，如从众、感染和极化等，又形成了"挺"与"反"的封闭阵营，加剧了分裂和对抗。具体到议题和内容、表达动机情感、表达真实正当、表达修辞等方面，可以发现网络公共表达论争中一些令人失望的共性。

从议题设置和讨论内容来看，公共议题均被导向日常性娱乐、庸常和肤浅化。即使诸如科技革命、转基因、环保等议题，也可能脱离科学场、专业原则的轨道，进入表面化、符号化和通俗化的分享或争论。人们对真知、真相和真理的探寻，对民主、参与、进步的追求，在符号和意义的流变中难以实现；人们只能在戏剧化、娱乐化的热点叙事中麻醉自己。从表达动机和情感上看，缺乏达成共识的诚意和愿望。公共讨论中，所谓立"Flag"重于真理追求；泛政治化、泛道德化的立场先行，使讨论成为辩论，事实只能成为素材。从表达的正当性看，各方习惯给他方人设各类负面标签，给自己扯上合法、正当、正确、道德、高尚等大旗；不言而喻、不证自明、不容反驳的逻辑常见于各类争论中。从修辞上看，很多人不能训练有素地表达和理解对方，包括缺乏友善态度，习惯于碎片化、符号化表达，缺乏分析和论证逻辑。即使是专业人士，受社交媒体表达框架的限制或能力的局限，也未能将专业转化为通俗大众表达，导致伪科人士大行其道，科学因此蒙羞。更有为一己之私，玩弄辞藻者，误导社会心理。

网络公共表达所呈现出的种种令人失望的共识危机，所引发的认同危机，有着网络空间的技术、结构和互动方式的推动使然。但人与人之间、人与社会的认同，更多是生活世界和社会关系的不正常所引发。或者说，网络公共讨论的认同危机，是"现代认同危机在互联网情境下的投射、延展和放大"。① 某

---

① 胡百精、李由君：《互联网与对话伦理》，《当代传播》2015 年第 5 期，第 8 页。

种程度上，学者们对现代社会认同危机和根源的解释也适用于互联网情境。[①]正因为有相似性，互联网发展的数十年来，学者们一直对互联网交往认同危机给出哈贝马斯的解决之道，即在网络场域构建交往理性，缓解网络认同危机。虽然网络社会的和谐建设，对基于真诚对话、多元协商的交往理性有迫切需求；但这种理想化的解决之道的效果存疑，交往理性并非对话伦理的全部内容。

二、网络交往的公平正义与良善

网络交往道德的目标，有自由与德性之争。网络道德的标准也有内在准则与外在规范之分，即标准应该是个人行为的内在准则，还是社会契约的正义和外在规范？无论偏重于如何的目标和标准，网络伦理的实质都是对人的善和利他、人的权利和社会公平正义等的关注。随着网络交往出现的一些典型现象，如人肉搜索、网暴、网络利他行为等的出现，网络公平正义的天平似乎开始倾斜。本小节首先简要介绍有关正义获得路径的两组相对的观念，即义务论与目的论，程序正义与实质正义。随后基于相关正义观，就一些典型现象展开分析。

（一）公平正义与获得的路径：两组相对的观念

正义的内涵伴随人类社会的发展而变化，至今已形成多种有关正义的内涵。约翰·密尔（John Stuart Mill）认为人们公认每个人得到他应得的东西为公道，也公认每个人得到他不应得的福利或遭受他不应得的祸害为不公道。哈特指出正义被认为是维护或重建平衡或均衡。[②]在不同历史阶段，以及不同社会结构和

---

① 注：胡百精将互联网认同危机总结为：多元主体在时空虚化、社会关系和文化脱域状态下相遇、互动，各自的意义感、身份感和连续性被弱化，彼此间的归属感、一致性和确定性匮乏，更缺少达成认同的价值基础和意义纽带，一方总是试图压制、征服另一方……

② 李寿初：《"正义"概念辨析》，《文史哲》2014年第6期，第155页。

人类共同体，都将产生与之相适应的正义观念和正义原则。①

如何追求和实现"正义"？或者说实现正义的路径有哪些？在西方的规范伦理学中，有义务论（deontological theory）（行为动机的伦理）和目的论（teleoligical theory）（行为结果或说效果伦理）之间的分歧；而追求"正当"和"善"是与之对应的两条路径。正如罗尔斯（John Rawls）指出：有两种或两组不同的、必须区别使用的主要伦理学范畴。一组是"正当"（right）、"应当"（ought）、"义务"（duty）等语词，与行为的动机伦理对应；另一组是"好"或"善"（good）、"价值"（value）等，与人的行为结果伦理对应。②罗尔斯对那些需要违反正义才能获得的利益嗤之以鼻，认为其"本身毫无价值"，他秉持"作为公平的正义"的义务论。③功利主义正义观则是一种目的论观点，它将善定义为功利，将正当视为能够最大限度增加善的辅助工具。行为的动机与结果之间，或者说其追求路径的善与正当之间，没有必然的因果联系。义务论和目的论的分歧就在于善与正当的次序关系，义务论认为正当优先于善，而目的论则认为善优先于正当。

在关于正义问题的研究中，另一组相对的概念是"程序正义"与"实质正义"。哈贝马斯认为，程序正义是相较于结果而言，更强调程序的正义性。正义并非先天决定的，而是经由公民之间进行对话和协商之后达成的共识所决定的，或者取决于"多数决定"的民主原则；实质正义强调对某些普遍的、先天的价值的确信，例如对自由、平等、权利等的承诺与追逐，而任何政治与法律制度都应该体现和保证这些价值。哈贝马斯指出，真正的正义应该是程序的，而不应是实质的。④

---

① 龚群：《罗尔斯与社群主义：普遍主义与特殊主义》，《哲学研究》2011 年第 3 期，第 117 页。
② 何怀宏：《底线伦理》，沈阳：辽宁人民出版社，1998 年，第 22 页。
③ ［美］约翰·罗尔斯：《正义论》，何怀宏、何包钢、廖申白译，北京：中国社会科学出版社，1988 年，第 28 页。
④ 姚大志：《何谓正义：罗尔斯与哈贝马斯》，《浙江学刊》2001 年第 4 期，第 11 页。

道德上的正义感对网民有着天然的吸引力，它牵动网民内心深处的情感，在公共话语中扮演着重要角色，也是网络热点议题的核心内容。下面讨论的一些网络热点问题，如利他行为、人肉搜索、网络围观和网暴等的出现，从网民参与的心理因素来看，无不与道德正义感的驱动有关。但从结果来看，又出现了一些伤害性的伦理问题。问题出现的基本社会背景，一是现实社会转型的问题，环境污染、医疗教育、道德失范等普遍性问题，结合劳资矛盾、城市拆迁、农村土地流转等，对网民具有天然性的吸引力。由于缺乏有效的疏导机制，弱势群体的话语空间有限，不满情绪难得有效舒缓，一些网民产生了被剥夺感、无奈和无望感。二是网络社会的再分层，掌握和控制信息的群体也产生了强者和弱者两极分化，数字鸿沟有扩大趋势，规范由强者制定，弱者的利益有意无意间受损。

（二）以正义之名：人肉搜索、网络围观与网暴

当大量个体受到或自我认知受到结构性非正义压迫时，往往在群体中形成"不平则鸣"和"八方来援"的群体氛围。网络交往行动者在对此的回应中，会形成为正义发声的网络互动行为。杨石华提出，这种行为具有利他性，正义发声参与者所提出的问题、所给出的意见和观点，在网络交往中呈现典型的"非对称性互惠"特征。[①] 参与网络正义发声行动者往往遵循政治责任、道德尊重、

[①] 杨石华：《正义的礼物——网络空间中的"非对称性互惠"交往伦理》，《道德与文明》2020 年第 4 期，第 144—152 页。本哈比（Seyla Benhabib）的交往伦理中，人们在公共空间的交往并非一直是理性的，而是充满着各种情感，这为交往行为中的个人与他者之间的立场对称和可逆性提供了契机。为此本哈比指出："普遍性要求我们改变道德社区成员之间的观点，并从其他人的角度来判断它们。这种可逆性对于将社群联系在一起的互惠关系至关重要。所有的交往行为都涉及群体成员之间规范期望的对称性和互惠性。"艾丽斯·杨（Iris Marion Young）在交往伦理方面的思考更加完善，部分认同了本哈比的尝试。但她指出"对称性互惠"思想掩盖了群体间的差异性，即群体成员间的社会关系是非对称性的和反驳了立场的不可逆性，在群体差异的基础上指出公共空间中交往主体的视角是不对称的且具有立场的特殊性，并进而提出了"非对称性互惠"的交往伦理。

差异性团结的伦理原则，且在礼节、修辞、叙事的交往方式影响下，往往"能够迅速组建正义者联盟"，协同合作，以修正不公正、不正义事件的运行轨道。然而，一些制约和影响因素，如不同群体对事件的看法差异，公共和话语等的权力滥用，以及参与个体与群体的情感失控等，会影响到"非对称性互惠"交往伦理走上正轨，即容易产生"以正义"之名行"非正义"之事的异化。总之，网络围观和人肉搜索均是"人人时代"崛起的一股新力量，是公民参与公共事务表达的路径。但在追求公平正义的名义下，极易走向实质上的网暴。

如何理解这些现象？能否或如何确实相应的伦理准则？下面我们着重从三个方面讨论。

一是"人肉搜索"是完全不同于现实社会的典型网络伦理问题之一；其伦理准则的确定是个难题。

"人肉搜索"往往起因于一起社会热点事件，有人利用互联网集结网民个体的碎片化力量，对事件当事人的相关信息进行搜索、汇集与公示。表面上看，它是网民基于内心的正义感，游走于网暴和侵犯他人隐私边缘地带的一种行为。对当事者个人而言，网络似为"全景式监狱"；因为每一个人都可能在被置于众人的监视下，隐私再也无所遁形。

从本质来说，人肉搜索某种程度上也是网络抗争的隐性方式之一。说它是隐性，是因为在主观动机上，参与个体网民均很难被认定为有明确的表达抗争的意愿。大多数人仅仅只是提供一点所知的信息，这个信息本身微不足道，不构成对当事人的伤害。但作为起始的发起人是否有明确的个人动机，或试图发起社会抗争动员，目前仍没有相关实证研究认定。

在社交网络时代，人肉搜索离不开网民的主动参与。网民参与"人肉搜索"的心理因素是复杂的，情感因素和从众行为在其中起到了很大的作用。从社会道德正义感的角度而言，这种行为首先是切合了网民维护社会正义、秩序和伦理秩序的社会心理，毕竟道德自恋也是人的自我本能，也是自我规训的一种有效机制；其中也混杂着广场式狂欢心理，以及小市民的凑热闹、起哄和窥视欲等心理。

人肉搜索的积极成果，确实有反贪反腐、维护弱者利益、舆论监督、净化社会道德等。某种程度上，人肉搜索提升了公众对公共事务的关注程度和介入程度，网民在享受快感的同时，网络反腐的成果显著，客观上提升了维护社会正义的效果。如2012年的杨达才"表叔"事件，调查表明杨达才存在严重违纪问题。有许多经典案例证明了人肉搜索的积极社会效益。但维护社会正义的一腔正气和良好动机意愿，关联上看起来有效的成果，共同掩盖了网络人肉搜索本质是否正义的问题。

伴随大量现实的伤害案例，这样的正义行动受到越来越多的质疑。以维护社会正义、道德审判的名义进行人肉搜索，将当事人及其家庭成员、关联人等的各种个人信息，通过调查、汇集、求证、曝光公示等过程，置于网络空间任其发酵与传播。这种行为的后果，不仅仅侵犯了当事人的隐私，许多事件甚至发展为事实上的网暴。大量当事人受到各种伤害甚至终结了生命，许多公民的合法权利被伤害，相关案例层出不穷。或者说，无论人肉搜索的结果偏重哪一方面，实质上这种行为绕开法制，起到了"舆论审判"的效果。如从正面结果而言，正义行动带来有价值的线索，客观上帮助司法部门获得了证据，使嫌疑人被证实为罪犯。或者某些不道德的社会行为，使当事人受到道义上的社会谴责，受害弱者得到了补偿和安慰。但从负面结果而言，在自认为正义的初衷下，无意中对他人合法权利造成实际的侵害；或者在法律难以界定、法不罚众的现实下，夹杂着一点个人的或阳光或阴暗的动机和企图，有意无意地伤害了当事人。

二是网络围观是网络力量从虚拟走向现实的最直接体现；在追求社会公平正义、行使舆论监督权的名义下，极易沦为正义感支配下"多数人的暴虐"。

网络围观是指人们就网络发酵的某一公共或热点事件，集中关注、发帖、提供信息、表明态度，并进行评论、观点交锋与争鸣的过程；其实质是一种社会舆论。从集合群力而言，上述的人肉搜索实质也是一种特殊性质的网络围观。

网络围观与传播舆论监督不同的是，它是网民以"鼠标所指"为默然的眼神，达到"千夫所指、无疾而死"的结果，即不是有人大声疾呼、激情煽动或理性动员，而是默默地把一个消息传布开来。信息借助社交网络的无远弗届、光速传播，就像池塘里投入一颗石子，快速一圈圈荡漾开来。因此，网络围观主要体现为主体的隐蔽、围观形式的开放和围观行为的互动等特点。

和人肉搜索一样，从个体动机而言，围观行为多源于网民内在的道德价值。人非圣人，人的动机是一个复杂的现象，情感与理性也交融在一起。因此，我们很难将动机不纯如窥私、侮蔑、牟利等，与基于社会道德价值的追求区分开来。但多数网民与围观对象间未有直接交集，更未有直接利益关系，其参与围观仍是基于传统道德和文化认同，追求社会正义、自我确认和自我实现的行为。

从舆论监督、解决问题角度而言，围观是推动解决热点问题的催化剂，衡量是否公平正义的天平，倒逼、监督管理者依法处理的利剑。围观客观上起到培育公民意识、树立法治思维、推动法制的宏观效果。可以说，网络围观借助对某一事件的关注和舆论监督，解决了具体问题，并因此对解决此类型社会问题有推动作用。但人们因其社会监督功能而欢呼"舆论监督的春天"已经到来，现在看来可能乐观了点。监督权从对事件的关注围观、推动到落实，还有一道制度与行动机制等鸿沟。

围观客观上丰富了信息源，但与之俱来的是加大了网络空间的噪声和信息冗余；更主要的是，网络围观如同广场上的群集，群体效应加剧了流言和谣言的盛行。在信息公开不真诚、不及时、公信力低的情况下，真相、流言与谣言难分；一些违背常理常识的信息刺激着社会的焦虑、愤怒、怨恨等负面情感的激化。流言与人们正义和高尚的天性有关，而网络围观是流言传播最好的交往场景，是谣言滋生的温床。语言作为一种社会规范，能够通过讲故事的方式管理自我和他人。人类基于朴素的正义和高尚感，从好管闲事到关心彼此的事物，是一个自然的过程。流言作为一种语言故事传播，从此便成为监督彼此不可或缺的手段。流言故事也有利人们建立共识和密切关系。在流言和蜚语中，我们表现正义和高尚，体验耻辱以及优越性，但是却不求任何回报。①

网络围观十分容易滑向民粹主义和网络暴力，这极大程度上挑战着互联网伦理。网络围观当然存在有游走于道德与法律之间的公然欺骗和恶意中伤。解决这个问题，法制可能是个正常的途径。我们更要讨论的是，我们应当着重防止围观的盛行推动社会进入民粹主义的泥淖；防止其对司法公正甚至社会秩序的危害。

无论在理论还是实践层面，民粹主义从来都具有积极和消极两面性，民粹主义存在着与权威对峙抗争和妥协合谋的双重可能。②网络围观表现出的民粹的一面体现为：血脉偾张的网民在符号化身份的掩护下，以键盘为武器，对围观对象肆意扣帽子、泼脏水。事事上升至公共议题层面，开始分门分派、站队骂街。对话、交流空间已无，徒留网络"暴民"口诛笔伐，沉浸于一种非理性的狂欢。网民享受不受约束表达的快感，立场和态度先行，事实、因果退居幕后，是非对错并不重要。

一些网民是在虚拟的行侠中获得快感，在无所顾忌的表达中寻求发泄。一些网民以玩世不恭、调侃、嘲讽等态度参与围观和表达态度；乐此不疲地创造各类网络流行词汇；无所顾忌地发泄自己的负面情绪，吐槽对现实的不满。

围观也源于猎奇、起哄、从众，个人沉醉于想象的群体之力量中。一些网民发布不实信息，通过夸张修辞、编造虚假信息等手段吊足大家的胃口，引发无数网友的关注。如"石首事件"刚发酵时，很多网民连死者的性别都没弄清楚就起哄。在认同感、关注度、流量粉丝数的驱使下，一个人爆料，就会有大批人附和。这些网民有个"哄客"的称号，无论阶层、身份、地位，无论强者、弱者或边缘群体，各类人物均被他们以正义的名义口诛笔伐。

---

① ［美］马克·马陶谢克：《底线：道德智慧的觉醒》，高园园译，重庆：重庆出版社，2013年，第54—56页。
② ［英］吉姆·麦克盖根：《文化民粹主义》，桂万先译，南京：南京大学出版社，2001年，第17页。

而民粹氛围下，围观形成的舆论足以杀人。对公共事件的围观吸聚了网民大量、持续的注意和参与；如果有别有用心的始作俑者推波助澜，围观能量会更大。言论不论好坏，一旦形成舆论，都必然对当事人和其有关联的人带来巨大的舆论压力。尤其是负面的舆论，压力给当事人带来的伤害是不可能挽回，痛苦甚至是致命的。对当事人而言，被围观就是在施以网络暴力。或者说，网络围观一只脚跨在公平正义一边，另一只脚却跨入了"多数人的暴虐"泥潭。约翰·密尔在讨论"多数人的暴虐"时指出，当社会本身是暴君时，即当社会作为集体而凌驾于构成它的个别人之上时，它的肆虐手段比许多种类的政治压迫还可怕。因为它虽不常以极端性的刑罚为后盾，却使人们的逃避办法更少。这是由于它透入人们的生活细节要深得多，由于它奴役到灵魂本身。①

（三）实践网络正义的规制路径

如何规制和约束人肉搜索和网络围观，消除网暴滋生的场景，真正地实践社会正义？本小节讨论其规制路径或者说伦理合理化路径。至于对网民的具体实践伦理准则要求，在下文提出基于仁爱友善的伦理准则要求时，一并梳理。

伦理的进化有赖于人们的道德本能，包括同情、正义感与高尚感等，也有赖于舆论监督。从这个意义上，我们不能否认围观和人肉搜索的伦理价值。

但是，在公平正义的动机背后，网民的一些行为体现多层次交织的矛盾。民主与民粹的界限模糊，网民理性和感性的矛盾冲突，个人动机的正当与不正当，追求结果的善与恶的心理博弈，以及个人与社会的利益纠葛，都会使网络围观蕴藏危险，极大程度上挑战着人类的交往伦理。无论如何，网民内心的正义感并不能成为非法侵犯他人隐私的理由，更不能是为网暴恶果辩护的借口。互联网维护正义也应该有其合理框架、正当规则和伦理准则。否则，人肉搜索、围观成为不了一种积极的协同，更成不了一种理性的协商；而只能是一堆碎片

---

① ［英］约翰·密尔：《论自由》，许宝骙译，北京：商务印书馆，1959年，第5页。

信息的无机结合。缺乏道德滋养，注定结不出公平正义的果实。

如何能够让基于正义感的表达建立在合理框架和伦理准则基础上？法制可能鞭长莫及，但个体的伦理准则不能缺位。

在罗尔斯的正义论中，个人的道德评价与准则在社会的道德选择与评价之后，原始状态的人应该先选择之于制度而言的道德准则，再选择个人的道德原则，即义务与职责。举例来说，如果说个人负有支持正义制度的义务和责任，那么制度必须首先是正义的或接近正义的。[①]

将罗尔斯"制度的正义优先于个人的正义"这一观点应用到互联网空间，我们是不是可以直接说，人肉搜索、围观、网暴等互联网交往伦理问题的存在，虽然离不开网民个体的原因，但也许互联网规则的缺位才是更为深刻的原因？或者说，加强技术路径上的限制和法律路径的规范，即可解决问题？可能事情发展到直接网暴一步，有明确的施害人和被害人，施害与被害的因果关系和证据链清晰，我们可以期待法律路径的解决；否则，我们很难直接对技术和法律规制路径寄予太高的期望。

从西方规范伦理准则而言，按照义务论的观点，参与人肉搜索和网暴的动机是追求社会的正义，是"正当"的信息传播行为；按照目的论，这些"正当"的行为也带来"善"，也确实带来了一些正向的社会效果。况且，网络社会伦理的进步与标准树立、原则建构不正是需要正当行为的推动吗？许多参与的网民对自己辩护理由也正基于此。至于对他人利益、名誉甚至生命等的伤害，并不在他们的考虑之内。现在我们已经明确，网民进行人肉搜索对个体隐私及其他权利的侵犯，围观伴生的民粹和网暴，实际上正是这种对正义的维护行为带来的恶果；正当与善并不匹配，造成的实际后果是有损于社会正义的。

网民本身也可能存在对正义理解的内在冲突，合规与不合规，合乎伦理是与否，会不会产生伤害，对个人来说，其实是个判断难题。单个参与者的人肉

[①] ［美］约翰·罗尔斯：《正义论》，何怀宏、何包钢、廖申白译，北京：中国社会科学出版社，1988年，第22页。

搜索和围观，本身难以产生恶果。但网络关系的集聚和裂变，必然伴随人数、信息、内容的汇集和裂变；在行为过程中，也可能发生事件性质认定的变化甚或反转。当个人贡献的一点信息借助网络关系而不断的集聚和不断裂变式传播时，伤害也就产生了。

因此，我们可以说，寄予技术控制和法制的完善，会有一定的约束效果，如现在施行的网络实名制；但目前的效果可能并不能乐观。首先，技术和反技术的较量是无休止的博弈，容易陷入"道高一尺魔高一丈"的死循环，这种社会能量的消耗绝对是弊大于利的。其次，寄希望于法律约束也远远不够，法律制裁具有滞后性，网络空间中行为的虚拟性、瞬时性和异地性等使法律打击力度减弱、难度增大、成本增加，对很多问题鞭长莫及。第三就是法律责任难以明确至个体；且法不罚众，在现实生活中是存在的。第四也不可能完全禁止，这对表达自由和社会公平正义是个最大的伤害。

"我们这是一种追求社会良善的利他行为，不应该被指责"，这是一些网民给自己的辩护词。借助网络交往的人肉搜索、围观，追求社会公平正义，维护弱者的利益，但自己并无分毫所求和所得。表面看来这是一种网络利他行为。

但无论哪一种网络利他行为，利他的动机和效果其实均不可靠和不确定。利他行为的发生率与两个个体之间的密切关系正相关。根据汉密尔顿法则（Hamilton's rule），利他行为的完成与否需要依靠一套精确的成本效益分析。[1] 这意味着两个生物体的关系越密切，利他主义的发生率便会越高。[2] 所以那些没有任何情感基础（如内疚、慷慨、感激或责任等）却表现出来的利他行为通常不太可靠。网络空间情感建立的随性，情感维护的脆弱，以及事件发展、情感流动和情感对象的方向均不确定，使得在一些公共事件中，网民表现出来的情感，

---

① 注：汉密尔顿法则认为，如果我们想要实现利他无私的行为，必须让 rb-c>0（r 是利他者与受益者的亲缘系数，b 是受益者所得利益，c 是为利他者所付出的代价）。

② ［美］马克·马陶谢克：《底线：道德智慧的觉醒》，高园园译，重庆：重庆出版社，2013 年，第 100 页。

如同情、内疚、慷慨、感谢或责任等，其情感基础并不牢靠且易变，由此激发出的利他行为通常也不太可靠。

影响我们"给予"或说利他行为能力还有很多。除了自私、嫉妒、贪婪等这些人性弱点是我们实现互惠和利他的障碍外，其中一个被多数人忽视的便是焦虑。网络社会并没有缓解现实世界个体的焦虑心理失控；相反，网民在网上的炫富、卖惨，各种其他阶层生活状态的两极化呈现，以及情感相互感染和激化的氛围，强化了个体的焦虑。现在，各领域自媒体为了流量，更是不惜将营造焦虑、贩卖焦虑作为收割流量的密码。在焦虑的氛围中，无论哪个社会阶层，人们很难内心笃定和安全。那些内心笃定安全的人，最有可能富有同情心和悲悯心，最有可能发生利他的冲动。而当我们不安全感、焦虑感严重时，"天生助人为乐的冲动便开始变得混乱、被压制以及被践踏"[1]。

人肉搜索和围观对个体和社会的杀伤力巨大。相对于技术、法律的规范，个人的伦理规范必不可少，而且极具优越性。它可以"培育免疫"的内在防线，对个体拥有更持久、稳定的制约力。网络交往行为主体之间的关系适应和利益调配，不仅依靠强权规制，更有赖于个体的伦理自觉。

第三节　哈贝马斯之交往伦理：网民理解取向的 对话和协商伦理

一、基于哈贝马斯交往理性的网络对话伦理

对互联网借由社交平台的连接、交往和关系建构能力所创造的公共讨论平

---

[1]　［美］马克·马陶谢克：《底线：道德智慧的觉醒》，高园园译，重庆：重庆出版社，2013年，第102页。

台，人们普遍认为其极具哈贝马斯所言的公共领域的潜质。但就现在观察看来，在公共讨论和社会交往方面，现实不及理想预设那般乐观。理想中它是一个自由的表达和行动空间，人们能够展现自我和个性、重振已失落的人际交往、信任与和谐；平等对话和协商、展开理性讨论和批判；重彰被工具理性压制的价值理性，进而促进公共利益和社会整合。当然不能否认网络空间在这些方面的进步。但"无序无效、虚假虚耗的沟通充斥着互联网；非理性、无规则、不以达成共识为目标的所谓公共讨论和社会交往屡见不鲜，它们加剧了社会疏离、分裂和对抗"。①

网络社会认同危机，根本上来源于价值冲突在网上被放大和管理失控。互联网场域传统单一的价值判断标准，正被价值多元主义取代；价值冲突成为常态。生活世界本身赋予了我们多元的价值，每种价值均是同样真实和客观的。因此，不可避免的冲突是"人的生活中固有的、无法消除的因素"，我们的生活不可能由一个永恒的统治者和一种绝对的判断标准来安排。②互联网互动、开放和自由的本性促进了民众的广泛参与和异质群体的共存，也为多元价值观的表达提供了"观点的自由市场"，使原本就存在社会各个角落的固有的价值冲突暴露得更为明显。"舆论一律"被异质群体间的论争所消解。但同时，网络形成的"观点自由市场"的交往场景也为异质群体的相互了解提供了条件和基础，在某些层面将促成互动者彼此的理解与包容。"网民与非网民相比，更加持多样化的观点，容忍度也更高。"③价值冲突并不可怕，问题是，如何找寻社会认同和共识达成的路径，如何防止冲突加剧社会疏离、分裂和对抗？

显然，互联网需要培育与其交往和公共领域建构潜能相适应的交往伦理。

---

① 胡百精、李由君：《互联网与对话伦理》，《当代传播》2015 年第 5 期，第 5 页。
② ［英］史蒂文·卢克斯：《道德相对主义》，陈锐译，北京：中国法制出版社，2013年，第 98 页。
③ 胡泳：《网络政治——当代中国社会与传媒的行动选择》，北京：国家行政学院出版社，2014 年，第 74 页。

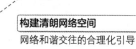
人们多寄希望于哈贝马斯的交往理性"主体—主体"对话伦理，以及公共领域的协商伦理来解决问题。

为了规范主体间的交往行为，哈贝马斯从普遍语言学层面，提出了对话伦理建构的"可理解、真实、真诚和正当"四个条件宣称。简要而言：作为有效沟通的前提，参与沟通的双方具有可以相互理解的一致的背景材料，即保证话语表达本身可被理解和领会；在陈述性事务和内容本身存在的前提下，言说者必须提升一种真实陈述的意向，即真实性原则；主观沟通动机的"真诚的表达意向"；面向对话关系和社会世界的正当性原则，言说者必须选择一种本身正确的话语。

哈贝马斯相信，这四个有效性宣称，可以确保多元主体间开展以理解、认同为导向的平等对话，从而缓解现代社会的认同危机。国内学者在考察网络交往的理性现状，试图建立伦理合理性时，多以此四个宣称为基础，将其作为治理网络交往病症的良药，认为其有助于提升对交往对象负责的伦理行动。

当然，也有许多学者对网络公共领域的可建构性抱有怀疑。他们从网络的虚拟性出发，对网络交往已暴露出的种种交往非理性特征、认同危机有清醒认识。多年来，众多学者从网络理性交往所需要条件的不同方面，进行了质疑性论述，也积累了丰富的理论成果。本书不再做详述。总之，有以下几个观点比较典型。

一是对话伦理的四个宣称，即使在现实对话中，也不可能集齐后再进行。面对虚拟的网络空间和身份身体均不在场的交往主体，交往伦理只能更加成为乌托邦。二是哈贝马斯的交往对话伦理属于一种程序伦理，强调对话的形式、程序的正义、规范，仅关心对话者"怎么说"、强调"正确地说"，至于说什么，"能否说正确的话"并不关心；虽然其也强调对生活世界的改造，以保证四个必要性宣称，但显然流于空洞。三是程序伦理存在固有的局限，"它只提供寻找'善'的路线图，却不许诺'善'本身①。四是忽视了讨论中的现实社会延伸和

---

① 胡百精、李由君：《互联网与对话伦理》，《当代传播》2015年第5期，第5页。

虚拟社会新生成的权力因素。实际上，网络意见领袖、新兴的群主、明星和专业权威等大 V，均已拥有巨大的话语能力。四个宣称的无论哪一方面，均不可能直接通往共同利益和公共之善。如人的动机和情感均极为复杂难以揣摩，交流中各怀心思是常态，因此，如何对参与者的坦率、真诚和正当等提供激励？也有学者提出，即使特定议题下的利益相关者同意对事件进行公开、诚实地讨论，民众依然会各怀心思，持有不同的话语态度，从而努力实现自身的利益目标。而哈贝马斯的程序伦理并未体现任何实质性的帮助。

杜骏飞仍坚持肯定哈贝马斯交往伦理思想在网络空间的适用性。他提出，如要认识和理解网络空间的对话与认同问题，哈贝马斯的整个对话伦理思想"有直接、切近的解释力"[①]。解释力来自四个方面：一是网络空间的认同危机不过是现代社会危机向网络世界的延展；二是网络建构的开放、互动和对话的根本逻辑，使基于道德的对话范式，以及以对话为范式的伦理建构获得了必要和可能性；三是网络构建的虚实相连的生活世界，打通了交往理性得以施展的背景；四是肯定网络空间是人类社会目前最为平等的对话场域，与理想的言说情境、多元对话、平等权利的公共领域构想最为接近。

许正林、李名亮在其《微博"交往理性"的现实性质疑》一文中[②]，审视了典型社交平台微博交往的场域理性现状，不是从个体间言语对话伦理的层面，而是扩展至"个体—技术—社会"关系的立体维度，对哈贝马斯所言的交往理性能否在网络社交领域得到呈现，提出了怀疑。他们提出审视当下中国网络交往的理性问题，应"以马克思的精神交往理论为指导来分析其理性交往"的现实性；而哈贝马斯构想的"主体间性"和"理性共识"原则，确实可以为研究者提供认知向度和理论参照。因为社交平台有着自由对话的技术特性，实际上

---

① 胡百精、李由君：《互联网与对话伦理》，《当代传播》2015 年第 5 期，第 5 页。
② 许正林、李名亮：《微博"交往理性"的现实性质疑》，《西南交通大学学报（社会科学版）》2013 年第 5 期，第 36 页。

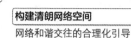
已成为当下中国重要的交往理性试验场。

但我们仍无法奢望哈贝马斯所言的交往理性能够在网络领域得到呈现。互联网作为一种技术体，本身是以中性的面目呈现的。虽然它不断地在为社会创造着新的信息平台、交流场景和公共话语空间，但它不是信息内容本身。因此，从麦克卢汉"媒介—社会"双向促进的观点来看，互联网无疑革命性地推动了社会的进步。但对公共事务的参与而言，互联网没有价值判断和导向作用。实质上，互联网有着双向包容性，在包容开放、民主的同时，也为操纵、社会控制和传统的巩固提供了新的可能性。

因此，希望以对话和协商伦理来改变社会和网络交往的现实，可能仍只是一种美好期冀。我们仍只能说，在社交网络时代，以论坛、博客和微博等为典型的新技术手段，为公民实现自由的关系连接、精神交流、"为社会打破思想垄断递进性地提供了更适应的、更便利的技术保障"。现实社会并不缺乏沟通的渠道和制度设计，我们对社交平台公共领域的想象，对其能够提升真诚对话伦理的热衷，可能是"一头热"，这种热衷反衬我们对现实无奈。人们在热衷于新技术的同时，更应该反省其他路径堵塞和交流不畅的困境发生的根源。

我们以为，网络交往的浮躁、非理性的交往行为，由"存在重大冲突和非合理性的系统与生活世界、主体性与理性迷失的交往主体以及微博传播内在化的冲突等因素，共同滋生"；而权力、资本以及传统文化价值观施加的深层次压力，使得初具公共领域特征的社交平台极可能丧失对话的功能。因此，哈贝马斯所言的交往理性能否在微博领域得到呈现，仍值得怀疑。因此，社交平台能否以对话和协商伦理建构哈贝马斯意义上的公共领域，最根本的，"需要重塑生活世界的合理性，以此建构理性交往和价值共识的社会基础"。

二、协商式民主作为网络公共领域的保证

哈贝马斯实质上希望以"主体—主体"间对话的交往伦理实现"协商式民主"；以协商伦理作为公共领域的保证。协商式民主遵循的是一种程序伦理，其

关键在于，"在商谈和谈判过程中，民主程序通过运用各种交往形式而被建制化，用各种交往形式保证所有按照该程序而得到的结果是合理的"[①]。协商的程序提供一种特殊的自由讨论、沟通的场合和方式；希望通过规范屏障，尽量排除个体社会影响力和身份差异，搁置和排除一切既定的标准、权威和权力，基于完全的信息和平等对话，通过辩论和举证的程序来担保民主的实现。[②]

人的个体受知识、能力的局限，判断问题离不开知识和观点的共享，在这一过程中，协商必不可少。在传统面对面互动中，协商行为不可能脱离既有的社会关系。但在网上，网民的聚合多源于共同兴趣，以及在此基础上的想象和认同。身份角色的虚拟扮演，是一种与现实迥异的、流动的、不确定的角色。网络让群体聚合变得容易，协商也成为可能，但可能性未必会带来协商的民主。碎片化的个体如何共同决定一桩公共事务，基于每个人的利益差异之上，完成共同的利益的协商？依靠空洞的理想的民主程序是不能实现的。

协商式民主一定能促使结果优化吗？桑斯坦在这个问题上站在了哈贝马斯的对立面，他在《信息乌托邦》一书中指出了群体协商的四大问题：第一，协商可能放大群体成员的错误；第二，群体不能充分地获取其成员所拥有的信息；第三，协商遭遇了串联效应（Cascade effect），制造了盲人指路的情况；第四，协商群体显示出了群体极化的趋势，使群体走向极端。协商失败的原因一是来自权威人物的信息强势；二是群体成员面临沉默螺旋的信息压力，强化了排他和盲目自信；三是回音室（Echo chambers）效应，多样化的观点向少数集中，激发观点极化、偏激、过度自信；四是不同阶层间数字鸿沟的存在。总之，也许哈贝马斯设想的协商式民主和"公共领域"离我们依然遥远。

目前，网络空间的非理性交往行动有加剧价值冲突、加重工具理性与价值

---

① ［德］哈贝马斯：《在事实与规范之间》，童世骏译，北京：生活·读书·新知三联书店，2003 年，第 377 页。

② 季卫东：《法律程序的意义》，北京：中国法制出版社，2004 年，第 82 页。

理性失衡的趋势，这也带来了社会疏离、分裂和对抗的危险。显然，互联网需要培育与其交往潜能相适应的对话伦理；网络公共领域的建构需要有基于平等、真诚对话的协商伦理的支持。无论如何，网络交往行为虽是在网络空间的虚拟交往，但仍形塑于人与人之间的对话。人们参与网络交往行动的目标与现实社会一样仍是导向认同的：在虚实相连的生活世界，依靠交往行动实现主体间的相互依存、彼此信任、相互理解和共享知识。网络空间从交往结构上提供给了我们地位平等、机会平等、无强制、自由等机遇，但如何将这些机遇转化为社群协作与和谐、社会平等与团结？我们仍需要藉由以理性参与互动、对话、反思和批判，在此基础上达成理解和共识。我们应该维持乐观，网络交往理性与公共领域的建构虽然是理想的愿望，但绝不会是乌托邦。"愿望的达成和交往、认同危机的缓解，皆有赖于建设一个充盈程序理性、对话伦理的互联网社会。"①

第四节　儒家交往伦理的和谐取向与"仁爱""友善"的网络伦理准则

一、儒学和谐交往伦理与责任伦理、哈贝马斯交往伦理的比较

（一）儒学交往伦理的交往和谐取向主要体现为"仁"

中国儒家伦理哲学用人伦概念规范人与人之间的人际关系。人伦一词意在强调伦理的本质与特性，也是中国文化的特殊概念和精神支柱。许慎的《说文解字》释曰："伦，从人，仑声，辈也。"——"辈"即对人的等级的区分。儒学强调个人"安伦尽分"，在伦中恪守己位，以此维护社会的整体秩序。而"伦

---

① 胡百精、李由君：《互联网与对话伦理》，《当代传播》2015 年第 5 期，第 5 页。

理"是要通过"理"的作用，使伦得以成为主观形态。西方韦伯把伦理划分为责任伦理和信念伦理。他认为责任伦理对应着西方现代社会，而信念伦理对应着中国、印度、西方传统社会。其信念伦理与神秘主义的救赎宗教或出世导向的救赎宗教相结合，很难用来衡量中国社会的伦理。中国传统社会并非严格意义上的信念伦理。儒家没有救赎概念，是一种积极的入世主义，强调积极有为。

关于儒家伦理的普遍准则的论述，构成了儒家的心性之学。孟子心性之学的主要内容是先验性的性善论、四端说。依孟子所言，人生来就有四心[①]，四心是不假思索的直接的良知、良能。人若无恻之心、非人也。君子所性，仁、义、礼、智根于心。此心为道德心，也为人性的本真。孟子强调同理心、怜悯、同情他人等情感，也是用来说明善是人内在固有的本性。先验的善可以通过人的心理、情感得以确认和证实，因此人性本善。

而在孔子那里，伦理的核心是仁，仁是性善的体现。徐复观认为"孔子把性与天命连在一起，性自然是善的。善的究极便是仁，仁是对于人之所以为人的最根本的规定，亦即认为仁是作为生命根源的人性"。[②]仁是性具有义理、道德意义的关键。但是，仁和性、天道相比，仁不是先验的，而是自己所能把握的。"我欲仁，斯仁至矣"，因此，仁是一种情感，是一种浑论、超越和普遍的道德情感，是人之为人的关键。[③]

相对于责任伦理的成就取向和交往伦理的理解取向，儒家交往伦理呈现出和谐取向的特征，其和谐取向也应该体现在其普遍准则性、仁，主要是仁的和谐取向之上。

"仁"是儒家伦理思想的核心，儒家对于"仁"的阐释有诸多内容："仁者爱人""己所不欲，勿施于人"等。从造字法而言，"仁"字为单人旁，说明

① 即恻隐之心、羞恶之心、辞让之心和是非之心。
② 徐复观：《中国人性论史》先秦篇，上海：上海三联书店，2001 年，第 87 页。
③ 牟宗三：《心体与性体》上册，上海：上海古籍出版社，1999 年，第 108—109 页。

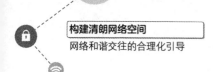
"仁"的成立与人的主体性息息相关。"仁者人也"，要达到"仁"，就要有高度的自觉性，要认识自身，修养自身。同时，"仁"的右半部分为"二"，似乎也有意指两人之间关系的协调，并由此扩展到对人（个体）与社会（群体）之类问题的思考。仁的交往关系和谐取向包括三个层次：身心和谐、人际和谐和人与自然的和谐。

人的身心和谐主要体现在"仁"之中。仁与内心情感直接相连。"巧言令色、鲜矣仁"，"刚、毅、木、讷，近仁"，可见仁不等于外在的具体的才能和品德，而应该是内在身心结构。"仁"的道德感是一种自我身心和谐的状态，是内化的心理结构。实现"仁"的自身和谐，才能实现人际关系的和谐，以及人与自然的和谐。

仁集中体现为交往主体的个人身心和谐，又推及人际和谐。既体现在亲人、朋友之间的关系和谐，又体现在客观世界一般意义上的"人—我"之间的关系和谐。从仁的角度来说，孔子的论述也很多。基本的是"仁即爱人"，爱人是基本要求，也是一个总体要求。仁与孝悌、忠恕联系起来，实现爱人。但仁绝不仅以孝悌为仁，其必须无蔽昧地行之于他人，必须做到由近及远、推己及人。这就是忠恕之道。如积极地"己欲立而立人，己欲达而达人"，如消极的"己所不欲，勿施于人"。

无论是仁的总体定义、基本定义，抑或造字法的"仁"的本义、仁之发端处，或者仁的推己及人，最大的出发点就是要实现人际关系的和谐。"爱人"——从仁出发的爱人之道，忠恕之道，是实现人际和谐的总原则，拥有仁爱之心才能去"爱人"，秉持忠恕之道，在待人接物中才能实现人际和谐。

（二）多元伦理取向的简要比较

儒家伦理和哈氏的交往伦理间存在许多共同点，二者都偏向于主观伦理，也都是相对的普遍伦理。

儒家伦理与交往伦理的相近性之一体现在，和谐取向的儒家伦理也具备交往伦理的特质与资源，如其仁爱、友善等，可以说是交往理性条件四大宣称如可领会、真实、真诚和正当的实现基础条件。

另一相似性体现在二者产生和运用的背景中。交往伦理的应用环境是现实生活世界，尤其是作为主要部分的被规范的世界，交往伦理带有强烈的规范性和应用性。而和谐取向的儒家思想背景中，也具有强烈的规范知识（此处指以仁为基础的普遍伦理），和规范性的社会世界紧密关联。正如孔子认为，"仁"的提出不是为了批判礼崩乐坏的局面，而是为了改变，为了解决礼的倒塌，即为礼的重建提供基础的道德准则。对此也有学者指出，规范性的社会世界是中国古代伦理的基本出发点，也是其基本内容之一。与交往伦理身处的规范世界相同，和谐取向的儒家伦理也为交往伦理提供了借鉴和资源。

当然，特质与背景的相似并不代表理解取向的交往伦理与和谐取向的儒家伦理就是相同的或相融的。而这面临的背景都是规范性世界，但规范世界的性质完全不同。儒家的规范立足于情感基础之上，包括对"仁"的普遍伦理规范和对"礼"的具体伦理规范。这些对于规范世界的准则和要求，都是通过移情的方式体现出来，并未经过严格的逻辑验证。而交往伦理的主要特征就是强调语言的规范与恪守准则，其规范的普遍性依赖语言基础的达成，通过语言交往而达成共识。这一流程和特质体现在通过论证获得规范共识，其遵守的是程序形式主义。即哈贝马斯所言，儒家伦理的规范知识是习俗规范，交往伦理的规范是一种后习俗规范。

由于哲学文化基础的不同，儒家伦理和责任伦理间存在更多的不同。责任伦理是绝对的普遍伦理，即偏向客观的伦理；而和谐取向的儒家伦理是相对的普遍伦理，偏向于主观伦理。

然而当代新的哲学文化有一个总体趋势，不再是黑白分明的客观性与主观性的对立，而是融合性的。这一融合是绝对与相对、普遍与多元、客观与主观的有机结合，正如哈贝马斯的"共识真理"，"共识"的形成也是一个沟通行动的过程。新的哲学趋势使三种伦理可以和谐地统一于交往行动当中。在新的哲

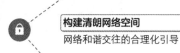
学系统中，成就取向的责任伦理不单单只对结果负责，也会将责任的要求贯穿于整个行动当中。这一思考的立足点在于绝对与相对、普遍与多元、客观与主观的有机结合。行动的过程虽受制于客观规律，具有一定程度的普遍性；但行动的过程中也充满了偶然性，在进行过程时，我们也在进行主观选择。因此复杂多样的偶然性和主观性，决定了行动过程无法只看重结果而不注重过程中的责任。过程虽然孕育着结果，但也在过程进行中编织着行动者之间的关系，过程便统一着关系和结果（强调责任的结果）。

行动者处于过程当中，要与他人建立分工协作。对过程负责，也就是交往者要协调自我与他人的关系，形成和谐的关系，对整个过程负责，将责任伦理贯穿整个过程的始终。此时的责任伦理已然成为一种新的责任伦理，其注重关系（和谐）和责任（后果）的统一。正如汉斯·忧那思（Hans Jonas）所言，旧的责任意识是以个体的行动为导向的，十分聚合；而新的责任模式更注重多元行动者的角色主体，以主体参与的合作活动为导向，是一种发散性的责任意识。旧的责任模式专注结果和过去发生的事情，通常在事情结束后进行责任追究，是一种消极的"事后责任"；而新的责任模式将未来规划的事情作为导向，专注即将发生的或计划的事情，从而进行积极的行为引导，是一种"事先责任"。而合作需要积极的行为引导和融洽的人际关系，也就是"事先责任"。以"事先责任"为引导，要求行动者要精诚相待，秉持谦虚谨慎的态度进行交往合作。这种心态也是和谐取向的儒家伦理所倡导的。

二、和谐交往伦理在网络社会的适用性

我们将儒学和谐交往伦理引入网络社会的伦理合理化，有其现实和理论的必要性；同时，网络社会的结构和社会文化特征也决定了和谐交往伦理在网络社会有合理化的适应性。

人际交往和谐、建设和谐网络社会需要儒学思想、儒学和谐交往伦理的支持。中国传统伦理思想强调高度自觉的主体性道德，以"修身为本"为代表的

道德自律要求主体具备"反求诸己"的精神，这一自律精神也对调节网络空间的人际关系大有裨益。先秦儒家强调修身养性，并提出"格物、致知、诚意、正心、修身、齐家、治国、平天下"的"八目"，[①]这一过程从客观到主观的、贯穿个体全部的成长线，儒学中对个体崇高心灵和光辉价值的要求也皆体现在此。正如第一届诺贝尔奖获得者国际大会上，瑞典科学家汉尼斯·阿尔文（Hannes Olof Gösta Alfvén）所言，"如果人类要在 21 世纪生存下去，必须回到 2500 多年前，去汲取孔子的智慧"。儒家思想在如今也并未过时。它所要求的君子修养之道，具备深厚的思想关怀和人文意识，在信息时代的今天依然闪耀着光辉。儒家传统伦理思想中提倡的仁爱、友善、忠恕、慎独等交往准则，对于网络伦理构建具有重要的意义。

儒学和谐交往伦理是责任伦理和对话伦理的资源、补充和融合对象。上述我们简要地将和谐交往伦理和成就取向的责任伦理，以及理解取向的交往伦理进行比较。这种比较是为了理解不同伦理取向的专注方向，也是为了从和谐交往伦理与另两种伦理联系的角度，对和谐取向的交往伦理的意义进行论述。可以简单概括为是对另两类交往伦理的补充，体现在：一是和谐取向的交往伦理可以作为理解取向的交往伦理之资源；二是可以作为交往伦理和责任伦理的补充；三是和谐取向的儒家伦理在当代文化背景下与责任伦理、交往伦理的融合。

网络空间以个体为交流主体，且营造了复制人们现实生活的交往情境，有助于精神资源的复兴，为交往伦理向网络世界的延伸提供了神圣的实体性价值资源。正如马克思所言的交往（精神交流），作为伦理本性的精神，在伦理建构中有举足轻重的核心价值。言语是一种移情式、参与式的构型，它能将人类情感内化其中。这种情感特质，使言语得以培育出以爱为内容的精神价值。网络

---

① 陆自荣：《儒学和谐合理性：兼与工具合理性、交往合理性比较》，北京：中国社会科学出版社，2007 年，第 219 页。

空间交往伦理的失范，一个方面即根源于精神资源的匮乏。但社会网络的交流符号形式从文字、语音到视频的发展，交流场景建构越来接近于"现实"，并正在复制人们的日常交往情境。因此，可以说随着网络社会的进一步发展，其交往伦理的构建更真实和具有丰富的精神价值资源。

社会网络以个体、圈群为节点构成的网链式结构，形成新的社会交往关系，如与现实生活中不同的封闭的圈群、开放的社区、松散脆弱的人缘和人脉关系。一方面在解构传统的关系伦理，另一方面又在建构新的关系伦理。如"家"的概念模糊，现实社区影响因素缺失、人际关系的淡化，但这也激发了他们"在网络族群中追寻记忆和愿景"，①重温失去的亲密。因此，他们又重聚在以兴趣、观念、利益等新建的圈群关系中，获得亲近、情感关照和认同。在新的族群中，寻求一种无长幼尊卑的同辈情感分享，无等级秩序的平等交流，无权威说教的信息互通。或者，在网络虚拟社区中交流和交际，表达和宣泄；创造一种约束模糊的非正统认同和边缘文化。

因此，从重构关系结构的意义而言，网络社会已成为一种新的人类生存的社会样态，其社会网络结构与中国传统"家—国—天下"的伦理结构具有一定相似性。它也表现出波纹型扩散样态和由亲及疏的差序格局；其结构本质不变，只是这种格局又具有新的特征。"家—国—天下"以个人及其家庭为中心向外扩散。社会网络是一种"链"式结构，有着类似的扩散样态：以个体和圈群为中心，凭借个体、群体相互间的复杂关系链条，急速向外延展。

在"家—国—天下"的中国智慧中，波纹的远近标志着社会关系的亲疏。处于波纹中心的是亲密关系，靠近波纹的则是较为熟悉的亲近关系，而处于波纹外圈的，则代表越来越疏远甚至陌生的关系。尼古拉斯·克里斯塔基斯（Nicholas Christakis）和詹姆斯·富勒（James H. Fowler）指出，在社会关系网

---

① 李振跃：《构建和谐网络族群文化的规则意识与可能路径》,《学术研究》2015 年第 6 期，第 36 页。

络中也存在关系的亲疏差别，遵循了"三度影响力原则"：三度影响力范围之内的人们关系亲密度较高，处于强关系的连接状态；而三度影响力之外的关系亲密度则逐渐降低，人际关系变成了一种"弱连接"。这种相似结构，也是儒家伦理在网络社会的基础条件；儒学和谐交往伦理在网络空间也因此有了适用性。

另外，一些学者在技术伦理的角度，在网络社会的数据化层面理解儒家交往伦理在网络社会迎来的机会。熟人社会的消解，造成了儒家伦理的现代困境。但一个新型的熟人社会正在网络社会生成。网络的大数据化，带来数据的世界、生活智能、社会开放三大趋势，并在更广深的层次上重建了熟人社会。而人类的大数据生活和隐私保护，均需要有基本的伦理法则。他认为，大数据的逻辑主义与儒家的情感本位看起来似乎水火不容，实际上却是一种互补的关系——儒家的情感立场让大数据得以健康成长，大数据的发展让儒家获得现代性。[1] 因此可以说，"儒家伦理迎来复兴的契机"。[2] 在以大数据为基础的新型熟人社会中，"修身与诚信将成为生存的法则，'发乎情'与'止乎礼'将成为社会交往的基本准则，而忠恕之道和'亲亲互隐'则必将成为隐私保护的伦理基础"。

网络社会还在进一步完善、整合与超越，但社会网络的网链式关系结构、以言语内化情感构建的精神资源以及数字技术的支持，均为网络提供了一种交往伦理建构的可能突破口。网络社会交往伦理的建构，一方面，我们需要在虚拟与现实生活世界的深度互动中，培育和丰富社会网络中的实体性价值资源，使网络交往伦理建构获得基础保证。另一方面，我们需要从中国传统儒家中挖掘伦理资源，让网络交往伦理建构走出悖论困境。"家—国—天下"的中国智慧应当被源源不断地注入社会网络的结构中，由"家"出发，并在"推己及人"的心意感通机制下，确立个体与个体之间的良好关系链条，并逐渐向外层扩散。

---

[1] 陈迎年：《大数据·存在论·儒学现代性》，《周易研究》2014 年第 4 期，第 89 页。
[2] 陈代波：《大数据时代与儒家伦理的复兴》，《周易研究》2014 年第 4 期，第 78 页。

三、网络人际交往的"仁爱""友善"与伦理行动准则

网络中传统道德舆论难以企及特定的交往个体，法律的滞后导致事实上的无能为力，对话理性交往的规范程序在非理性的交互场域也有局限性。当外在"他律"和监督机制难以建立或发挥作用时，我们只能强调网络交往主体的主体道德自律和人文精神修养，并在推崇儒家传统文化的"仁爱""友善"境界中，寻找网络交往伦理的合理化，网络人际交往的行动伦理准则。

（一）怀仁爱之心，推己及人

孔子的"仁者，爱人"是一种发自个体内心的善意。善意内在于个体内心，不以外在的交往对象变换和交往情境转移而削弱。一个有修养有仁的品格之人，无论身处何种交流情境，首先都应心怀对他人的善意。基于内心的善意，孔子再推及"夫仁者，己欲立而立人，己欲达而达人"。圣人难及，但我们可以追求成为仁者，修养身心，即做到"克己""修己""成己"；怀有公正仁爱之心，才可以推己及人，做到爱人。

网络交往人文价值的提升在呼唤网民的"仁爱"精神。网络社会需要人文精神的滋养才能健康发展；网络交往需要有人文精神的个体。无论在现实还是网络世界，人均是肉体和精神的共在。人的精神具有自己的内在尺度，要在有限的生命中，追求生存的理想和价值意义，保持人自身的独立性和尊严。否则，精神迷失在网络中，人也只会是一个缺乏灵魂、无意义的躯体，空虚、淡漠感与绝望感会随之而来。[①]

心怀仁爱，才能减轻和消弭网络中不可避免的各种冲突和对立，维护和谐交往场景，尽可能达成事实和价值认同。

---

① 程兆燕：《键盘上的"慎独"与"仁爱"——论儒家修身思想对网络伦理构建的启示》，《甘肃理论学刊》2011 年第 4 期，第 39—42 页。

人与人之间"仁爱"是相互促成的，爱人即爱己，尊人即尊己。我们要有清醒认知，"暴民""哄客"某一天也会被他人网暴、围观；希望有良好的信息环境，就不要向他人发送病毒和不良信息。维护网络空间平和、和谐和仁爱的氛围，只能有赖于网民群体自身的努力，其外别无他途。总之，仁爱是在个体享受网络的自由、便利的同时，又具有将他人、人类的苦乐放在心上的自觉和深层意识；如此人类才会变得成熟、健康和充满阳光。相反，人类就会在彼此敌视冷漠中，在网络的价值平面中滑行，而丧失人类丰富的可能性。①

（二）网络友善的起点：关怀与宽容他者

友善是中国传统并延续至今的道德范畴，一直在维护着传统社会的和谐稳定。《说文解字》训"友"之本义为"佑助"②。孟子曰"出入相友，守望相助，疾病相扶持"(《孟子·滕文公上》)。现代汉语之言"友"，也是人际互动中守望相助之意。古文"善"从吉，即"美好"，含吉、祥、美、义。③总之，"友善"意为二人之间相互佑助、和善交好的谐睦氛围。

儒家主张的"推己及人""推人及物"以及"亲亲、仁爱、爱物"是"友善"的基础体现，孟子在此基础上将"友善"延伸到"民胞物与"的"仁者与天地万物为一体"的至高境界。在中国传统的人际交往概念中，"善"是根本的交往原则，孔子多次提到"择其善者而从之，其不善者而改之"，择善而交，择善而学，也是对"善"的追逐。除了批判"不善"，孔子和孟子还痛斥伪善，将巧言令色、利口无信的人称为"乡愿""德之贼"。

现代社会基于"熟人、亲缘和地缘"的友善也部分失去了社会基础，人际间友善非升反退，似乎愈加冷漠。许多学者认为，生活世界人的异化、人伦扭

---

① 倪志娟：《对虚拟生存的哲学思考》，《学术论坛》2002 年第 3 期，第 34 页。
② 刘翔：《中国传统价值观诠释学》，上海：上海三联书店，1996 年，第 134 页。
③ ［汉］许慎：《说文解字注》，［清］段玉裁注，许惟贤整理，南京：凤凰出版社，2007 年，第 183 页。

曲失序、生存压力与激烈竞争等引发人的戾气重是造成这种现象的主因。中国社会需要和谐、友善、协作的社会氛围。党的十八大即把友善作为社会主义核心价值观之公民层面的价值准则之一，大力倡导推行。总之，"友善是爱的外化和拓展，是构建社会成员之间和谐关系的道德纽带，也是维护社会秩序、维系社会和谐的伦理基础"[①]，更是国家长治久安的重要保障。邹小华、梁慧提出："交往空间及其变迁会影响人们的感受与情绪，进而影响社会友善之生成。反之，社会友善又对交往空间具有形塑作用。"二者呈现为矛盾运动、相互建构的关系。[②] 网络友善是个关系与情感范畴，通过网络人际交往呈现出来。为友善之网络社会的形成，他提出构建平和、理性网络对话空间，加快多元自律机制建设等主张。

学者们多从以下方面来总结网络人际友善状况不乐观的原因。从现实社会环境而言，现实社会结构性矛盾冲突和媒体失责是根源。从网络社会运行机制来看，身体缺场、集体狂欢和信息茧房各起到生发、扩大和极化的作用。从交往关系而言，总体上网络交往是一种基于陌生性的人际交往，尤其是弱关系具有不确定性和脆弱性。下面再着重从网络交往新文化的形式和特征方面，讨论友善缺失的推动因素。

在文化方面，吴文君提出掣肘网络人际友善实现的文化软肋，是"关系本位的制约、圣贤人格的膨胀、不良亚文化的流行"。[③]

首先，受中国传统关系本位的制约，网上友善难以向陌生的关联人推及。网络帮助个体与陌生人建立了"共同在场"、但又实质交流不在场的不确定和脆弱的关系。友善与否，实质主要对这种陌生关系而言。中国人际交往的传统关

---

① 李建华：《友善何以成为一种核心价值观》，《伦理学研究》2013 年第 2 期，第 1—3 页。

② 邹小华、梁慧：《社会友善与交往空间的良性构建》，《江西师范大学学报（哲学社会科学版）》2023 年第 3 期，第 43 页。

③ 吴文君：《网络人际友善研究》，硕士学位论文，华东师范大学，2019 年，第 35—38 页。

系本位，即对亲近的人友善，对陌生人凉薄、寡淡，必然延续至网络社会。网上的他人被视作与"我"无关的"他者"，也就难以激发出同理心和关怀之情；真实身份和信息交流的不畅通，使陌生人间更难以换位思考、将心比心。

其次，中国传统文化有着几千年的"内圣外王""以德立人极"的德治观念。在此熏染下，面对网络环境的不如意，一些人的圣贤人格不加约束地膨胀起来。"道德批判成为一切批判的前奏。"①网络的自由环境让泛道德批判更为泛滥和严重。一些网民立足于道德和高尚的神坛，以言论自由为招幌，将批判、敌对、指责当成对话本身的目标，以"道德"作为批评武器，就一切或大或小的事务，无区别地展开言论攻击。有时候，一些道德批判上升为党同伐异的文字狱，或实质就是宣泄一己私愤的任意辱骂。网络上人际关系紧张对立，人际友善环境严重恶化。

最后，网络不良与恶俗亚文化的流行，加速了友善交往环境的恶化。网络已成为多元亚文化并存之地。社交平台上建构的传统或新兴的一些交往场景，如知乎平台、小红书、短视频平台等，再如评论、跟帖、弹幕等多种表达方式，均可以成为各类亚文化生成和表演的舞台。其中除了人肉搜索、围观等之外，羞辱文化、吐槽文化、恶搞文化、贱文化等亚文化，往往包含着不良甚或恶俗的成分。作为一种文化现象，有些亚文化隐藏着不友善成分，不经深入分析难以察觉。比如，吐槽的盛行形成了一幅集体吐槽的网络景观，其对社会阴暗面、社会不公等的过度聚焦，以及对此的集体诙谐、幽默式批评，成为人们友善交往的阻碍。而后现代式恶搞，反叛一切正统和权威，表达多通俗、恶俗，对个体和社会缺乏善意。如贱文化隐含着社会不平等。再如弹幕伴随视频网站而兴起，但其中的内容并不都是肯定、赞美或善意的批评以求同存异，也充斥着许多非理性的污辱和谩骂话语。总之，种种亚文化中包含的不

---

① 冯茜：《泛道德化批判之思：道德的越位与复位》，《南京师大学报（社会科学版）》2018 年第 2 期，第 24 页。

良成分或恶俗亚文化的大行其道，加速了友善观的失落，也恶化了网络交往环境。

在交往关系的语境中，网络交往可认为是一种基于"陌生性"的"我—他"交往，关系脆弱、随意，交流缺乏真情实感。交往双方虽同处一个场景，虽隔着屏幕却似近在咫尺，但又有难以克服的距离和隔阂。陌生感是双方均能体会到的，相互的陌生感、对立和排他均难以磨合。

因此，网络交往双方应该克服"自我中心"意识，自觉关怀他者、宽容他者。这种对他者的关怀、宽容，可以说是网络人际友善的起点。关怀首先体现为平等和尊重。网络理论上是平权媒介，但这种平权无涉身份和地位，只是人格、言语表达机会权利方面的。没有平等的对话意识，其他的也无从谈起，如相互对他人应有权利报以尊重，包括对他人言论自由权、隐私权等个人权利的尊重。

相互宽容，包括对交往对象能够包容、宽恕和容忍，也是网络人际友善的主要内容之一。一些网民沉溺于成为虚幻的网上话语巨人和英雄，享受肤浅的一点流量和影响，却缺乏一点宽容、容忍之心。当网暴恶果出现时，表达自由、维护自由，是他们"政治正确式"的辩词。技术和法律"无能"是他们规避惩罚的盾牌。但是，表达自由不是习惯性的一吐为快，口无遮拦。网络可能让我们产生错觉，即网络是以自我为中心的。哈贝马斯曾说过："所谓包容他者，实际上是说共同体对所有人都是开放的，包括对那些陌生的人或想保持陌生的人。"[①] 这是他对交往理性话语权的开放包容所言的。宽容实质是对个体之间差异性的容忍，包括太多方面。如个体之间的利益、个人状况、参与交往动机能力、价值观等，这些无不是有差异甚至有冲突的。没有宽容，异质性对人际间隔阂只能被无限放大。

---

① ［德］尤尔根·哈贝马斯：《包容他者》，曹卫东译，上海：上海人民出版社，2002年，第1—2页。

（三）网络交往"仁爱""友善"的伦理行动准则

上述已说明，多数学者是在哈贝马斯交往理性框架内寻找网络交往伦理合理化路径的，但哈贝马斯的交往理性是规范程序伦理，是路线图而非行动准则。儒家交往伦理是实质伦理，其伦理合理化路径和相应的行动准则，可以为交往行动者提供有效的指导和约束。本书以为，中国传统儒学的"仁爱""友善"也理应作为网络交往伦理合理化的基础路径。基于此观点，并结合其他伦理取向，初步提出以下十条伦理行动准则：

第一，以仁爱友善之心、平和心态参与网络交流；坚守话语自律。对参与网络交往的个体而言，首先是对自己的言语、互动行为负责；作恶可能躲过现实的惩罚，但没法躲避良心的责问。

第二，勿沉迷于网络交流，警惕过度连接，"重拾现实交谈"。网络世界不是现实世界，虚拟现实不能等同于真正现实，人们"仍需要具身的交往行为与真实共在的情感体验"。[1]"当过度连接成为个体不能承受之重时，基于某些情境的适度不连接或'反连接'思维变得必要，也可能成为互联网未来发展中的另一种法则。"[2]而重拾现实场景的交谈与互动，或许能成为人们抵抗过度联结、释放精神倦怠的路径选择和伦理调适。

第三，交流中学会倾听。尊重他者首先需要做到耐心、认真倾听。碎片化、标题式、搜索式、跳跃式、图像短视频等网络话语表达方式和交流形式，在当下已成为常态。此时，耐心倾听显得尤为奢侈。倾听是相互的，有相互倾听才有后续的对话、交流和理解。否则，他者的话语和想法在碎片中遭到解构，误会、矛盾和冲突也必然产生。

第四，遏制自己暴戾的心态和行为的蔓延；不漠视他人的价值，不消费、

---

[1] ［美］雪莉·特克尔著：《重拾交谈》，王晋等译，北京：中信出版集团，2017年，第406—407页。

[2] 彭兰：《连接与反连接：互联网法则的摇摆》，《国际新闻界》2019年第2期，第21页。

践踏别人的尊严。反对魔鬼，不要把自己异化成另一个网上的魔鬼。每个人都需要自律和自省，社会环境或个人的缺憾和错误，不能成为我们在网络上寻找替罪羊和宣泄工具的借口。一不小心，我们即可能陷入集体讨伐他人的怪圈之中，在其中，扭曲了正义观和是非观。

第五，抛弃玩世不恭的荒诞的人生态度；克制自己猎奇、窥视、宣泄、暴戾的私欲；端正价值观和是非观。个体心态的扭曲和一点不良动机，放置于网络群体中，会引发放大的后果；最终可能导致认同割裂、信任崩塌、社会沉沦的恶果，并反噬我们每个人自身。

第六，控制情绪情感和压抑冲动。表达中压抑自己的情绪情感，当感性控制了理性时，人们会沦为情绪情感的奴隶。不吝啬于对他人表达积极情感、善意。要意识到，在群体中，非理性和情感极化表达容易"引发更进一步的网络群体行为的动员、响应、互动以及涌现"[1]。

第七，警惕被有心之人带"节奏"，成为事实上的网络"暴民""哄客"等。更不能心怀不良和恶意；毕竟不能否认一些"网络暴民"是主观恶意的。

第八，重视容忍。我们过分强调了自己积极的自由，却直接或间接、有意或无意地伤害了他人的自由。无论如何，不能损害别人的自由；更不能以伤害别人为代价，来维护自己追求的所谓正义和高尚。我们誓死捍卫别人说话和参与协同的权利；享受技术进步，但也不能停止对自己内心的审视和人性的拷问。

第九，"发乎情"而"止乎礼"，有理性有能力表达自己的立场和观点，倡导正常讨论和论争。论争应当建立在有理有据的基础之上。观点的碰撞不一定是火星四溅的，它也可以是一场头脑风暴，发挥出发扬民智，促进社会公共事务发展的正向作用。

第十，对自己的社会身份和职业负责，对自己的特定行动伦理负责。我们

---

[1] 戴海容：《社会冲突视野下网络群体行为分析》，《学术探索》2013 年第 10 期，第 110 页。

当然可以将网络交往视为能够抵达生活目标、实现价值和现实成就、利益的途径，但仍不能工具理性至上，不能失去对人生价值和意义的追求，理应担负起符合自己身份、职业的责任伦理。

总之，道德最本质的特征是道德主体的自律。网络交往行为主体需要牢记自己身处虚实相融的社会中，应具备相应的责任和道德规范，心怀"仁爱"友善精神，牢记并积极实践网络交往合理化的伦理准则。这样，我们才能在内心为自己赢得更多真正的平和与自由，才能无愧于一个公民建设和谐社会的义务和责任。

网络伦理的建构要力图调和各种矛盾，在人的意识行为之间建立一种制约机制。多元的价值冲突不可避免，其来自网络赋予人们的各种权利的矛盾，如个体间利益调配矛盾，个人权利与社会正当需要的不调和，技术权力对个人权利的压制等。网络作为一个数字社会，也赋予了人们另一种想象的权力，每个人都存在对虚拟生活的崇拜。[1]但这种崇拜应当止于想象，而不应当转变为对不受约束和绝对自由的崇拜。

综合本章前文的分析，本书提出，建构网络交往伦理时，我们应该遵守以下原则：

一是网络社会需要建设与其交往潜能相适应的对话伦理；培育对话的程序伦理和实质伦理，并使两者相得益彰。[2]

学者们多强调网络交往应遵循程序伦理的原则，通过参与者的对话来实现认同，通过协商来达成共识。这种选择是源于网络生态构成的特殊、交往形态的复杂、价值冲突的多元和激烈。硬性的技术、法律的管制可能难以适用于这种环境。当然，有人会质疑儒学和谐交往伦理等实质伦理的适用性，也是因为

---

[1] Jordan T.: Cyberpower: The Culture and Politics of Cyberspace and the Internet, Routledge, 1999, 31（3）, p.208.

[2] 胡百精、李由君：《互联网与对话伦理》，《当代传播》2015年第5期，第6页。

网络上价值多元主义取代了传统单一的价值判断。多元价值冲突的爆发，使很多原本"普遍的、先在的和确定不移的"的价值变得不再确定，这就使得民众难以就实质正义的内涵和标准达成一致。

胡百精虽然极力推崇哈贝马斯提供的程序伦理，强调网络交往和公共讨论的对话伦理要对其加以借鉴，但也在呼唤用导向"善"的对话的实质伦理加以补充和拓展。对此，他结合公共关系领域相对较为丰富的对话伦理资源加以说明。如同样作为一种沟通，公关在伦理道德上所主张的规范都指向了说服、对话实质性道德规训；且已结合实质伦理标准，提出了一套融合性、包含三个层次、包含事实和价值两个维度的伦理原则。他提出了二维融合性伦理准则："在程序之维，它相信对话的力量，主张主体间性和交往理性，致力于营造平等、免除强制的理想言说情境，坚持可理解性、真实性、正当性和真诚性等有效表达原则；在实质之维，它强调在对话中成就自我、互蒙其惠、促进公共利益和公共之善，致力于事实和价值两个维度的利益实现和价值协商。"[①]

与胡百精的融合建构思想相似，在谈论基于正义的互动交往规范时，杨石华也提出建构网络空间中的"非对称性互惠"交往伦理。他认为，这种伦理确立了"集体的政治责任、道德尊重、差异性团结的伦理原则"，建构了有助于减少内部排斥的礼节、修辞、叙事的交往方式。因此它既适用于政府与民众之间的沟通实践，也适用于网络空间中的日常交往实践。本书也认为，网络空间中的互动规范的建构，依赖基于个人的义务责任的伦理资源可能缺乏规范约束力，基于真诚对话理解的伦理资源可能流于理想化，因此，可以借鉴和整合其他更多元的伦理资源，如"进一步整合社会契约论、美德论等西方伦理学以及中国传统的'情理交往'等理论资源进行补充与完善"。[②]

---

① 胡百精、李由君：《互联网与对话伦理》，《当代传播》2015 年第 5 期，第 11 页。
② 杨石华：《正义的礼物——网络空间中的"非对称性互惠"交往伦理》，《道德与文明》2020 年第 4 期，第 144—152 页。

中国传统儒学交往与和谐伦理及其情理交融的原则，对网络交往伦理构建是一个有效的补充资源。也可以说，中国传统儒学的仁爱友善观，是可以作为网络交往伦理的合理化的基础路径，其行动准则也是对哈贝马斯交往伦理合理化的一种准则落地。它是以个人身心和谐作为人际和谐基础的思想，爱人和己所不欲、勿施于人的怜悯之心，宽容、宽厚的忠恕之道，无疑对网络人际交往有重要的指导意义。中国传统的"情理交往"侧重于情为大、礼为重的交往规范，基于情感的"克己复礼"，调节有效行为主体的交往规范。而"礼"作为儒学交往伦理的有效构成，其价值取向也可以有效抑制"情"的泛滥，从而保障公共交往的有序化和社会和谐化。①基于上述想法，本书在讨论儒学仁爱友善部分，初步提出网络交往的伦理行动准则。

二是应当明确现实社会所应遵循的交往伦理准则同样适用于网络社会。网络社会是现实社会的中介化延伸，独立于社会伦理的网络伦理并不存在。网络改变了人们的交往方式，但并不能撼动既有的社会伦理关系。

三是网络交往伦理的建构应该是建设性和有弹性的，不应该以约束和束缚网络的自由生长为代价去建构网络交往伦理。

网络空间的公正性，不仅应该是网络社群力图维护的基本原则，也应该是网络伦理建构者遵守的基本底线。在这个价值多元的社会，我们只能放弃建立一套准则，一劳永逸解决所有问题、摆脱所有困境的尝试。正如韦伯所坚持的，在我们已经祛魅的现代世界里，"对待生活最可能的态度是相互矛盾的，因此，有关它们的争论根本就不能产生最终的结论"②。同时，我们也要有一个共识，即在网络社会道德准则与规范的产生，由强权自上而下地推广可能注定是徒劳的，

---

① 杨石华：《正义的礼物——网络空间中的"非对称性互惠"交往伦理》，《道德与文明》2020 年第 4 期，第 144—152 页。
② ［英］史蒂文·卢克斯：《道德相对主义》，陈锐译，北京：中国法制出版社，2013年，第 99 页。

而应自下而上地搭建。

网络伦理必须依靠弹性的道德来约束，社会控制的力度需要恰当拿捏。控制过度就会牺牲个人利益，控制过弱则会使个人权利膨胀，导致网络空间失序。问题的关键在于如何进行合理划界，明确网络行为的底线和上限。

四是网络交往伦理建构是个曲折推进的过程。网络交往的伦理共识只能是博弈与交流的产物。人们之所以对网络公共领域的认可分歧较大，是因为一些情况下，人们能够在协商基础上达成对某件事务的共识，并被多数成员认可和执行。但在另一些分歧较大的领域，理性讨论未必能奏效。同时，在事情发展的一个特定阶段，可能分歧较大，难以达成共识；但随着事件的演进、人们互动中认识全面和深刻后，共识即可能达成。对特定的公共事务而言，化解冲突、广泛商议、寻求共识是一个反复论证、曲折推进的过程。同理，网络交往伦理的建构也是在一件件事务，一次次矛盾化解、形成认同和达成共识的过程中，曲折推进而成。从蛮荒到文明，从对抗到和谐，从无序到有序，人类对文明的渴望，网民对群体和谐交往和生存空间的渴求，是推动网络伦理规则建构的根本动力。

总之，人的个体、社会成员以及虚拟成员多重身份，决定了网络交往合理性所应该确立的和谐伦理准则，不仅仅是责任伦理之后果（客观）准则，也不仅是交往伦理之共识真理准则，而应是立足中国文化的"仁"为传统基准，同时结合现实标准。建立于"关系"基础之上的"认同"与"共识"，是网民应普遍持有的交往目标，而"仁爱""友善"与公民责任是交往伦理意识准则。

第五章　网络交往合理化的制度与建设路径

制度是评判合理性的重要维度，以制度为切入口，可以解析不同合理性在制度建设方面的不同体现。本章首先是对社会学理论的概述与讨论，将韦伯倡导的工具合理性、哈贝马斯的交往合理性、儒学凸显的和谐合理性进行简要概括与介绍，并对现代社会"双重不在场"的网络交往现状进行背景介绍。其次，将社会学领域的合理性融入网络社会中进行探讨；将韦伯基于目的合理性的形式法、哈贝马斯基于交往合理性的法治虚拟社会和儒家基于和谐合理性的礼制做合理性比较，就我国现行网络交往规制的进程、现状进行分析，论证和谐合理性的"礼制"思想作为一种有效的合理性方案可供借鉴和参考，强调儒学思想文化在社会主义核心价值观中的普适性。最后，本章试图为社会主义网络交往制度的合理化提出一套较为系统性的建设行动准则与交往行为引导路径。

我们必须对网络交往主体的交往行为进行引导，使其逐渐向和谐合理性靠近；除了提倡网络交往主体在伦理、人格方面对自身的自律之外，还须依靠制度的"他律"，即平台条约、行政规章、法律法规的外部约束。儒家"礼制"除了依靠道德性的自省与自我督促之外，其制度性的规制具备明确的强制性、权威性。现行的网络交往制度存在责任主体不明确、权力作用空间小、规制效果不稳定等问题；相比之下，儒学"礼制"所倡导的"仁""中庸""节制"的和谐合理性给出了一定的解决路径，值得我们参考。

第一节　网络制度合理化及其多元路径

网络技术背景下的网络交往逐步体现出双刃剑的特征，伴随着技术创新与升级，网络交往不可避免产生许多风险效应。在此背景下，网络交往实践呼唤制度合理化对非理性交往行为进行规制与引导；在社会学领域，从韦伯、哈贝马斯与中国传统儒家出发，可以引申出三条不同的合理化路径。

一、网络交往制度的概念界定

（一）网络交往制度概念

"制度"这个概念，到目前为止，社会学家尚未给出一致的定义。现行的定义对制度这一概念进行了多角度的阐释，其中较具影响力的观点如下：凡勃伦（Thorstein Bunde Veblen）视制度为一种习俗，只因习惯化和广泛接受而变得公理化和不可或缺；康芒斯（John Rogers Commons）认为制度是集体行动对个体行动的控制；T. W. 舒尔茨（Theodore William Schultz）则提出，制度是规范人们行为的一系列规则，这些规则涵盖社会、政治及经济行为。这些观点均以文字形式对制度进行了详尽的表述，可视为对制度进行的概念定义。[①]

[①] 崔珍珍：《制度经济学视角下的传媒改革》，《中国集体经济（下半月）》2007 年第 7 期，第 37—38 页。

当进一步将"制度"限定在网络交往的新闻传播学领域进行讨论时，需要对"网络交往制度"这个概念作出界定。中国互联网兴起至今国内学者的相关研究中，对"网络交往制度"的界定常常与互联网规范紧密相连。国内互联网兴起之初，与互联网制度规范相关的独立性、应用性的研究成果即开始出现，如严耕、陆俊、孙伟平等学者的《终极市场——网络经济的来临》《猫与耗子的新游戏——网络犯罪及其治理》《重建巴比伦塔——文化视野中的网络》等。随着技术的高速发展，网络运用过程中凸显的实际问题逐渐涌现，此时学者开始从多学科、多角度来研究探讨网络交往中的人以及人的行为规范问题。迄今，关于这一方面的研究成果有《网络空间的伦理反思》《鼠标下的德性》《网络化的后果》《网络化与当代社会文化》《数字化与人文精神》等。同时，针对网络黑客、网络知识产权保护、网络成瘾等由网络交往引发的具体问题的相关规范、研究开始逐渐出现，如《网络知识产权法》《网络成瘾探析与干预》《多重视域下的第五媒体文化研究》等。①

纵观国内学者的相关研究，尚未对"网络交往制度"作出明确的定义，只是将其作为互联网制度规范的部分进行笼统的讨论与分析，或是罗列具体的法律条文与规范进行解释。结合网络交往所处的复杂网络环境与数字技术背景，本章为"网络交往制度"给出的具体解释是：以网络政策法规、行业规范、平台规范为治理规则，以人工智能技术、互联网技术等为技术保障，针对具体网络交往行为的治理方案。

（二）国内网络交往制度的演变历程

从国际层面来看，网络交往制度的演变整体呈现出由网络自由主义向网络管制主义的转变。早期主导域外互联网治理机制变迁的更多是"无政府主义"；

---

① 李伟：《互联网规范研究的回顾与前瞻》，《重庆工商大学学报（社会科学版）》2018年第 35 期，第 83—89 页。

一些无政府组织在网络交往发展早期起到至关重要的作用，负责制定研发网络交往领域的相关规范规则。随着互联网发展速度的加快，除了非政府组织之外，一部分私人团体、民间组织也参与到这一行动中来。近年来，网络乱象频出，同时，内容生成式人工智能 AIGC（Artificial Intelligence Generated Content）运用逐渐普及。新生的网络实践现实迫使各国对网络交往的管制力度越来越大。因此，越来越多的国家在网络交往治理上，从以市场为主导逐渐向以政府为主导演进。例如，俄罗斯提出"网络主权"倡议；巴西也出台了《互联网宪法》的权利法案；美国倡导"再主权化"，从建章立制的角度考虑，提出互联网的一系列治理规则和规范。[①]

回顾我国网络交往制度的演变历程，可以发现，这一历程往往是与互联网技术的起源发展、网络内容治理、网络平台治理等要素相交织联系的。国内互联网的发展大致可以划分为三个阶段，1994—2003 年为互联网技术的引入时期，各个互联网平台企业在该时期陆续成立，网络交往向综合门户网站平台发展；2003—2013 年基本的网络环境问题得到解决，进入移动通信多媒体时代，Web2.0 推动网络交往主体成为信息的主动创造者和传播者，一系列社交类 App 受到网络交往主体的广泛欢迎。2013 年以后，全面进入移动互联网时代，产业互联网不断拓展，大数据、算法推荐、AIGC 技术不断更新迭代，网络交往活动的主体责任变得更加难以界定，交往行为的管理更具复杂性；网络交往伦理问题频发，网络交往制度亟待更新完善。

总体来说，我国网络交往制度的演变历史可大致分为四个阶段。

第一阶段是在 20 世纪前，我国政府开始出现管网意识，对网络交往活动本身更多是"管理"而非"治理"。以"安全"为核心理念，政府出台了《计算机信息系统安全保护条例》《计算机信息网络国际联网管理暂行规定》等；网络由

[①] 吴方程：《网络信息内容的平台治理研究》，《中共中央党校》2023 年第 3 期，第 132 页。

多个部门分头管理，这个阶段的网络交往制度特征更为严格权威、直接明确。

第二阶段是从 2000 年至 2010 年，这一阶段的管理手段较为单一，由传统的"管理"模式逐渐转向"治理"模式。管理主体上，在国务院新闻办公室下设网络新闻宣传管理局；以管理部门主导网络交往治理，其他部门配合；积极鼓励行业协会和网民等主体在网络交往制度建设中发挥作用，并于 2008 年 4 月"12321"正式成立了网络不良与垃圾信息举报受理中心。同时，推出了覆盖面更为广泛、精细的网络交往领域的法律规定，如《互联网信息服务管理办法》《互联网等信息网络传播视听节目管理办法》《互联网文化管理暂行规定》等。但该阶段对网络交往的治理手段较为单一，比如对所谓低俗视频节目的大量下架，出现了"一刀切""事后管理"的处理方式，引发民众质疑和讨论。

第三阶段是 2011 年至 2013 年，国家互联网信息办公室正式成立，自上而下的网信系统治理作用得到发挥，打造"中央—省—市"网络交往治理体系。该阶段最显著的网络交往政策即确认了"网络实名制"，这是尝试将传统的"事后"管理模式向"事前"实名制治理转变的一大标志。

第四阶段是 2014 年至今，政府开始重视治理能力的提升和治理体系的完善；修正传统的管控思路，以政府为主导，行业协会、平台、网络交往个体共同发力，推动行业自律，开展"净网"行动，出台了《网络安全法》。为了规范不同平台、不同领域的网络交往行为，相关部门制定并实施了《互联网新闻信息服务管理规定》《微博客信息服务管理规定》《区块链信息服务管理规定》和《网络信息内容生态治理规定》等一系列部门规定。同时，随着技术的发展，人工智能和区块链等先进技术也逐渐被应用于网络内容治理中，成为有效的治理手段，进一步提升了网络内容治理的效率和准确性。[1]

---

[1] 包国强、黄诚、倪霜：《网络平台社会责任治理研究综述——历程、问题与展望》，《媒体融合新观察》2020 年第 5 期，第 59—62 页。

二、网络交往的失序表现与制度合理化

（一）网络交往的失序表现

互联网逐步从 Web2.0、Web.3.0 甚至向更为复杂多元的时代发展。发展中的网络、数字技术和各类平台应用软件被广泛运用于各行各业，网络本身的高效、跨时空、使用门槛低、便利等特征逐渐被新时代的人们所认可。近年来，智能技术对数字内容的生产、传播产生了巨大影响；ChatGPT 技术的广泛应用，更促成了生成式人工智能内容生产的全新交往生态。

实际上，由于网络交往参与者去身体和身份的"双重不在场"的特征，在全新的交往生态中，网络交往过程产生了更加难以把控的风险性与不稳定性。现实社会的阶层结构由于网络的匿名被扁平化，参与者不必以真实的社会身份呈现给他人，而承受现实的道德感约束；中介性交往，使得参与者也不必与互动者进行即时的社交接触，进而承受面对面的心理压力。新的交往方式，给人们带来了交往的自由，虚实选择的可能性和随意性；赋予交往参与者进行自我编造、歪曲、虚假陈述甚或完全的欺瞒等的可能性。虚实身份的冲突引发了虚拟社区人际交往之间的各种不和谐现象。

网络结构本身增加了风险的网络渗透性，天然的技术漏洞引发诸多如黑客攻击、隐私泄露、恶意破坏等网络攻击性风险 ①，使网络交往呈现出混沌失序的状态。

其一，网络交往的匿名性引发了集体发言的随意、无责任感，这是因为网络本身的匿名性特征释放了人类本我中的自由、放纵意识。交往行为主体几乎可以出于个人意愿，随心所欲地打造属于个人的虚拟交往空间；并在现实身体不在场的情境下，与他人进行跨时空的互动。网络交往主体常常隐匿其真实身

---

① 张琼引、陈春萍：《论网络交往实名的合理性》，《湖南师范大学社会科学学报》2019年第 3 期，第 23—29 页。

份，以此方式来规避惩戒；此种行为极易引发网络交往更大的潜在风险，即大部分集体失去自我约束力，陷入不负责任的洞坑之中。

其二，网络空间的便利性、高效性重塑了新的网络流动空间，进而引发交往的无序性，社会规范和价值观念也被逐渐消解，这为诸如电信诈骗、网络欺诈等埋下隐患。

其三，网络主体多元化、个性化，网络交往主体个体的异质性等，在虚拟空间里得到充分的表达。但一些过度娱乐化、庸俗化的表达方式充斥在网络空间，部分所谓的"网红"表达形式甚至带有侮辱人格的字眼。现在，这样的表达方式竟已逐渐沦为人们的饭后闲谈。这种现状易造成意识形态的混乱和价值观念的冲突，极易造成价值观的冲突乃至对抗。

近些年，网络暴力引发恶果的社会事例屡见不鲜。例如 2022 年粉色头发女孩被网暴而患抑郁症自杀的案例，无疑给当下网络交往制度提出重大考验。

这名 24 岁的女孩将新染了发型的自己与医院病床上的爷爷的合照发布于社交平台上，本意是庆祝自己考上了研究生开启新生活。她在展示自己积极的生活心态，但却引发了一些网民无休无止的造谣、人肉搜索和网暴。不堪持续的舆论攻击，最终"粉色头发女孩"患上抑郁症，并彻底结束了自己的生命。

追根溯源，这场网暴最早被触发，只是因为"粉色头发"引发了各位看官网友随性随意的点评。"年轻女性""鲜亮颜色""病床老人"，合照体现出的这些标签，本身就更容易引发关注和热议，容易触发传统保守的价值观念。而无论是最初做无意识情绪化评论的网民，还是结构性原因中做目的性点评的网民，在群体激情之中，都失去了理智与判断，陷入某种沉浸状态，进入一场集体无意识的网暴。

在此案例中，面对无休止的网络造谣、恶意评论，如果网络平台依据相关规定，及时做出适时适度的应对和处理；对恶意的造谣账号进行网络平台封号、警告、公示处理；并针对事件发展的趋势进行及时清晰的发声引导。或许能相对控制住事态的发展。

　　AIGC 内容生产方式，或许将会带来新一轮影响颇深的虚假信息传播浪潮。根据 NewsGuard 的研究报告，自 2023 年 5 月以来，全球范围内由人工智能生成的虚假信息呈爆发式增长，内容涵盖政治、社会等多个领域。报告认为，由 AI 生成的虚假信息的泛滥，对社会信息的准确传播构成严重威胁；AI 是下一个大型的"错误信息超级传播者"，由其生成的虚假信息的传播速度和扩散规模，堪称一种新的信息战。[①]

　　国内由 AIGC 生产的网络虚假内容同样屡见不鲜。一开始，是运用了 AI 替换特效的短视频引起全民模仿传播，变成民众茶余饭后的娱乐。而自 2023 年起，由 AI 辅助生成的欺诈信息越来越多。如国内不少父母接到来自自己"儿女"的"电话求救"，对方声称自己正处于危险之中，紧急情况下需要钱财保命救急；而实际情况则是犯罪分子利用 AI 合成的声音，向"父母亲戚"索要钱财诈骗。一开始是模仿声音，后来发展到视频电话 AI 复刻真人的相貌，达到了以假乱真的程度。AIGC 应用于网络交往领域，所引发的虚假欺诈信息传播浪潮，必然会给内容安全治理带来重大课题；网络交往的内容、主体都将陷入识别困难、管理技术难度大的难题之中。

　　自制力、辨别力、判断力都较为欠缺的青少年，在作为网络交往的主体时，极易受到上述那些负面的网络表达方式的严重影响。网络的种种不良行为，损害了青少年身心健康。青少年处在身心尚未健全的时期，其价值观极易被糟粕和负面的信息误导，容易对社会、对人际交往产生错误认知，进而做出危害社会和谐的不当甚或犯罪行为。

　　此外，当前网络交往群体极化现象频发，这种现象与网络主体多元、社会阶层割裂、意见共识难以达成等矛盾分不开。现如今，越来越多的人已将社交

---

① 年度网络内容治理研究课题组：《趋深向实与"国家在场"：2023 年中国网络内容治理报告》，《新闻记者》2024 年第 1 期，第 42—58 页。

网络当作情感释放、情绪宣泄和激情张扬的平台，众多社会矛盾在网络社会中涌现。网络交往主体极易受到群体感染的影响。在感染机制的作用下，个人的情绪宣泄瞬间便能产生强大聚合力，乃至情绪激化进而形成群体极化，严重影响社会秩序的稳定。

（二）制度合理化与建设的必要性

网络空间越来越成为人们交往互动最重要的场域；同时，已有的道德秩序正逐渐被网络技术所消解。网络技术被广泛引用的背景下，现实中的交往被映射到虚拟网络环境中，并与现实交往的边界逐渐模糊。与此同时，网络交往中诸如网络暴力、隐私权侵犯、人肉搜索、污言秽语等诸多偏激、负面情绪化、非理性现象频出。

除了伦理、人格的自律之外，法律法规作为"他律"也可以对网络交往主体失德失格言行的规制起到不可或缺的作用。在网络交往失序的背景下，重新建构合乎现代网络特性的规制的必要性日益凸显。相对应的，合乎现代网络交往生态，合乎现代网络空间秩序重建现实要求的制度建设，也是国家现代化治理的重要部分。

法治所具有的社会价值归根到底都必须通过对现实的人施加影响才能实现。在个人层面，法制是推动个人自我完善与发展的一种重要的现实性与制度性力量，也是指引个人向理性自我复归的一种现实性力量。法律作为对社会主体发挥作用的"他律"形态，其创制与运用体现了浓厚的现实关怀。它以理性作为价值基础，承载了人对理性价值的追求，成为规范社会主体行为的一个重要规范体系。在此基础上，法治还是一种彰显个体主体价值的制度性力量。其本质就是要通过制度设计与应用，来确证社会主流价值观念，并借此形成合理合法的交往规则，目的是实现个体从失谐社会关系中的解放，从而凸显其主体性价值。网络空间中，虚拟交往环境极易削弱个体的道德压力感，让个体不自觉失去道德约束，使其发生观点表达失范，甚至恶性话语对峙等行为。在此环境中，

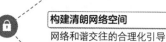

大批不明真相的围观者也容易被非理性思想裹挟其中，结果常常导致网络空间中良性道德秩序的消失。①

网络交往制度合理化的建设有别于单纯的"道德治理"。如今社会上有一大流派，仍然寄希望于依靠单方面的道德治理来引导和说服对峙的非理性双方，从而实现网络空间的良性治理。也有一些观点认为，虽说网络空间的道德秩序"自律"形式至关重要、不可或缺，但从现实性视角考量，当良性网络空间道德秩序还未形成时，网络空间道德建设更需要法治力量产出，才能确证并凸显价值共识。其理由如下：

一是法律制度推动了个体德性的形成，并为网络空间道德秩序的构建提供了人之本性的要素。而负载社会价值共识的法治，能够通过制度设计与应用持久、强制性地指导个体的网络道德实践，使之逐步形成道德行为习惯，并产生坚实的德性。

二是法律、制度等凭借其强制性与公信力对不正当言行的惩处，为网络空间道德秩序的构建提供了权威性因素。现实网络社会存在的"弱后果性"道德谴责，非但没有在提高公共道德的威信方面体现出明显的有效性，反而还导致了民众在评价交往对峙、社会公共事件时，出现了普遍的"道德懈怠"；并最终发展成为一种消极的"泛道德化"的批评现象。弱后果性的道德谴责实质上是"治标不治本"的，甚至连"治标"这一功效也没达到。泛道德化的批判现象往往导致的也只是类似于"道德绑架式"的谴责、劝服，而对事发当事人的情绪安抚、事后追惩与反思，并未起切实的、实质性的推动作用。与此效果相反的是，惩罚制度占据重要部分的制度约束，在本质上是一种强制的、权威的、否定性价值。

除此之外，网络空间道德秩序的构建，网络交往制度的合理化为其提供了

---

① 崔聪：《论网络空间道德秩序构建的法治保障》，《思想理论教育》2021 年第 1 期，第 21—22 页。

现实性因素。正如黑格尔所认为的那样,"需要通过建构对象化的道德秩序以保障具体善的现实性"。①网络深刻改变了人类的资源占有方式和财富生产方式。网络交往主体出于开展个性化、多样化网络交往的"利益考量",其交往开始表现为对流量的追逐。而制度的形式,是在确证、维护和规制个人对物质利益的非理性追求;或者说,法律、规章等制度规制的核心,正是以"法治"的形式回应了非理性的利益诉求。

由此,网络交往的良好秩序的打造依然需要网络交往制度合理化建设作支撑,从而营造一个和谐有序、清朗正气的网络空间。

三、理论基础:交往制度合理化路径的多元比较

(一)韦伯目的合理性路径的讨论

在社会学研究领域中,韦伯提出目的合理性的形式法的具体释义,是以明晰的规章条文、体系化的制度来约束交往言行,并对交往行为的全过程都存在规制,如事前预防、事中监督、事后救济与追惩。韦伯目的合理性要求下的治理形式法是成就和效率取向的,即成就与效率构成了治理形式法的行动起点。在韦伯看来,要确保成效的取得,或者要让行动取得更大的效益,就需要从社会制度的层面上建立与之相适应的制度。目的合理性的成就和效率取向是建立刚性的制度体系的原因。形式法本身遵循可预测性、普遍性原则,事件的发展过程和结果都应在普遍性原则的指导和控制下,并先于发展之前进行预测和计算。②这样才可由其程序上的有效性保障结果的有效性按预期的实现,从而实现由其程序上的普遍有效性保证其结果的普遍有效性。

---

① [德]黑格尔:《法哲学原理》,范扬、张启泰译,北京:新华出版社,2013年,第10页。
② 陆自荣、李向平:《哈贝马斯与韦伯合理化理论之比较》,《中国青年政治学院学报》2004年第2期,第78页。

在现代社会中，目的合理性与形式理性的冲突导致了法律制度的理性化困境。韦伯的逻辑形式理性法的构建或法律的理性化是建立在摆脱实质理性化或伦理理性化的束缚之上的。它为人们提供了一个独立的、自我约束的、不受道德伦理约束的行为准则系统，从而提高了人们生活的可预测性，也有助于实现形式平等。同时，在社会实践中，形式理性与实质理性的冲突导致了法律体系内的矛盾运动。然而，随着形式理性和实质理性的分离，逻辑形式理性法所面临的一系列问题也随之浮现。

（二）哈贝马斯交往合理性的讨论

哈贝马斯主张，言语互动的意图在于获取对方的理解和认同，然而这种理解和认同并非偶然，而是必须遵循特定的规范条件方可获得。为了达成我们的交往目标，必须确立一套规范的交往准则，而在对话交往的过程中，我们必须重新构建话语的双重结构①，以建立合理的关系。他从"交往""意义""理解与认同"三个方面来论述了如何建构一种能够有效地促进人们相互交流的语言形式——言语交际活动。②

哈贝马斯强调这种主体间性是一种理想模型，双方主体在交往中相互理解和沟通从而实现了个人的理性，这是一种互相构建的过程；在具体的交往中应该诚信，并能够符合社会规范地表达思想观点。但投射到实际情况中，个人在交往中并非是完全理性的，更多时候有非理性因素的参与。

同时，在这里我们不得不考虑，哈贝马斯所倡导的理解取向在实践过程中的乌托邦色彩——哈贝马斯所构想的充分而没有障碍的理性交往实现的可能性。哈贝马斯的交往理性并没有提出刚性的交往对话规范，更没有具体细化的实践

---

① ［德］尤尔根·哈贝马斯：《后形而上学思想》，曹卫东、付德根译，南京：译林出版社，2012年，第110页。

② ［德］尤尔根·哈贝马斯：《交往行为理论》第1卷，曹卫东译，上海：上海人民出版社，2018年，第27—28页。

标准。

以主体间性和理解为目标的交往理性面临现实困境。网络社会又必然交织着网络主体的虚无与去中心化，如将哈贝马斯的交往理性运用于网络社会，我们更难以平衡网络空间的工具理性与价值理性，为哈贝马斯的交往理性蒙上了更为浓厚的乌托邦色彩。

（三）儒学和谐合理性的时代转型

儒家"礼制"释义为古代传统社会的社会管理体制，具体表现为以"仁"为基础构建新秩序，蕴含"养""中庸""德政"思想。在现代社会的领域划分中，儒家的和谐合理性仍然是法律、经济和政治三个领域的统领[①]。"礼"字在殷商时期就已经出现，这与当时的"尊神"传统密切相关。[②]儒家所倡导的"礼治"注重人的尊严和价值，强调道德伦理的重要性，并致力于促进社会整体和谐的发展，主张以"仁"为核心构建社会秩序、政治制度及伦理道德体系。在遵循"礼"等级社会的背景下，注重人伦关系的因素，甚至以此维护"礼"统治的合理性和永恒性。

以"仁"为基石，奠定了"礼治"的道德基础，这是儒学和谐性的一个重要体现。先秦诸子都把"仁政"作为理想社会治理模式的核心要素来加以阐释。儒家思想所倡导的和谐取向礼制，实则是"礼乐一体"的具体体现。所谓礼，就是规范人们行为的制度。礼乐之中蕴含着分和之分，而礼则蕴含着"中和""时中"的思想，因此在区分等级差异时，必须注重适度，追求中庸之道。

在形而上学的本体和宗教的上帝都被解构的现代社会，自然需要一种合理

---

① 陆自荣：《和谐合理性：儒家文化合理性》，《学术研究》2006 年第 10 期，第 53—57 页。

② 陆自荣：《和谐合理性——儒学思想合理性之研究》，博士学位论文，上海大学，2005 年，第 157 页。

性成为新的社会治理体制重构的资源。而从目前的社会学研究来看，儒家的人伦与情感立场中有关交往的实质伦理可为网络交往提供理性支持。但儒学亟须发生现代性转型。现代网络交往关系中的各种因素，如发言形式、发言习惯、发言中夹带的情绪等，与传统儒学中基于社会关系分类等级的言语交往存在本质区别。在维持社会不同等级之间必要的张力的前提下，两者的交流形式都需要在不同因素之间寻找一种协调、适度的平衡点，以确保各等级之间的相对位置，从而实现整个社会的和谐有序。

从以往对社会学交往合理性的研究中来看，网络交往合理性的制度建构大体归结为三种路径，分别是工具—价值合理性、哈贝马斯的交往合理性、传统儒学的和谐合理性。具体到理性所确立的知识规范和标准层面而言，分属形式（程序）合理化与实质合理化。

韦伯所主张的目的合理性即为程序合理化的体现，包含法律的形式和管理的科层化、责任伦理与职业伦理等程序伦理，但其更适应西方社会。在深度媒介化、数字交往迅速发展的今天，刚性制约面对虚拟空间难以周全，也难免缺乏人本关怀的底蕴。在价值多元、对立冲突频发、价值理性已日趋陷落的网络空间，目的合理性的责任伦理主张也难以应对。哈贝马斯提出的交往合理性，力图以理解取向的对话伦理来补充成就取向的责任伦理。但哈贝马斯的交往理性并没有提出刚性的交往对话规范，更没有具体细化的实践标准。

儒家礼制偏向于从实质价值的角度建构社会治理体制，儒家的礼制对应的是社会治理体制中的实质内容部分，是以主观的、实质的价值（儒家的"价值"大都是带有情感的主观价值）为准则。儒学和谐合理性具有可关注的价值，诸如网络交往制度建设中的"和谐""节制""中庸"，在自律和他律层面颇具参考借鉴之处。

第二节 目的合理性的网络治理形式法

一、工具理性与价值理性平衡的网络治理形式法

韦伯目的合理性的形式法投射于网络交往领域，能将其理解为"是以明晰的规章条文、体系化的制度来约束网络交往言行，并对网络交往行为的全过程都存在规制"。不难看出，韦伯目的合理性要求下的网络治理形式法是成就和效率取向的，为满足其高效率成就取向，网络交往制度需建立刚性的制度体系以适配。

成就取向的网络治理形式法的具体表现，在于对法律规章的严格遵循，法律规则的制订从"理性"出发。因为其强调理性存在统一的标准，因此要求对新闻媒体、对社会公众的行为进行准绳式的规制。在遵循法律理性之外再去关注法律条文中的"人文关怀"，而不像以宗教礼仪和巫术的法律占主导地位的社会里存在弹性的标准。由以上可见，韦伯的法律体制强调对结果进行控制，使事态达到预期的结果，运用到网络交往的具体实际中，我们可就此对目的合理性下的网络交往规制进行评价。

首先，网络形式法其强制力容易产生事实上的压制和障碍。韦伯突出强调了法律的这种强制性特征①。从理论上来看，实现韦伯所希望的目的合理性的过程中，同时存在着对价值取向的牺牲。在他看来，法律根本区别于道德、宗教、习惯的一个显著特征就在于法律是国家保障实施的，为达到预期的目的，需要采取"强制的法律措施保障实施"，强调了"事实"与"价值"之间的紧张和

---

① 在韦伯看来，"社会行为可以受到存在于某种合法秩序中的观念指导。反过来，这种秩序具有社会行为实际遵循的标准效力。韦伯称为协定的秩序具有的效力得到可能性的保障，即如果某行为不符合秩序，会受到某特定人员的监视。当某秩序在这种（物理的或心理的）可能性的保障下，旨在使某行为符合秩序，或在需要惩罚时，由特定人员实施暴力，它就是法律"。

对立。

其次，网络交往形式法保障了形式上的合理性，但无法规避对价值合理性的极度削弱。形式上的合理性不断增长，而价值或实质上的合理性则逐渐消退的过程是资本主义的理性本质。但是，这一形式合理性过程并不像韦伯所期望的那样带来了个人的自由和个性解放，反而为其自由铸就"枷锁"，导致了"意义的丧失"。在这种工具化的社会中，法律成为人们追逐利益的手段、权力寻租的舞台和欲望满足的途径。在法律领域，法律作为一种规范人类生活秩序的安排，本质上追求的是个人的自由和意义，然而，法律形式的理性化却使得法律的正当性不再依赖于人类的价值追求和终极关怀。要摆脱这一困境，必须消解工具理性的绝对优势地位，瓦解主客两分的工具理性的暴政，拯救法律理性的统一性。哈贝马斯交往理性思想和程序主义法律范式的提出也许可看作是一个有益的尝试。①

网络交往是虚拟环境中人与人的交往，当今数字技术对"身体不在场"的发展，虚拟网络中人与人的交往与现实世界中人与人的交往边界正逐渐模糊甚至消弭。因此，在对人与人之间的网络交往进行规制时，不可忽略的是对价值取向的追求，儒学"仁""礼""中庸""节制"的观点做了这一补充。

为实现制度目标的法律制度、条例本身的合理性也值得质疑和讨论。为此，我们需要深入探讨——片面追求形式合理性的法律制度是否能够真正确保法律本身的正当性和合法性②。实际上，法律是一种具有内在逻辑性的规则体系，只有通过合理的形式，才能有效地控制社会中分化和冲突的社会价值和社会关系。因此，对法律进行形式化研究就成为一种必然。在实践中，这种以逻辑化、可

---

① 王明文：《目的理性行为、形式合理性和形式法治——马克斯·韦伯法律思想解读》，《前沿》2011 年第 19 期，第 73—77 页。

② ［德］尤尔根·哈贝马斯：《后形而上学思想》，曹卫东、付德根译，南京：译林出版社，2012 年，第 110 页。

计算、可预期为特征的形式理性法律的实施，可能会导致实质上的非理性结果，即形式上的法律面前人人平等，并不能全然保证能导致实质上结果的理性或正义。法律之所以能够成为一种有效的治理工具，是因为其具有超越于一般规则的特殊功能，它不仅可以规范人们行为，而且还能提供某种精神支持。韦伯认为，为维护社会秩序而制定的法律和所树立的权威，不是通过情感、价值或宗教等方式获得的，而是通过利益关系得到内在的纯粹保障。只有在强制力作为外部保障的情况下，该法律体系才能被视为法律，这是否真正体现了法制本身的权威性和公信力，值得我们深入探讨。

总之，韦伯的目的合理性的网络形式法以目的、高效为取向，虽对纯粹的工具理性行为有利，但同时也极大地损伤了价值理性行为本身，以其强制力对网络交往主体人的"自由"造成了极大的限制，压缩了网络交往主体个人理解与合理表达的空间。而具体的法律、条文也存在刚性形式化的问题，其本身的权威性、公信力也值得商榷。这些都指向了对网络交往主体性的压制，将人客体化，呼唤工具理性与价值理性平衡的网络治理形式法成为必然。

二、礼、乐与网络社会

儒学的"礼制"，在对现实网络交往环境中个体行为进行规制的同时，透出对人文价值理性的关怀，试图达成二者的平衡。儒家思想提出了一种超越韦伯所倡导的成就取向的形式法，其核心在于强调制度的重要性。儒家认为，制度可以通过"礼"来进行规范与约束，而这种制度也具有伦理性特征。将儒家所关注的，人类内在的情感、热情、冲动和知识等非理性因素与制度层面相联系，可以被深入研究和应用。

儒家关注人性情感、伦理人格在制度建设中的重要作用，并通过制度安排去统筹非理性因素的应用。儒家意识到，唤起人们行动的是激情、理性或知识等，因此不应忽视对情感等非理性因素的研究和应用。儒家强调对个体人性的高度重视，并呼吁将其提升至制度层面以追求更高的境界。在儒家看来，道德

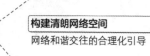
教化是最重要也是最高层次的一种制度安排，它既能使个体得到德性提升，又能保证社会和谐稳定地运行。儒家所倡导的这一制度，依赖于长期的人格塑造，以修身养性为核心，注重培养温和敦厚的品格。在儒家看来，道德教化是一种重要而有效的制度建设方式。这并非主张"人治"，而是指出人格特质与该制度的实践密不可分。因此，从某种意义上讲，儒家文化就是一种"治世之学"，它以道德教化为核心，通过伦理秩序来约束人们行为。[①] 儒家思想深刻洞察到人性和人的制度需求，提出了一种超越传统社会、政治和法律的理念，以满足农耕社会中普通人的制度需求。它以道德为基础，以仁作为核心价值，以礼乐教化作为手段。它所聚焦的点在于制度的完善与优化。

孔子的思想是通过对作为交往个体的"人"进行规制和引导，促使个人在网络社会的交往中充分进行对话、相互尊重，在沟通中相互理解，其中体现出的是"礼制""仁"对个体的规制。通过礼制、仁对个体的规制，形成儒学和谐合理性的制度规制，进而推进和谐人际交往。当我们讨论社会的整体和谐时，社会层面的血缘关系不是天然存在的，并且，儒学大量依赖于人们的认知和教化去确认，这种认知和教化就是礼制教化的一种方式。儒学超出家庭层面来到社会层面进行讨论时，通过"礼制"的推行将儒学的价值投射到制度中，而不仅限于思想文化。这种对个人、群体之间的规范，逐渐走出熟人社会，延展到部分陌生人之间产生带有功能色彩的约束作用。这体现了儒学思想的巨大超越性——超越思想文化的层面，成为制度层面的合理性来源；超越熟人社会的言行纲常，成为陌生人之间的集体规范。

社会化媒体时代，网络交往大部分是陌生人之间的交往，儒学作为一种合理性同样发挥举足轻重的作用。超越了熟人社会，社会化媒体时代，"人"这一个体依然是其基本构成要素，人与人之间通过互动连接，"关系"作为纽带将

---

① 陆自荣：《和谐合理性——儒学思想合理性之研究》，博士学位论文，上海大学，2005 年，第 157 页。

人与人之间形成链接聚集成群体。在社会化的媒体平台上，人与人之间的关系有强关系、弱关系之分，网络交往行为早已超出了传统的熟人社会。在社交媒体上进行网络交往的主体及其可接触到的对象，并不都是认识或熟知的人，而是陌生的主体或对象。在网络交往中，尤其是与陌生人的交往中，儒学的约束与规制作用在其中具有重要价值。儒学所引领的和谐合理性本身作为一种合理性应该被考虑进网络交往制度与建设路径的重要设置理念中。儒学对制度层面"礼""乐"的要求，深刻影响着现代网络的规制路径，进而上升成为构建网络和谐社会的重要一环。

在儒学中，对于个人与他人之间的人际关系，存在着一系列的规范和要求，这些规范和要求被称为"纲常"。①"纲"是一个抽象概念，它既指道德伦理规范，又指有组织的社会结构形式。常见的纲常呈现为一系列最为重要的社区活动，这些活动对每个人的衣食住行、座位、序列、言行举止等方面都有高度弥散化的影响，具有高度针对性的微观和具体的制度。虽然其功用色彩不确定，但往往缺乏行动者的自觉性。在形形色色的社交场合，它通过各种途径持续地提醒着个人在这一小型社区中所处的地位、与人相处的地点、提醒着个人所应该遵守的基本礼节、行为规范等，这既是一种社会记忆增强、个人记忆身体实践的过程，又是一种制度性规训。这确实是一种"天（血缘）人（文化）合一"的系统，更是一个比福柯（Michel Foucault）笔下的圆形监狱更为有效、也更为森严的规训机制，这是一个由社区内每个人的全部视听感官构成的无处不在的注视和监督人际关系的上帝。个人、群体自身根据"纲常"本身就会存在对自身的、无形之中约束。②

---

① 陆自荣：《和谐合理性：儒家文化合理性》，《学术研究》2006 第 10 期，第 53—57 页。
② 苏力：《纲常、礼仪、称呼与秩序建构——追求对儒家的制度性理解》，《中国法学》2007 年第 5 期，第 39—51 页。

第三节　交往合理性对网络交往制度的引导

网络交往活动本身不止限于两个主体之间的交往活动，而是早已超越了个人的层次。网络交往的影响范围扩大后，在带来积极正面的推动作用的同时，也衍生出诸多非理性行为，对其进行必要的规制是必要的。哈贝马斯的交往理性对价值理性的重视，提供了一种解决方案。即不仅要从系统层面入手，营造良好的网络政治生态，也要促进法制的完善，引导网络交往主体爱国守法，维护自由平等的发言空间。

一、基于哈贝马斯理解取向的民主法治虚拟社会

韦伯所主张的目的合理性，在深度媒介化、数字交往迅速发展的今天，面对虚拟空间刚性制约难以周全；在价值理性日趋陷落的网络空间，目的合理性的责任伦理主张也难以应对。以及，关于程序伦理方向的研究大多从工具理性的视角来考察，忽视了非功利、去中心化的网络情境及心理、情感交流情境，难以阐释和指导中国网络社会的交往实践。哈贝马斯提出的交往合理性，力图以理解取向的对话伦理来补充成就取向的责任伦理。哈贝马斯建立交往合理性的思想框架，主要是为了阐明交往行动本质上是实现主体相互理解的理性。

在哈贝马斯的论述中，我们可以看到，为了达到理解取向的交往目的，交往主体在进行交往行为时必须具备一定的资质，这种资质首先体现在交往行为中的主体必须是一个理性的、具有一定反思能力的主体。而在交往对话过程中，这个主体能够考虑到自己在面对他者时所表达话语及运用的形式是否合理恰当、是否有利于促成交往双方的共识达成与相互理解。交往的合理性是由理解取向决定的，而正是这种理解取向导致了他对法律的合理化解读。在哈贝马斯的设想里，区分了经济、政治的合理化与法律的合理化，随后又论述了集体意志是如何在公共领域中形成，以达成理解取向的民主法治虚拟世界的过程。

哈贝马斯强调这种主体间性是一种理想模型，投射到实际情况中，个人在网络交往中并非是完全理性的，而更多时候有非理性因素的参与。哈贝马斯关注到交往的目的是达到理解取向，而网络交往主体都需具备一定的"资质"——交往主体双方遵守规则，但这终究是一种引导性、呼吁性的观点表达。带入网络交往的情境中，这种交往资质该如何细化、交往合理性的规则该如何落实、如何将理解取向融入网络交往规则中，这些答案仍值得我们继续讨论和分析。目前我们能肯定的是，哈贝马斯提出的"交往理性""理解取向"为网络交往制度体系的搭建提供了一种可行性的方案，涉及网络社会系统生活的建设方向、对网络政治德政仁政的期望、可沟通政府在网民共识建构中发挥积极作用等。

二、系统生活世界的和谐与网络政治的德政与仁政

（一）系统生活世界的和谐：网络社区和谐的保证

在当今时代，社交媒体成为公众主体发表意见、进行互动的主要场所，社交媒体上呈现的信息与互动成为社会系统至关重要的组成部分。与此同时，网络交往中的非理性行为对网络综合治理造成威胁，网络交往内容和质量的好坏具有全球属性。因此，网络交往的好坏成败直接影响到了个体、局部乃至整体的系统生活世界的和谐。维护社会稳定，需要通过推动民主和激发民智的方式来提高其交往水平。网络言论作为一种新的表达手段，在推动公民参与社会生活方面具有重要意义，它为人们提供了平等对话和交流意见的机会。若公众未能以理性、恰当的方式行使网络言论自由权利，将会妨碍民主进程，从而对社会稳定构成潜在威胁。网络交往内容、交往秩序的好坏，深刻关系到社会化媒体平台的维护，深刻影响行政的民主进程。越来越多的经验表明，通过维护网络交往关系进而促进民主、启发民智，逐渐成为提升国家综合实力的一大助力。

一直以来，我国都非常重视政府在网络综合治理中的作用，近年来依旧在

逐步完善网络综合治理的部门体系、规章制度体系。[①] 过去，网络综合治理的职责主要由国家信息化工作领导小组、工业和信息化部、国家新闻出版广电总局等相关部门承担。2014年成立中央网络安全和信息化领导小组之后，则进一步加强了党和政府的作用。从治理主体而言，当前我国网络空间的多元治理格局正在形成并将继续发展。

目前我国的互联网法律法规中，对于网民权利的关注和对网民网络参与的规范，都存在着相当严重的缺失。如《互联网信息服务管理办法》（2011年1月8日修订）第1条规定的立法目的是"为了规范互联网信息服务活动，促进互联网信息服务健康有序发展"，《互联网文化管理暂行规定》（2017年12月15日）第1条规定的立法目的是"为了加强对互联网文化的管理"，这些规定仍然带有行政管理的烙印。2016年制定的《中华人民共和国网络安全法》一定程度上改变了这种现状，其第12条明确规定了网民享有依法使用网络的权利，但是限于条文数量，它关于网络参与的规定还是空白。[②] 中国是网民数量接近10亿人的网络大国，如果忽视网民治理主体的作用，就有可能破坏其政治信任度。在我国社会转型期，由于网络技术的发展和公民意识的觉醒，网络政治参与已经成为一种重要的政治文明形式，并日益受到政府和学界关注，但最终还是要不断完善党和政府的德政仁政建设，积极改变行政管理的单向思维，注重治理功能的发挥。

（二）网络政治的德政与仁政

网络技术的迅猛发展和普及利用，营造了一个网络空间和现实空间充分互

---

① 叶强：《论新时代网络综合治理法律体系的建立》，《情报杂志》2018年第5期，第134—140页。

② 王珏：《网络言论的边界在哪，如何规制》，《人民论坛》2017年第17期，第78—79页。

动、交叉的全新社会形态。政府管理不得已被迫跟进，并进入网络空间。作为公权力主体的政府，汲取儒学优秀思想，构建可沟通政府新形态，加强德政、仁政建设，这成为网络交往治理体系中政府作为的重要一步。

然而，我国的网络政府建设仍处于起步阶段，由于缺乏系统的立法规定，网络空间中存在大量政府管理未能及时介入的领域，导致网络社会中出现了"政府权力真空"的现象。在网络空间领域中，政府公权力的介入、网络空间里政府治理能力不足、政府形象受损等一系列负面现象时刻发生。政府很难涉足网络空间的方方面面，网络空间对于政府而言是"非透明的"。在此情形下，如果没有对政府行为有效的规范引导，就会出现"权力越位""权力滥用"等现象。首先，管理主体要构建稳固的可沟通体系，网络政治要重视道德的作用，汲取传统儒学优秀思想观念，打造"德政""仁政"制度体制与管理模式。[①]

在对 2023 年网络内容治理工作的进展梳理中，我们发现，在 AIGC 网络交往方式逐步进入网络交往行为时，"国家在场"这一理念总被反复提及反复关注。"国家在场""国家回归"，所点明的是在网络交往领域，国家深入社会的各个层面且无处不在，这无疑是对网络政治中的网络政府建设提出更高更全面的要求。现代政府行政管理应以"德治"作为理论基础，对管理者提出道德要求；要强调德性对人的精神境界的直接影响，通过道德境界的提升和升华，对管理者提出要求；加强管理者的思想道德建设，确保公正无私，不谋取私利；同时还需要建立起一个良好的环境和氛围，使之形成"以德养德"的良性机制。唯有如此，方能推动整个社会风气向着良性循环的方向不断演进。

因此，要把"依法治国"和"以德治国"有机结合起来，形成一个相辅相成、相互促进、共同推进社会主义现代化事业不断向前发展的局面。要实现以德治国，必须建立一套制度体系，特别是在当前社会条件下，这一体系必须得

---

① 王平判：《浅论儒学文化精神对我国近、现代政府行政管理的影响及作用》，《贵阳师范高等专科学校学报（社会科学版）》2005 年第 1 期，第 72—76 页。

到充分的保障和完善。因此，要以基本道德规范为中心，建立起具有科学价值与约束力的道德规范中心体系，在社会主体界定，社会行为规范与社会道德监督等方面三个方面制定出各类专业道德规范；同时还要注意把道德建设与经济发展有机地结合起来，使道德建设与市场经济同步前进，从而实现对人的全面培养和提高。充分激发所有可调动的积极因素，以加强道德力量的实践。

网络政治建设所具备的"德"，即"以德治国"之德，蕴含着儒家思想中的仁爱、合群和谐等核心价值观；这个德吸纳了传统儒家文化的精髓，成为共产主义行政人格的一部分。网络政治主体所具备的道德品质，应该是"仁者爱人""合群和谐""集体主义"等价值观的具体体现；应该展现出强烈的使命感，表现出无私的奉献精神，以服务人民为己任的高尚人格风范。现今之"德"，是具有远大的共产主义理想，"天下为公"，毫不利己、专门利人，全心全意为人民服务以及具有坚定的无产阶级立场和共产主义信仰，这是儒学文化精神内涵的提升和深化。①

（三）可沟通政府、共识建构

打造网络社会可沟通政府，与网络交往主体建构共识，是德政仁政体系建设的重要内容。在儒学文化中，"仁爱"所强调的是政府建设和制度建设的双向沟通，必须兼顾人文关怀，以"仁"为核心的儒学文化注重社会制度下的人文关怀和人情味，而网络可沟通政府的建设也应以"可沟通"为标准，以促进社会共识的形成，从而推动社会整体和谐的实现。在构建和谐社会过程中，必须遵循"以人为本"原则和"和而不同"的精神理念，坚持平等对话、交流互动的交往方式。这就是"仁"的具体表现。

儒学文化所倡导的"仁爱""中和协调"理念，为网络交往制度建设注入了

---

① 王平判：《浅论儒学文化精神对我国近、现代政府行政管理的影响及作用》，《贵阳师范高等专科学校学报（社会科学版）》2005 年第 1 期，第 72—76 页。

更多人情味，同时更加强调管理体系的共同利益，彰显了中国行政管理以人为本的主导理念。儒家"仁爱"观念不仅可以使国家治理体系具有一定的道德伦理性，而且还能够促使管理者形成更为良好的人际关系，从而更好地为人民服务。网络可沟通政府建设在"仁爱"理念的引领下，更加注重管理体系的共同利益，这种理念让管理主体深刻认识到主体与客体之间存在着共同的利益和需求，因此必须为客体提供充足的机会以满足其个人需求。"中和协调"作为儒家政治哲学的重要范畴，它要求管理者要尊重他人的意愿和权利，并通过合理而恰当的手段将个体的愿望变为集体意志。

在漫长的历史进程中，中国人一直秉持着大同主义的理念，并以实现"均平"为目标。儒学所倡导的"中和协调"理念，使得我国的行政管理更加注重管理制度和决策的平稳持中，以避免出现过于偏激的情况。儒家"仁政"思想对现代行政管理体制有着重要的借鉴作用。为了确保我国行政管理机构在制定制度时能够兼顾"执两用中""适度、适当原则"以及"符合我国国情"等因素，我们需要进行"中和协调"。2023 年新修订的《网信部门行政执法程序规定》对近年来网信执法领域取得的诸多改革成果予以确认和巩固，并积极落实《行政处罚法》中的"严格规范公正文明执法"的要求。例如《规定》要求，网信部门对当事人作出行政处罚决定前，可以根据有关规定对其实施约谈，做到宽严相济、法理相融，让执法既有力度又有温度，营造优良宽松的网络法治环境。通过约谈这一"柔性执法"方式，对轻微违法者进行说服教育、劝诫，同样也能起到防止和减少严重违法行为、降低社会危害性的作用。可见，未来对于网络内容的执法，除了"重拳出击"，也需要配合"柔性治理"。[1]

现代的政府管理已经采用了现代化的模式、方法和手段，并更加注重人的沟通和交流。其核心在于以人为本，注重对人的尊重和关心。为了有效地管理

---

[1] 年度网络内容治理研究课题组：《趋深向实与"国家在场"：2023 年中国网络内容治理报告》，《新闻记者》2024 年第 1 期，第 42—58 页。

客体，政府必须以仁爱之心为指引，建立一套平衡的制度体系，并以激励为主的奖励原则来激发人们的主动性。对于管理者而言，必须秉持公正和公开的原则，确立合理的利益分配机制和科学的激励机制，以促进其管理水平的提升。在市场经济条件下，政府作为社会公共权力的行使者，其职能与地位都发生了深刻变化，因此对传统文化进行扬弃是非常必要的。在政府建设中，应以传承优良传统为基石，对社会成员，要尊重和爱护他们，使之成为一个有尊严、有责任、有权利的个体。以人为中心的现代管理理念，体现了对人的高度重视和积极调动，与之完全契合。在现代可沟通政府建设中，必须秉持中庸之道，建立持中平衡的制度，以激发人们的积极性和创造力。只有建立一个和谐有序的政治秩序才能实现善治，而这需要通过有效的制度来保障。任何一种理论或实践，如果偏离正确的方向，即使是最完美、最绚烂的理论或制度，也只会适得其反，最终导致自我毁灭的结果。在制定决策和制度时，必须精准地把握行动和停止之间的度量标准。

三、法制的完善与爱国守法

（一）网络交往匿名性的现状

网络技术背景下的网络交往具有双刃剑特征，网络结构本身具有的技术漏洞，引发诸多如黑客攻击、隐私泄露、恶意破坏等网络攻击性风险，使网络交往呈现出混沌失序的状态。网络交往最为显著的特征是参与主体的匿名性，网络交往主体可随意地借助隐匿真实身份的方式来规避社会惩戒，由此引发网络交往的整个集体不负责任的潜在风险，如网络失信欺诈、网络暴力和网络犯罪等。人在交往场景里表现出随机性、身份隐蔽性以及发言成本低廉等特点，这是因为网络本身的匿名性释放了人类本我中的自由意识。这些特点进一步促使人为所欲为，也使人渐渐产生"失重"；非理性的表现，蔓延突然而迅速，可能给社会造成无法估量的伤害。

网络交往匿名是对现实世界的超越，是一种新的社会形态下的生存方式。相较于现实社会的交往环境，虚拟空间为每个人提供了多重身份、隐秘身份的选项，交往行为的主体几乎可以出于个人意愿，随性地打造属于个人的虚拟交往空间，在现实身体不在场的情境下与他人进行跨时空的互动。所带来的结果是增加了彼此相互了解的复杂度。网络交往匿名的技术高度自动化，可能导致人们的精神和道德变得麻木、冷漠，就像虚拟派对后的虚脱和失落一样。这对我国公民道德素质的提高造成了负面影响，也不利于社会主义和谐社会建设目标的实现。由此，网络交往匿名成为一种社会病，它不仅影响着网络主体的身心健康，也在阻碍着整个社会的发展。社交失范常常引发信任危机，其根源在于缺乏合理有效的身份验证机制，这使得网络犯罪变得容易，而对其进行控制和管理则是一项相当棘手的任务。这就是我们所说的网络交往匿名所引发的后果。

为了重整社会秩序，网络交往实名制在我国逐步展开。2012 年 12 月，全国人大常委会《关于加强网络信息保护的决定》首次以立法形式明确网络实名制。网络实名制是一种平衡网络自由和秩序的方法，其通过掌握实名化的程度与广度，达到实名身份登记与网络昵称进行互动的目的；在互动主体相互熟悉度与信任度不断增加的情况下，网络逐步开放访问权限，进而形成以网络用户作为节点的巨大网络人际关系网。这种技术机制，对于网络互动主体的言行举止具有一定的制约作用。区别于弱的陌生关系，其交往是相对安全稳定的，但又可以在一定程度上防止网络失信失范现象。实名制作为一种技术工具，能够平衡人类与技术的关系；又能使网络交往主体在价值理性、自由与自律的关系上达成平衡，还能在目的理性和价值理性上达成一致，以调和求善和守真。

受网络复杂性，网民匿名惯性心理和实名技术缺陷等因素影响，我国网络交往实名制度还面临一些挑战。然而，不可否认的是，全球社会已经达成了实施网络实名制度的共识。这将不断推动全世界的实名制进程，以适应网络秩序混乱、失序的现实治理需求。现在，网络实名制在世界范围内得到普遍认可并逐步推行，已成为一个国家或地区实现政治民主化、经济发展与社会安定和谐不可或缺的重要手段。21 世纪初，各国政府对网络的乐观态度逐渐超越了早期的技术水平。而全球范围内的共识① 是，通过建立认证体系来应对网络匿名所带来的社会问题，从而维护信息安全和网络空间的稳定。② 欧洲最早启动网络身份认证，并将其作为网络安全的长期举措，以加强人员跨境流动管理。美国则把电子商务、网络安全和身份认证紧密结合。

在网络实名制的框架下，实名民意和网络言论自由之间并不存在矛盾或冲突，反而可以更好地保障网民的知情权，同时也能够提高个体的虚拟网络交往素质；从而充分保障网络交往主体的自由发展价值，促进其自主性、创造性和超越性，使其更加深刻地理解人与人、人与社会之间的关系。从这个意义上说，网络实名制是对网络言论自由进行规制的一个重要方面。

（二）以实名制为代表的网络法制完善

"爱国""守法"是指公民在网络文化的自由表达中，既要维护国家、社会和集体利益，又不可打破"法律"这个底线，这是在网络交往中应坚守的最基本的两个原则。

网络社交中，实名制度通过对网络主体身份进行具体化和明朗化，以加强对网络社会的管理，规范网络言论和行为，与匿名制度有所不同。网络实名制是一把双刃剑，既可以保护网络空间中网民的言论自由权、隐私权等权利，又可能导致网络空间中个人的信息资源被过度使用，甚至引发网络暴力等问题。

正如先前所述，虚拟社会并未摆脱实体世界的影响。同样，网络社会也难以摆脱道德和法律的束缚。从这个意义上讲，虚拟社会中的公共领域仍然是以

---

① 欧洲最早启动网络身份认证，并将其作为网络安全的长期举措，以加强人员跨境流动管理。美国则把电子商务、网络安全和身份认证紧密结合。

② 张琼引、陈春萍：《论网络交往实名的合理性》，《湖南师范大学社会科学学报》第 2019 年第 3 期，第 23—29 页。

公民为中心而不是以政府为中心的"去中心化"空间。为了实现网络交往实名制的法理合理性基础，社会契约的制定必须在公共秩序、公共利益和个人自由之间取得平衡，只有在法律强制的情况下，部分个人才能获得最大程度的自由和权利。

以微博为代表的网络交往平台已引入网络交往实名制，相应的制度政策建设也已对应逐步完善起来。例如，微博平台实名制，要求在后续使用微博时无需提供真实身份信息，但微博用户在注册账户时则必须使用真实身份信息，遵循"后台实名、前台自愿"的原则。从操作要求来看，各平台公告均要求"粉丝"量在 50 万以上的"自媒体"账号对外展示实名信息。截至 2023 年，除抖音、知乎未提及外，其他平台均提到将首先引导 100 万"粉丝"以上的自媒体先行完成对外展示，分批次、分阶段完成前台实名工作。不配合完成前台实名的"自媒体"账号流量、收益将受影响。[1]2015 年 2 月 4 日，国家网信办发布《互联网用户账号名称管理规定》以下简称《账户十条》，要求互联网信息服务使用者通过真实身份信息认证后注册账号。《中华人民共和国电信条例》第五十九条第四项，要求"任何组织或个人不得以虚假、冒用的身份证件办理入网手续并使用移动电话"，这表示我国实行了入网许可制。国内要求入网要有真实身份信息，实名登记是必不可少的。在入网许可制度下，已实现实名认证；当网民触犯法律法规时，将依据追踪地址及其他资料对网民的言行予以严惩。这就不需要在"实名制"之下，由用户冒着信息泄露的风险，由运营商拥有个人信息以实现网络环境的规范与净化。

虽说网络实名制同时存在运营商难以验证用户信息、用户信息安全难保障、现行制度规范责任主体划分难等问题。但不置可否的是，只有借以网络实名制为典型的虚拟网络环境法制的完善，才可实现对遵纪守法的网络虚拟环境的建

---

[1] 年度网络内容治理研究课题组：《趋深向实与"国家在场"：2023 年中国网络内容治理报告》，《新闻记者》2024 年第 1 期，第 42—58 页。

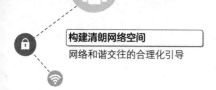
设。如此，才能助力爱国守法网络核心价值的构建。

此外，尽管网络并非"法外之地"，但现有的网络法律法规仍未具备足够的前瞻性和针对性，需要进一步完善。因此，我们有必要建立一套完善的网络交往规范机制，以保障网络空间和谐有序的运行。由于缺乏网络交往规范机制，网民的敬畏和自律之心减弱，而网络交往频率的增加则导致人际关系变得浅薄和脆弱，正如威尔曼所指出的"弱纽带"关系。

总之，在网络交往中，秩序、自由和人的发展是相互交织、相辅相成的。匿名的自由方式和本质是相对的，不存在一种绝对的、无约束的、任意妄为的自由；自由只能是建立在自觉遵守网络交往规范和制度基础上的自由。

四、自由平等的理念

（一）话语平权、言论自由的现实困境

在虚拟世界中，随着互联网技术的发展和普及，网民数量迅速增长，网民的政治参与热情空前高涨，微博、微信、公众平台等多种社交媒体平台已成为越来越多人表达思想和意愿的渠道。公民的言论表达权利得到了更大程度上的自由，但同时也伴随着大量网络不当言论的涌现。因此，如何规范和引导网络言论已成为当前亟待解决的问题。

在这个媒体高度发达的社会中，网络言论自由不仅仅是为了实现话语平权，也是为了让更多处于劣势地位的群体得到平等的表达机会。借助网络表达自由还可以建构一种新的公共领域来满足公众表达意愿、参与公共事务讨论的诉求。然而，在追求网络言论自由的过程中，人们的自我放纵和迷失，导致了网络言论自由的异化，从而引发了一系列问题。网络言论作为公民表达思想的一种方式，应当受到法律的规范和约束，以确保其不会侵犯国家、公共和个人的利益。

制度层面，网络文化要在平行的私域公共化与公域私人化中维护私域，给予个人合理表达情绪的空间与适宜的自由。随着时间的推移，网络已逐渐演变

为人们交流、讨论和形成社会舆论的重要平台，这个平台的存在极大地提升了言论的自由度。但与此同时，言论自由"度"的平衡却被渐渐打破。

在此种情况下，表达权规制成为愈发重要而复杂的问题。社交媒体平台被赋予网络信息内容的"把关人"角色，这干预到了网络交往中言论表达的"平等"。社交媒体时代，公共空间的表达者的自由面临着困境，自媒体和普通网民的表达规范难以明确划分，因此难以确定他们的表达权行使是否得当以及是否超越了规定的界限。在网络交际中，如何在避免和减少滥用言论自由、不当行使表达权的情况的同时，最大限度地避免和减少对表达权的不当侵害和对言论自由的过度限制，是一个至关重要且极其复杂的问题。[①]

保障网络交往主体的言论自由，又将该种自由限制在一定限度与范围之内，以"中庸""节制"的原则把握好尺度。给予交往主体充分的讨论的自由、情绪释放的空间，又用政府、行业、个体的规制对其有所约束。把握好"度"的问题，是儒学的智慧。社交媒体平台如微博、微信等，为公民提供了前所未有的言论自由，使其得以自由表达个人观点。"新闻自由度一下子被无限地放大，于是严肃、权威的声音逐渐被不负责任的虚假信息所取代。"这是一个值得深思的问题。在确保新闻自由不受侵犯的前提下，必须强调民众在行使自由时，不能以侵犯他人的自由为先决条件。因此，我们需要从法律层面来规范交往传播活动，也要建立一套完整的制度和程序来保障媒体的自由权。

（二）维护自由平等的路径建设

从传统媒体时代社交圈子中的"不设防"，到智媒时代关系交往中的有选择性的披露，隐私主体以其对边界的理解为基础，对隐私知晓的范围和程度进行了处理。

---

① 李丹林、曹然：《新媒体治理视域下的表达权规制研究》，《山东大学学报（哲学社会科学版）》2019 年第 4 期，第 109—116 页。

随着社交网络的兴起与发展，大数据成为社交媒体时代人们获取信息的主要方式之一，也带来了隐私泄露等问题。基于大数据和人工智能技术的智能媒介，不仅为用户提供了信息共享平台，更重要的是建立了一个以用户关系为核心的数据收集、整理和分析平台。它将用户在社交媒体上发表的言论转化为一种具有可识别特征的结构化数据，并通过可视化工具呈现出来，从而实现了对个人隐私的精准定位与保护。该平台的建立对公民的隐私保护产生了深远的影响。①

自由的实现必须在一定的界限内进行适度的调整，否则自由的存在也就无从谈起。媒体应积极承担起监督和管理责任。同时，在确保新闻自由的前提下，应加强对社会舆论的引导，推动新闻媒体从业者形成共同的价值取向，通过意识形态塑造媒体的定位，从而实现新闻媒体的自我约束。②出让部分自由以换取保护，可见，自由和被保护之间是存在冲突的③，在使用网络时，人们往往过于强调其虚拟性和去中心化带来的虚假自由，而忽视了自身作为一个与他人紧密相连的社会化存在的重要性。因此我们需要共同努力，以构建一个和谐理性的网络交往环境，并对自己的言行进行约束。

---

① 顾理平、王飔濛：《从圈子到关系：智媒时代公私边界渗透及隐私风险》，《社会科学辑刊》2022 年第 3 期，第 184—190 页。
② 黄辉：《新媒体环境下的新闻自由探讨》，《电视指南》2017 年第 20 期，第 143 页。
③ "人是生而自由的，但却无往不在枷锁之中。"人们关于自由的定义和理解是不同的，任教于美国加州大学和德国柏林自由大学的洛塔尔·德特曼（Lothar Detraman）总结了关于自由的三种主流观点："一是理想的、无政府主义的自由观，在尽可能少的限制下，个人拥有完全的行动自主权，这种自由过去由强势者以牺牲他者自由的方式所享有；二是最小政府、个人自由主义的自由观，民众出让部分自由以换得对个人安全和财产的保护；三是国家层面的集体主义的自由观，政府为民众提供必要的生活条件，民众却没有个人财产权。"德特曼认为第二种观点在美国占据最主流地位。这种最小政府、个人自由主义的自由观，符合卢梭在《社会契约论》中所提出的观点。卢梭认为人是生而自由的，接受所形成的社会契约要求民众出让个人的部分权利。

在网络交往过程中，个人与群体之间不可避免地发生着矛盾冲突，从而导致个体的非理性行为产生，进而影响到整个社会的稳定发展。由于网络交往中个体的活动尚未达到完全理性、合理的层次，因此在社会活动中，我们需要采用强制手段的他律形式来规范我们的行为，以保障他人的合理利益和理性利益。网络交往是一种新型的社会关系模式，它不仅能够实现人的主体性发展，还能促进整个社会秩序向良性方向转变，同时还有助于提高全民族文明素质。因此，网络交往行为的合法性应当得到社会法律制度的保障，以确保在法律规定的范围内，网络交往对人的积极影响得到发挥。

当人们追求言论自由这一权利时，特别是在利用网络这种特殊的表达形式时，必须坚守两个不可逾越的底线：

首先，必须确保不会对国家、社会和集体利益造成任何损害。一是不得损害他人合法权益或其他公共利益。考虑到这些利益的模糊性，我们必须对那些可能损害国家、社会和集体利益的行为进行明确的划分。二是不得侵犯他人隐私。随着社交媒体言论自由的异化，涉及"人肉搜索"、恶意传播虚假信息、散布谣言和信谣等问题，隐私权等私权正受到侵害。

其次，要保障公民言论自由的行使，就需要明确法律的底线原则——维护公共利益和保护私人合法权益相统一。在法律的约束下，自由的范围是有限的，它并非绝对的，就像权利和义务之间的相互关系一样。如果滥用自由言论，就会导致人们的合法权益受到威胁，甚至可能被非法利用。当我们在网络世界中畅所欲言时，每个网民都应当明确自己不能侵犯他人的合法权益。[①]

现今一些社交平台也已陆续出台相应规章制度，试图对网络交往失序现象进行规制。这是社会化媒体通过自律，维护网络交往自由与平等的表现。如微博于 2020 年启动的"恶意营销号专项整治行动"，以及微博公约的制定。长久

---

① 谌明凤：《新媒体语境下的言论界限与法律规制》，《黑龙江生态工程职业学院学报》
2017 年第 5 期，第 53—56 页。

以来，微博上故意煽动情绪、恶意举报、营销号大V歪曲事实、编造虚假信息进而挑动群体对立的事件屡见不鲜。诸如此类的行为不仅严重妨碍网络交往生态健康发展，而且影响了大多数用户正常的发言和讨论，其中的一些事件还产生了恶劣的社会影响，引发不小的网络舆情。为了进一步加强对此类行为的长效治理，维护微博用户合法权益和良好的交流环境，微博对《微博社区公约》《微博投诉操作细则》进行更新修订，对以上行为给予明确的定义，并且规范细化了处置标准。为构建和谐、法治、健康的网络环境，维护微博社区秩序，保障微博用户合法权益，微博依据相关法律法规及主管部门的管理政策，与用户共同制定《微博社区公约》。据微博官方自己的表达，为积极履行平台主体责任，更加全面、有效地管理微博社区秩序，站方亟须对《微博社区公约》中部分条款进行优化更新，从而更好保障用户合法权益，净化社区生态。

除了优化微博公约之外，微博还针对公众评论、点赞互动等网络交往具体行为做出明确规定，对微博平台上所谓的"大V"的角色定位和权利做出明确规定。2018年微博提供了粉丝可评论、评论屏蔽关键词、评论防护等评论管理工具。同时也上线了"被三个博主删除评论并拉黑则停止发布评论"的管理策略，"如果在博主评论区进行评论被拉黑删评之后，此用户将在整个微博平台上被禁止评论三天"。目前相关权限虽只开放给拥有十万粉丝以上的博主，但这项措施涉及了微博大V和普通受众之间言论自由和话语权的问题。[1]虽说微博仅作为一个社交媒体平台，其自律的规范条约并不具备如同法律一般的强制力规范作用，但这也显示了，微博作为一种新兴媒体平台，应当肩负起维护公民言论自由的责任；同时应当将自身定位为一个具有社会意义的公共讨论平台，而非单纯的商业盈利平台。因此，微博需要创造一个自由言论的环境，将以微博为代表的

---

[1] 陈爽：《新媒体言论自由及其规制——以微博为例》，《国际公关》2020年第12期，第16—17页。

互联网社交媒体平台打造成一个全新的社会领域。①

　　随着现代信息网络技术的迅猛发展，人类社会生活日新月异。然而，对科技的盲目崇拜却容易导致人们忽视对人性、人情和人的价值尊严的哲学关照，从而引发各种技术和人文维度的缺失危机。网络交往的实践中，个人层面更应做到自制与尊重隐私，在理性交往中倡导社会宽容，在新闻自由的边界内进行有效讨论。网络是一个充满着各种诱惑和风险的虚拟空间。近年来，人类所面临的高科技犯罪、电脑算命、网络赌博、网络成瘾以及人际情感疏离等问题，已经向我们敲响了一记警钟。它警示我们，在发展高新技术的同时不要忽略人类的精神家园，信息文明的声光电化不应掩盖道德情操的精进。由此，在当今社会，构建好和谐、"仁德"、可沟通的系统生活世界，完善相关法制，引导人们坚守爱国守法的底线，重塑网络世界的人文精神，将相应的伦理关怀融入科技进步中，协调好网络交往主体的言论自由与平等的表达权，以适应时代的发展需求，已成为刻不容缓的必然选择。②

第四节　儒学解决方案的合理化潜力

　　在现今网络形式法、交往合理性方案的推行下，仍存在难以应对和解决的

---

① 哈贝马斯将公共领域明确界定"介于私人领域和公共权力之间的社会领域"。这有助于促进意见沟通和社会的和谐。微博新规定并不符合以上新媒体言论自由的法理依据。那么博主个人微博是否为公开领域呢？对这项新规定持支持态度的人认为博主个人微博是私人管辖领地，因为发表评论是针对某具体对象进行的，弱化了公开性质。

② 史婷婷：《儒学与网络伦理的理性回归》，《云南社会科学》2011 年第 4 期，第 29—32 页。

现实困境。儒学和谐合理性的解决方案植根于中国历史与实际情况，或许可作为一种具有可行性的方案，对当今网络交往制度层面的诸多困境存在适用性与可借鉴性。本节尝试提出一种和谐合理性的儒学解决方案，可作为现行制度的新可能性，也可作为现行网络交往形式法、交往合理性倡导之外的另一种可行性方案，对网络交往制度建设进行补充。

一、儒学解决方案的具体释义

现代社会，形而上学的本体和宗教的上帝都被解构，那么，该如何来满足法律合理化两个方面的需求？西方宗教社会、中世纪的法律表现为上帝法，"上帝"这个价值本身是一种客观的、唯一的、普遍的价值，借助形而上学的超验的对象"上帝"来实现法律体制上形式与实质的统一。[①]然而现代社会，形而上学的本体和宗教的上帝都被解构。按照社会治理体制所需要的两种资源——形式逻辑和实质价值的需求，自然需要一种合理性成为新的社会治理体制重构的资源。儒学的礼制由于其本身"中""和""节制"等特性，实现形式与实质的统一，作为一种和谐合理性是符合当代中国的体制与价值观的，对礼制的汲取具有重要意义。儒家思想虽然缺少形式化、逻辑化的法律制度，但它在经验世界基础上建立起伦理的实质主义的礼制。[②]

儒家礼制偏向于从实质价值的角度建构社会治理体制，儒家的礼制对应的是社会治理体制中的实质内容部分，是以主观的、实质的价值（儒家的"价值"大都是带有情感的主观价值）为准则。儒学和谐合理性具有可关注的价值，诸如网络交往制度建设中的"和谐""节制""中庸"，在自律和他律层面颇具参考借鉴之处。

任何社会治理体系的构建都必须在形式逻辑和实质正义之间达到完美的统

---

①② 陆自荣：《和谐合理性——儒学思想合理性之研究》，博士学位论文，上海大学，2005年，第157页。

一。社会治理体制的构建也是如此。在传统西方社会中，基于形而上学本体和上帝的假设，社会治理体制的价值要求被赋予了客观的价值，因此，形式的逻辑和实质的正义都体现为上帝或形而上学的本质。在当代社会中，无论是形而上学的本体还是上帝，都已经被解构，它们必须完全依赖于经验世界的建构，即形而上学的本体或上帝来源于超验世界。因此，重构经验世界内的统摄形式和实质的合理性对于社会治理体制的建构具有至关重要的意义。

在这种新的合理性中，不可能再用一种合理性来对抗另一种合理性，而是必须将形式和实质两个方面进行整合。此时，儒家和谐合理性，作为一种实质合理性当然应该成为新的合理性重构的资源。

儒家思想的出现，体现着古代传统社会体制从对天命的绝对崇拜，逐渐转向对"人"的关注，并从中认识到需要对人进行礼乐的引导和教育。在网络社会，我们也要引导网络交往主体"社会化"，使之具有社交属性，进而形成一套以"礼"为核心的社会公序。以礼对作为网络交往主体的人进行德性培育，创造自由平等的交流和对话的空间；同时用礼乐来规范和引导网络交往行为，以此保障个体、集体乃至国家整体的权益和尊严。在这种观念下，交往主体能够在礼制规范下充分对话、相互尊重，在实践中由主体间性的和谐进而推动集体，最后乃至社会系统的和谐，最终实现社会秩序的有序和统一，在人本与礼制的制度设计中推进和谐网络交往。

网络交往制度下的儒学解决方案，要根植于传统儒学的优良思想。孔子将人、人与人之间的关系作为礼制设置的核心所在，因此，网络交往制度儒学解决方案的设置首先要考虑人的因素，更要考虑人的非理性的、感性的因素；也要考虑交往主体双方在礼制规制下的充分表达，又引导人们遵循礼制的规范。这给我们以启发，网络交往中的言行始终受约束，要在沟通中相互理解。

儒学解决方案试图将情感、激情、冲动等非理性因素与制度层面相联系，中庸的思想最为体现和谐取向对于整体、系统和谐的追求。儒家认为，制度可以通过"礼"来进行规范与约束，而这种制度也具有伦理性特征。儒家所关注

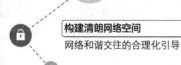
的，人类内在的情感、热情、冲动和知识等非理性因素，可以被深入研究和利用，并将其与制度层面相联系。儒家所强调的是对个体人性的高度重视，并呼吁将其提升至制度层面以追求更高的境界。在儒家看来，道德教化是最重要也是最高层次的一种制度安排，它既能使个体得到德性提升，又能保证社会和谐稳定地运行。儒家所倡导的这一制度，依赖于长期的人格塑造，以修身养性为核心，注重培养温和敦厚的品格。

儒学解决方案关注道德教化在制度建设中的作用。在儒家看来，道德教化是一种重要而有效的制度建设方式，这并非主张"人治"，而是指出人格特质与该制度的实践密不可分。因此，从某种意义上讲，儒家文化就是一种"治世之学"，它以道德教化为核心，通过伦理秩序来约束人们行为。[①] 儒家思想深刻洞察到人性和人的制度需求，因此提出了一种超越传统社会、政治和法律的理念，以满足农耕社会中普通人的制度需求。它以道德为基础，以仁作为核心价值，以礼乐教化作为手段。它所聚焦的是制度的完善与优化。

二、与社会主义核心价值观的呼应

我国社会的现实决定，我们要以本国的优秀儒学传统文化作为重要来源，培育自己的核心价值观。社会主义核心价值观是中华民族屹立于世界民族之林的依据，中国的特色和气派，必须深深扎根于源远流长的历史文化土壤之中。社会主义核心价值观同时也是对中国卓越价值理念的全面概括和提升。我们必须坚守优秀的思想文化，在继承中发展，在发展中创新。唯有如此，方能赋予其生命力，亦才能获得强大的凝聚力和向心力。

坚守儒学思想中"仁""德政""和谐""中庸"的要素，这些具体的要素包含了几千年来中国历史的思考方式、言行习惯，也潜移默化地影响着每一个作为

---

① 陆自荣：《和谐合理性——儒学思想合理性之研究》，博士学位论文，上海大学，2005 年，第 157 页。

华夏文明中的网络交往主体的人的价值观。中国的文化传承中，蕴含着一种复杂的复数形式，其中儒、释、道三大流派均扮演着不可或缺的角色。儒家作为一种思想理论与行为模式，在我国已有两千多年的历史了，其影响几乎遍及社会生活的方方面面。在中国历代的法律制度、生活习惯、思考方式以及价值观念中，儒家思想具有极为深远的意义。在这个意义上讲，儒家思想就是一种文化精神和价值体系，它既包含了丰富的内容又具有鲜明的特征。毋庸置疑，儒家思想在中国传统文化中占据着主导地位，其核心价值观是中国传统价值体系的核心所在。①

中国传统儒学文化与社会主义核心价值观在多个层面上呈现出相似之处，社会主义核心价值观可从中国文化核心价值观的层次、内容、价值意义等多个方面进行划分。社会主义核心价值观的核心思想——"文明""和谐""公正""友善"等，既是我国优秀传统文化的价值理念，也是我国社会主义的关键属性，这些元素与我国传统儒学思想是一种紧密的传承关系。②儒学思想中，"仁"是儒家思想中最重要的组成部分之一，"礼"和"义"是儒家文化中两个基本道德范畴，它们在本质上都体现了一种社会伦理关系，即伦理道德。"仁"与现代社会核心价值观对国家层面的要求"富强、民主、文明、和谐"相对应，彰显出大国风采对系统和谐的追求。"礼"与对政府层面"自由、平等、公正、法治"的追求相对应，体现出我国自古以来对法制、对权威、对秩序的尊重与坚守。同时以上元素放到个人层面，也与核心价值观"爱国、敬业、诚信、友善"的要求相对应。

现代社会主义核心价值观三个层次的划分，从儒学合理性中有所溯源。儒

---

① 叶自成、王日华:《春秋战国时期外交思想流》,《国际政治科学》2006 年第 2 期,第 113—132 页。
② 艾君:《儒家文化的大人之学——〈大学〉》,《工会博览》2018 年第 20 期,第 45—48 页。

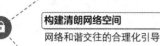
学的核心价值观是"和"。从逻辑上看,"和"这一观念是整个儒学价值观体系的起点,整个价值观体系也指向这一核心价值。前文提到,儒学的礼中蕴含着"和","和"指一种"中和""时中"的思想,寓意在遵守礼制的前提下要求适度,讲究恰到好处的"中庸"之道,"和"的理想状态即"中和"。社会主义核心价值体系也是按照儒学"和"的核心价值来展开的,将整个系统划分为国家、政府、个人三个层次,提出不同层次的主体对核心价值的追求目标,追求包括国家、政府、个人在内的整体和谐,逐步践行儒学所提出的"修身、治国、平天下"的实践与价值意义。

个人层面,儒家提出了许多有关个体提升自己的素养,对自己进行潜移默化"自律"的思想与原则,儒家所倡导的修身之道,包括"循礼""主敬""主静""虚一"等,旨在维持身心的平衡,从而保持身心健康,充盈生命之力。个人层面,儒学提出了"君子"与"小人"的标准,以此形成个人主体对自身的约束与规制。儒家思想中所倡导的"天人合一",即是达到"和谐"的至高境界。无论是人与人之间的和谐关系,还是人与万物之间的和谐关系,都不能被视为至高无上的和谐,儒家所谓的"和"实际上是指宇宙万物、天地之间的"大和""至和",这就将核心价值体制的培育意义从单纯的个体上升到了系统的高级层面。在这一层次,儒学提出由个人的"中和"以促进社会系统整体的"大和",从而达到"天人合一"。从个人的"和"延伸到对家庭、社会群体层面的规制,政府作为以公共利益为导向的公共组织理应肩负维护公共利益、社会和谐的重大责任,同样也应按照"和""中庸""节制"的标准对自身进行约束。总而言之,即构建国家、社会、个人的整体和谐。

习近平总书记在《决胜全面建成小康社会 夺取新时代中国特色社会主义伟大胜利——在中国共产党第十九次全国代表大会上的报告》中说:"深入挖掘中华优秀传统文化蕴含的思想观念、人文精神、道德规范,结合时代要求继承创新,让中华文化展现出永久魅力和时代风采。"考虑到中国传统价值观的历史局限性,我们必须对传统儒学文化的价值观进行批判性继承,以适应现代社会主义的核心价值观。

第五节　网络交往制度合理化的行动准则与引导路径

在网络交往合理化的制度建设中，制度建设要有贯穿始终的倾向，要有明确的原则、准则作指引。儒学和谐合理性下的儒学解决方案可作为一种可行性的方案供借鉴，可作为现行制度的补充。

本节为网络交往制度合理化指出制度建设、平台自律、家庭校园教育三条引导路径。制度规制的制定中要致力于网络交往主体法律意识的提升，要倡导社会宽容的网络交往风气，也要批判性地继承传统价值，同时要鼓励行业自身强化自律。要多方力量、多元主体共同发力，方可构建全面、健全、体系化的网络交往制度。

一、制度建设的优化路径

（一）构建针对不良网络交往行为的综合治理体系

针对网络暴力、网络诽谤、人肉搜索、AIGC 虚假信息传播等特定不良违法的网络交往行为，在完善相关政策法规的同时，要构建针对性强、执行性高、程序精简的综合治理体系。

目前来看，针对特定网络交往行为的处理方案，各大网络交往平台应承担更多的处理责任。但从实际的常态化管理中来看，平台治理仍旧困难，惩处办法难落实、技术管控门槛高等问题难以应对，如若能在平台与政府官方监管部门、网络平台用户之间实现有效的协同，借助现有的成熟完备的制度化治理方案，倚靠先进的技术资源，或许能打造清朗高效的网络交往综合治理体系。

以惩治网络暴力为例，2023 年 11 月，中央网信办启动为期 1 个月的"清朗·网络戾气整治"专项行动对网络空间面临的突出网暴问题进行了集中治理。"清朗行动"的成效斐然，离不开社交、短视频、直播带货等网络交往平台与政府官方、网民个人的配合。首先是监管部门与平台常态化监管之间的配合；其次，对网暴的处理与民事维权、行政执法与刑事司法紧紧衔接，对网络暴力行为的处罚，同时实现对平台履行信息网络安全管理义务的监督；最后，"清朗行动"发动了网民积极与多方治理体系进行互动，鼓励网民对网暴行为的及时举报。2023 年 3 月，中央网信办印发《关于切实加强网络暴力治理的通知》，抖音、微博、快手、腾讯、小红书等重点平台陆续发布防网暴指南手册，从风险提示、一键防护、私信保护、举报投诉等多个维度，帮助网民快速有效防范网暴侵害。

（二）倡导社会宽容

现如今，公众会自觉不自觉陷入公共领域过度私人化的"虚拟空间"之中。在对现实世界认知判断逐渐迷失之时，在匿名性与群体传染的螺旋中，网络交往秩序很容易失控失序。因此，在网络交往的虚拟环境中倡导社会宽容、相互理解成了时不我待的重要话题。

我国已把公民的"表达权"①写入《中华人民共和国宪法》。这一事实充分证明，在我国，随着个人言论自由的具体保障，集体对于个人意志、个人情绪和个人表达的社会宽容成为至关重要的议题。尽管网络微博为受众提供了一个探讨公共议题的平台，但屏幕上却充斥着碎片化、毫无意义的话题，这类内容实际上占据了公众大部分有限的时间以及注意力资源。最后造成的后果是，这些毫无意义的主题，造成个人对社会公共性事件，如教育、医疗、交通、环境、

---

① 约翰·密尔在《论自由》一书中指出："这里所要讨论的乃是公民自由或称社会自由，也就是要讨论社会所能合法施用于个人的权力的性质和限度。"换句话说，密尔关注的，是社会控制和个人独立之间的关系问题。在密尔的论述中，社会是和个人而不是和政府相对应的概念，社会是人们的集合体，所要处理的，是个人和多数人的问题。

气候等重大社会公共事件的视而不见，构成公共领域过度私人化这一现实困境，即公众过分迷恋媒介自觉或不自觉创造的"虚拟环境"，这会扰乱公众对于现实世界的认知和分析判断。不少社交媒体有意无意发布的猎奇事件，事关他人个体私生活，而好奇与窥探是人之本能需求，在容易失序失控的虚拟网络交往环境中，这类非理性事件很容易引发对传统伦理道德底线的突破和他人隐私的侵犯，甚至可能演变成造成重大公共损失的事件，发人深省。

网民视较高的道德标准为公民义务和道德底线，对未能实现这一目标的人进行横加责难，这种行为属于道德绑架。这类网络暴力现象在微博场域中表现得尤为突出。在这个过程中，受害者往往会选择"沉默"，甚至是"暴力反击"。而网民们在表达自身利益诉求时，也常常会使用各种方式来达到目的。每一位网民都可以轻易地凭借自己"护卫道德"的表象，在匿名性的心理包装之下，对那些被认为是有损于道德的主体进行任意指责，甚至于受群体情绪支配逐渐走向群体极化。交往理性偏离了正常的轨道，最后的结果往往是网民对公共生活失去兴趣，对公共问题缺乏了解，甚至对某些社会现象也视而不见，漠然置之。

道德绑架这类行为，皆为公共领域对私人领域的越轨行为。如果没有一个合理、规范的公共舆论环境来约束这种行为，就会产生许多不稳定因素。因此，为了确保社会公共安全和稳定，在公共和私人领域中确立一道明确的界限是有必要的。

网络空间尽管表现出公私领域的整合倾向，但是需要清晰地分割个体和群体的边界，避免强硬的道德绑架。与此同时，群体也应表现出对个人的某种宽容度，这是因为网络空间较之现实空间更加需要合理的互动。网络环境下的道德建设应在坚持传统伦理基础上，不断提升网民素养，加强公民意识教育和公民权利的保障。在打造一个真正多元的网络文化氛围，让各种声音在这里相互碰撞的同时，要防止公共权力过分介入私人领域，成为滋生各种不良现象的温床。与此同时，要谨防私人领域过度公共化、维护个人隐私权、守住道德底线、创造安静环境。在互联网时代，公共领域与私人领域的边界是相对模糊的，但是二者却始终处于一种相互交融的状态之中。

当前，网络正在以潜移默化的方式改变我们的社会结构和交往方式，它不仅为网民提供了话语权，同时也赋予了我们一定的社会责任。[①]因此，我们需要引导网络主体在网络交往中表达观点、意见交锋之时，多一分宽容与理解，给予彼此在交流沟通中退让的空间，尊重他人主观性观点的表达，而不是敏感、下意识地针锋相对。

（三）继承传统价值：自制与尊重隐私

在虚拟的网络社交环境中，不当的信息发布或转发会因网络的力量加速传播，从而迅速扩大其影响范围。由于网民自身素质参差不齐等原因，也使得网络交往行为出现了诸多问题。因此，必须加强网民的网络伦理素养和法律意识，以抵制任何有损于网络伦理的言行，净化网络空间，明确网络边界；还要加强对网络交往行为进行有效规制，以保障网民的合法权益不受侵害。

为了确保网络言论的合法性和规范性，我们需要持续开展广泛的网络交往法制道德教育活动，并通过公众舆论监督的作用，对网络言论进行有效的约束和控制。网络主体之间的交往更多以言语冲突的形式表现出来，因此对网络空间内言语的规制是必要的，否则不仅会扰乱网络交往主体的正常社会生活秩序，还会使虚拟网络空间结构混乱无序，最终干扰社会和谐。

首先，要致力于提升网络交往主体的理解力和认知能力[②]，相关部门应当积

[①] 汪振军、韩旭：《网络公共领域的道德绑架与交往理性——以范玮琪阅兵晒娃事件为例》，《郑州大学学报（哲学社会科学版）》2016年第5期，第149—153页。

[②] 哈贝马斯强调行为主体对客观存在事物及主体间关系的理解是实现交往行为合理化的首要前提。在网络交往中，行为主体对网络语言的认知程度决定其网络交往行为。首先，网络交往主体需要主动更新自己的网络语言及网络知识，注意不同语体和网络语境，了解网络语言现象背后的社会文化心理。

极推进网络语言资源体系的规划和建设，补充和完善网络语言信息资源的体系构建，为网络交往主体搭建可公开学习的平台，教育引领网络交往主体道德建设。

其次，相关政策制度的制定要偏向于确保话语的真诚性，争取做到建立网络交往主体之间相互的理解与认可；这种理性交往方式可以促进社会进化，实现行为主体间的无强制对话。政府以及相应的社会化媒体平台应该致力于帮助人们相互沟通和理解，利用数据分析等技术手段及时征集、分析、反馈网络交往主体双方的意愿和诉求。

为了解决网络空间中的语言障碍，网络交往主体必须明确表达自己的交际意图，建立双方之间的互信关系。在网络空间语言治理中，应当将"言语"和"话语"作为两种不同类型的语言加以区分。在网络交际行为中，网络主体之间的对话已成为网络空间语言治理的一个重要组成部分。对话是一种以协商为基础、通过话语交流实现沟通的方式，其目的在于增进共识，达成理解与信任。只有在充分考虑并尊重参与主体的共同利益的前提下，才能确保对话的顺畅进行。只有在一种平等、民主的对话环境中，交往主体才能够自主地表达其意愿和观点。对话是一种理性选择的结果，也是交往双方共同协商的产物。只有在对话主体相互理解的基础上，才有可能实现社会整合，保证网络空间语言治理工作的顺利进行。[①]

（四）提升网民的法律意识

第一，鼓励网民对"自制"的坚守。传统的人际交往观念由于受时代背景的约束，确实存在部分不符合现代网络交往环境的因素。但在当今网络交往中，儒家等传统交往合理性所代表的人性价值，尤其是在维护和谐的交往生态方面，仍然存在着许多值得坚守和弘扬的道德规范。网络交往主体要做到个人本身的

---

① 杨丽、毛德松：《基于交往行为理论的网络空间言语研究》，《南京邮电大学学报（社会科学版）》2022 年第 2 期，第 66—67 页。

"自制"，要积极汲取传统儒学交往观念中的积极因素，做到"与人为善""仁爱"；尊重他人隐私，树立正确的义利观，坚守道德底线。

传统儒家思想中"自制"是至关重要的话题，可供我们借鉴。儒家的"仁者爱人"要求双方都本着"仁爱"的原则。在网络交往中，并不存在过多的等级制度，而是更多地体现了平等地位。在这个过程当中，由于信息交流方式不同，也会造成一定程度上的不公平现象，导致人际间出现一些矛盾和冲突。在网络交往中，主体之间应该以一颗仁爱之心，相互理解和尊重，以一种开放包容的态度去接纳对方，尊重个体的差异，包容对方的个性，从而营造一种和谐融洽的人际关系。交往主体要以"礼"作为网络交往的规范，加强礼仪修养，提高个人素质，注重自己的言辞和行为。

自制对诚信提出更高的要求。以"诚信"作为网络交往的基础，这是现代社会为人处世的根本信念。诚信是保证交往活动能够正常开展的前提，网络交往中的主体首先要做到自身的诚信，要充分认识到诚信的重要性，树立诚信意识，并将诚信意识内化于网络交往中。

自制也对义利观提出要求。网络交往主体要树立合理的义利观，追求个人利益的前提是尊重他人隐私，不损害他人利益。义和利之间不应存在对立关系。网络中的交往关系，欠缺在情感和责任为主的心理机制上的自我约束力，同时又存在外在约束机制的缺位。在网络社会里，随着人们对自我需求的日益重视，对个人正当利益的尊重和保护已成为一种自然而然的趋势，可当我们追求个人的合理利益时，必须避免过度追求功利性，以免损害他人的心灵，避免做出不道德的行为。尤其涉及义利取舍时，应该以义为准绳，在不损害他人和社会利益的同时，追求自己的利益。①

第二，倡导尊重隐私。随着网络交往与人们日常生活的紧密联系，网络隐私

---

① 高冬梅：《论人际交往方式从传统到现代网络模式的嬗变》，《现代交际》2016 年第 10 期，第 39—40 页。

权逐渐成为人们重要的权利之一，直接关系到网民的基本生存状况。但目前，我国的网络隐私权保护制度仍然存在例如法律规范缺失、相关规定不明确、缺乏有效监督等不足之处。

在网络空间中，隐私权的侵害具有独特的特征，其危害范围和救济难度远远高于传统隐私权。近些年，"人肉搜索"作为一种新型的网络信息传播方式，对公民隐私权造成很大威胁。"人肉搜索"本身也存在很多漏洞，容易引起侵权纠纷。而这些都需要通过法律进行有效调整。因此，在完善我国网络隐私权保护体系时，必须采用科学方法引导和规范"人肉搜索"，提高网民的自我保护意识。这是一个与每个人息息相关的紧迫问题。

目前，我国在网络交往主体个人隐私权保护问题上的研究仍处于起步阶段。随着网络时代的迅猛发展，我们必须加强对个体和集体网络隐私权的法律保护，建立起全国范围内的网络隐私权法律保护体系。具体来说，我们应该做到：建立健全的网络隐私保护与管理机制，最大限度地鼓励网络管理者发挥积极作用，以彰显其在网络管理中的主动性；加强网络经营管理秩序的完备性。

二、网络交往平台强化行业自律

网络交往平台的规制，应该区分为宏观层面的规制和微观层面的规制。宏观层面主要是指以政府为主体的公共部门通过对与媒体相关的法律、法规、政策和规章的制定与修改来对媒介进行规范；而微观层面的规制，不再是以政府为代表的公共部门，而是指以网络交往平台个体单位为主体，制定的各种制度和措施。[①]对网络言论进行网络规制，除了政府等相关机构的积极推动外，还应

---

① 包括媒体单位如何协调自身与社会的关系，处理媒体单位的社会利益和经济利益关系，协调媒体单位与媒体行业从业者之间的关系，媒体单位之间的竞争合作关系以及新旧媒体间的融合关系，规范建设科学合理的业务规章和人事制度等。这里的媒介主要指大众传播媒介，比如报纸、期刊、广播、电视、互联网等。

采用多种形式激励媒体行业和网络从业者树立社会责任感，以法律为准绳，鼓励其发挥自主性，从而实现自我管理。

不可否认，现如今在鼓励媒体行业自律这一问题上存在诸多不足。例如，媒体行业的法律效力比较低，责任主体不统一，法律冲突问题时常发生；责任追究和处罚标准不明确，造成了行业立法协调性和权威性不足。2023 年 7 月，中央网信办发布《关于加强"自媒体"管理的通知》，督促网站平台健全账号注册、运营和关闭全流程全链条管理制度。从账号认证、账号内容运营及获利规范等角度提出 13 项工作要求。[①] 为避免账号信息假冒，"管理通知"要求平台强化对注册、更改账号信息的管理，在动态核验环节进行账号信息的核验，同时对于在金融、教育、医疗卫生、司法等行业进行信息内容制作的"自媒体"加强资质认证和展示。针对账号内容提出了具体监管措施，主要有规范信息源标注、加注虚构内容或者有争议的信息标签和完善谣言标签，同时强调了规范账号运营和强化信息真实性管理的重要性。

进入社交媒体的网络交往新形势之中，直播、短视频等网络交往平台崛起，我国行业规章的制定并没有考虑到社会化媒体平台在传播上的新特点，因而显得僵化且不够灵活。为了解决此类法律中存在的问题，首先要健全立法体系；其次要建立统一的法律体系，提高效率。需要尽快完善单独立法，规定具体处罚措施。在保障立法的基础上，积极鼓励媒体行业的自律，为媒体行业自律打造一个有法可依、法律规章健全的制度环境，将行业自律的灵活性、针对性功效发挥到最大。

三、家庭校园对个人的网络素养引导

现在，个人在融入社会化发展之前的个人生活、学习与网络已经难以分割。

---

① 年度网络内容治理研究课题组：《趋深向实与"国家在场"：2023 年中国网络内容治理报告》，《新闻记者》2024 年第 1 期，第 42—58 页。

作为单纯稚嫩的个体，在依托网络时，极为容易受到虚假信息、网络暴力、极具情绪化的表达方式影响，刺激了个体本身薄弱的文明意识与较低的心理防御能力。作为孩子、学生角色的个体，在接受全面的网络素养教育之前，存在着虚假信息辨别能力低、不良信息抵御能力差、受外界诱惑较容易的特点。更为突出的是，从实际情况来看，一大部分家长都不得不承认，随着网络环境成长起来的这代年轻人，尤其是初中至大学这个阶段的个体，对于网络社交平台的运用能力已远强于他们的上一辈。因此，伴随着稚嫩的网络交往主体的成长，通过学习教育和家庭引导两条路径，对其进行及时、目的明确的网络素养引导已成为必需。

网络素养的内涵包括两大方面。首先，从认知层面讲，它要求我们深刻理解网络资源的价值和应用方式，以及网络信息在学习、工作、生活中的重要性及其所扮演的角色；其次，从技能层面讲，它需要我们熟练掌握各种网络搜索工具，以便高效地获取信息，并进一步提升这些信息的实际应用价值。

学校教育作为网络交往个体社会化的关键一环，要加大教育引导的力度。针对具备差异性的学生群体，从实际情况入手，强化个体对于其本体自身的认知，鼓励其能够对自身能动性进行发挥，进而主动了解复杂网络交往环境的特征、网络道德规范准则、网络荣辱观等。对相关技能进行培训，提升网络虚假信息、诽谤信息的辨别能力。从社会道德入手，厘清作为一个具备责任感的网络交往主体的恰当表达方式，控制极具情绪化的偏激言论，与家庭、社会引导齐头并进。

家庭引导是网络交往素养培育的起点，也是其伴随终身的重要内容。除了配合学校教育、社会规范进行基本的技能学习、道德培养之外，家庭引导更重要的是，要尽量加大互动力度，关注青少年在网络交往环境中的体验，纠正劝导其不恰当的表达方式，引导其对社会现象抱以合理的态度，为其终身健康成长奠定坚实的基础。

本章简要地解析了现代社会网络交往制度存在的现实困境，并将社会学领域韦伯的工具合理性、哈贝马斯的交往合理性以及儒学和谐合理性引入网络交往的视域中进行讨论分析。提出儒学和谐合理性作为一种可行性的方案，对当今网络交往制度层面的诸多困境存在适用性与可借鉴性，建议作为现行网络法规的补充，也可作为现行网络交往形式法、交往合理性的倡导之外的另一种可行性方案，提供一种根植于中国现实土壤的新可能性。

在网络技术被广泛应用的时代大背景下，现实中的交往被映射到虚拟网络环境中，并与现实交往的边界逐渐模糊。AIGC 内容生产方式，带来新一轮影响颇深的虚假信息传播浪潮，网络交往中诸如网络暴力、隐私权侵犯、人肉搜索等偏激、负面情绪化、非理性现象频出，除了伦理、人格的自律之外，法律条规作为"他律"的方式也对网络交往主体起到不可或缺的规制作用。

本章的整体论证逻辑，是将社会学领域的多元合理性路径引入网络交往制度这一领域进行比较，论证了儒学思想能够为应对这一现实困境，提供虚拟秩序制度建构的合理性方案。韦伯所主张的目的合理性，在深度媒介化、数字交往迅速发展的今天，刚性制约面对虚拟空间难以周全，也难免缺乏人本关怀的底蕴。而在价值多元、对立冲突频发、价值理性已日趋陷落的网络空间，目的合理性的责任伦理主张也难以应对。哈贝马斯提出的交往合理性，力图以理解取向的对话伦理来补充成就取向的责任伦理，但哈贝马斯的交往理性并没有提出刚性的交往对话规范，更没有具体细化的实践标准。总之，以主体间性和理解为目标的交往理性面临现实困境，又交织着网络主体的虚无与去中心化，更难以平衡网络空间的工具理性与价值理性，蒙上了浓厚的乌托邦色彩。

与目的合理性、交往合理性路径相比，儒家礼制思想并非主客、人神二元立场的对立；在传统社会中，儒家"礼制"并非以形式化、逻辑化的法律制度出场，相反，其以经验世界为基础，以实质主义为核心，将有效形式与道德的实质内容二者有机融合起来，逐步追求道德意识与政治权利的结合统一。儒学和谐合理性在网络交往制度层面着重关注的，是通过对作为个体的"人"的关注，进而对整个社区秩序、整个社会系统制度产生影响。所以儒家礼制提出"仁政""德政""中庸""节制"等理念，强调在制度规范中关注个体情绪，以维护个体的合法权益来调度社区秩序。孔子的思想启示我们，需要通过对作为网络交往个体的"人"进行规制和引导，以具体的人为核心关注点，促使个人在网络社会的交往中充分进行对话、相互尊重、在沟通中相互理解。其中，"礼制"可以体现出对个体的规制作用。同时，从个体出发、关注人的礼制，可以逐渐扩展到网络虚拟社区，进而扩展到整个网络虚拟社会系统的层面。在此基础上，形成儒学和谐合理性的制度规制，才可构建整体的网络社会的和谐。

儒学解决方案在当今中国现实实际的可行性，也是本章在试图回应的重要问题。在几千年的历史长河里，儒家思想对每一个华夏文明的主体"人"产生的是潜移默化、难以磨灭的深刻影响。因此，传播与践行社会主义核心价值观的，进而构建、维护社会主义核心价值体系，从儒家优秀的思想文化中有所借鉴是条重要路径。进一步分析，传统礼乐思想在家庭、熟人社会中所发挥的作用，如今在网络社区中也存在可借鉴之处，其可以逐渐成为原本陌生的网络交往主体之间的集体规范。儒学所提倡的"仁""义""德政"等思想，与社会主义核心价值观也不谋而合。

本章试图对儒学解决方案给出具体的释义、网络社会的和谐需要其所属系统与生活世界和谐的保证；社会主义核心价值观的坚持应是基础导向；网络政治的"德政"与"仁政"是保证德性；爱国守法是网络交往的首要德性；自由平等是网络交往的重要德性；而提升法律意识、追求社会宽容、尊重隐私是贯穿始终的制度建设基本准则。本章提出，应对作为公权力主体的政府提出加强德政、仁政建设的要求。而汲取儒学优秀思想构建可沟通政府新形态，成为网络交往政府建设中的重要一环。网络交往的制度建设要不断地完善。以实名制为代表的网络制度建设要体现对法律制度权威性的遵循，要体现对爱国思想的维护。同时，要在网络交往主体的言论自由、尊重话语平权与适当的规制之间维护好平衡，以更好地保障每个网络交往主体平等的表达机会。最后，在网络交往制度合理化的具体建设中，要通过家庭与学校教育两条路径，致力于实现网民素质的提升、对社会宽容的倡导、对尊重隐私的维护以及对行业自律的鼓励等。

第六章　网络交往合理化的人格与培养路径

　　自 20 世纪末互联网和信息高速公路被搭建，30 年来网络世界迸发出势不可挡的蓬勃生命力，与现实世界愈发交融。网络空间重塑着生活形态，也为人际交往提供了新模式。依赖于 Web2.0 的核心应用，互联网衍生出全新的人类社会组织——网络群体。搭乘 Web3.0 的快车，网络全球化时代的人际交往呈现出更加多元复杂的特征。

　　网络社区的匿名性、流动性使网民可以自由平等地进行网络交往，不用顾及身份、地位、阶级等现实标签，畅所欲言的表达观点，进行沟通交流。与此同时，网络作为一把双刃剑，也衍生出各样的人格失范和交往问题。过度追求自我表达带来了自我中心主义和虚无主义，存在强烈的自我认同危机；身份不在场带来了人际信任危机和情感危机，网络诈骗和网络暴力事件层出不穷，网络诚信问题迫在眉睫……

　　人格一词最先起源于拉丁文的"面具"，是指个人具有的稳定的、综合的心理特征。用"面具"来指代人格，包含着两层含义。一则表示人格为公开展露的、呈现在生活舞台之中的外在自我；另一则为蕴藏于内、不被外人所见的真实内在自我。它主要指代人的行为特征和对环境的态度，如目的、兴趣、动机、理想、态度、行为等，以及稳定的自我认同。本章首先从网民主体的人格层面着手，分析多元路径下的人格特征与其在网络社区中的表现目的合理化路径的人格。其次在比较视野中，强调和分析不同交往合理性人格维度特征：工具合理性呈现出"成就取向"的交往者特征，以目标和成就作为交往首要准则；交往合理化路径呈现"理解取向"，更强调交往者所具备的交往资质；而和谐合理化之下的人格特征，强调道德感与君子的行动观，呈现出"诚信、仁爱、律己"等特征。最后，通过三种人格路径分析，提出通过倡导理性价值来平衡工具价值；重视网络空间的意见领袖——新公共知识分子的素质倡导，以及重视网民媒介素养和交往资质的培养；更重要的是要培育具有诚信、恻隐、慎独意识的内在品质，使交往者重视自身人格的升华，从而进行理性交往行为，营造和谐的交往空间。

第一节　网络交往身份、人格与合理化多元路径分析

一、网络交往中的自我、身份与自我呈现

（一）"去实体"后的多重虚拟身份

"计算不再只和计算机有关，它决定我们的生存。"尼葛洛庞帝在《数字化生存》一书中的预言已经完全实现。互联网时代，"时间消灭空间"已成现实，人与人之间的交往也不再受制于距离、时间或人际因素。新技术帮助人们足不出户，就可以在网络世界中创造身份进行交往。随着新媒体平台的发展，在虚拟社区中，用户可以自行选择数字身份进行网络交往与其他活动。以"元宇宙"为代表的数字化世界，模糊了现实世界的角色与数字身份，这也带来了人们身

份认同以及互动方式的变化。主要表现在以下方面。

一是身体与身份不在场，造成交往主体以数字身份参与交往行动。

一般来说，虚拟社区中的身份信息由三部分组成：第一部分是个人的基本信息，例如年龄、职业、性别、性格等，这些信息会在个人首次进入虚拟社区或使用新媒体平台时进行收集；第二部分是个人在社区中的活动痕迹或发布内容，例如登录平台时的积分与上线提醒，在社区中发布的博文等；第三部分是在与其他用户的交互中产生的内容，例如点赞量、转发量以及评论互动等。虚拟社区中用户的数字身份并非全部与现实世界保持一致，存在完全相同或有限相同，用户甚至可能会使用虚假信息注册或发布与现实世界不相符的内容。

这部分自我中的"客我"，即是对自我个人身份与社会身份的认知，本身与社会相联。除了种族、性别、性取向、国籍等无可选择的社会身份外，我们选择的社会从属身份，以及价值观、性格、品味和个人经历等与他人区别的个人身份，均是通过对他人的社会观察、比较，以及在与他人的互动、反馈中形成的。

当我们身处虚拟社区时，我们的虚拟身份也在通过交流产生、呈现和重塑。网上建立关系时，有人会欢呼摆脱了身份的约束，终于获得解放。也因这种自由和解放，更多的人对交往对象的身份总会有疑问。当身体不可见，社会身份不明时，这些疑问是正常的，对方会撒谎吗？能被信任吗？

网络的身体不在场交往，将自我和身体分开，去实体的身份仅存在于语言和网络行动当中，这就为探索、呈现自我以及了解他人提供了新的可能性。虽然网上经验一再提醒我们，有各种用夸张或不那么夸张的方式，欺骗他人、掩盖动机或歪曲事实，以达到营造形象、谋取利益目的的案例。但更多的用户研究显示，大多数人在网上的行为方式与他们的线下具身自我非常一致，他们并未借助去实体性来创造虚假的或欺骗性的自我。

二是网络交往的身份依交往场景被创造和调用，表现为多重场景下的多重身份。

在虚拟社区中也存在另一种数字身份,这甚至表现在大部分交往场景中。网络的匿名性与不确定性带来用户真实身份的"去实体化",在各类千奇百怪的网名背后,在线呈现的身份极可能是双重甚至多重的。网络交往的匿名性并非不记名,而是通过各种由交往主体本人设定的符号与化名,进行"匿名交往"。正如《纽约人》曾刊登过的幽默漫画中的一句话,"在互联网上,没有人知道你是一条狗"。网络交往最大的特征便是交往主体的身体不在场以及与现实世界的身份分离。为了规避风险、保护隐私抑或体现个性,不同身份分散在不同的场景空间中。真实或虚拟的个人和社会身份,共同构成了一个人的网上身份。人们在线下即在扮演多重角色,遑论在线上了。

为了适应特定的受众和特定的语境,身份一直在被创建和调用着。正如欧文·戈夫曼(Erving Goffman)等学者认为的,自我中的客我或他我,已在要求人们在日常生活中扮演着多重角色。因此,并不能将数字交往中的自我理解为单一、统一的实体,而应将其视为灵活、多样的存在,在不同的情况下有不同的化身。身份与自我相互勾连,在特定的语境和环境中会有不同的凸显。

三是虚拟个体自我呈现为表演性身份。

戈夫曼的"拟剧理论"认为,个体在日常生活交往中的行为就像是进行表演,世界和社会是舞台,表演无处不在。在《日常生活的自我呈现》一书中,戈夫曼提出人们可以经过"打扮"而使自己成为演员,按照自身的想象或他人的评价进行表演。在网络世界中,这一表演和拟剧愈演愈烈。各个主体在网络环境中可以自由地选择自己的"身份"和角色,按照个人喜好和希望呈现的内容进行角色塑造,甚至可以删除或掩盖形象。

除了角色定位的虚拟性,网络世界的另一重塑功能在于改变了空间感,主体的行为不再受制于距离或时间。曼纽尔·卡斯特提出"流动的空间",在网络世界中,空间的区隔被打破,"前台"与"后台"的界限不再分明。传统社会的面对面交往被虚拟的网络交往替代,得益于媒介技术的发展,个体的虚拟表演有了展示空间。

（二）网络交往中的人格失格与自我呈现的危机

虚拟社区的人际交往改变了人们的生活方式，也使得人际交往下的主体人格产生了转化，出现了失格现象。

一是网络创造了相对平等与自由的人格发展空间，但也带来人格与自我呈现的危机。

世界已成为一个整体的"赛博空间"，拓展了人际交往的领域，也提供了一个多元开放、自由平等的交往平台。在虚拟社区，"天涯若比邻"不再是遥远畅想，居住在不同地区、不同民族、不同身份的人在网络社区中均可以拥有一席之地。甚至现实交往有困难的人群（自闭症患者、残疾人等）也可以在虚拟社区中自由交往。

虚拟社会的人际交往以自我为中心，不再依赖外界或他者的权威，人们可以自由地选择自己的身份和性格。不再受控于传统的阶层和等级制度，人们可以平等地共享信息、进行交往。个体在不受限制的交往中可以更多地表达情绪，尝试进行更深层次的心灵交流，也将获得更多的自尊和尊重。

二是网络交往行动的人格真实性存疑，导致诚实与欺骗难以界定，自我呈现因此面临严重的信任危机。

相比自我的多样性和灵活性，人的身体通常是固定的，于是它经常被视为了解个体的关键。身体同样能在很大程度上决定一个人的某种行为是否有效，并让人们对自身的行为负责。在虚拟社区中，当行为不再依附于身体时，行为的真实性就变得不那么清晰了。与此同时，人格的界定也出现了困难，最大的阻碍即是人格的真实性——诚实交往或是欺骗。目前缺少明确的策略来对待线上人格行为。这种行为究竟是由虚拟化身完成，还是由真实的身体完成的，其中的差异很大。欺骗的构成也非常复杂，甚至当人们在网上撒谎时，欺骗也能以多种方式被呈现和调用。

网络社会以符号作为交往标识，与现实交往的可触感不同，带有更多的间接性与匿名性。现实交往中人们可以近距离接触，对于交往对象的身份特征也有清晰的把握；而在网络社会中，交往主体的言行难以判断真实性，只能凭借想象来衡量猜测交往对象。网络世界的匿名性使网民可以抛却现实中的真实性，挑选双重或多重虚拟角色进行网上交往，而不需要顾忌社会压力和规则，也无需承担过多的责任。许多主体在交往时抱有随意、游戏的态度，甚至进行网络欺骗，由此引发人际信任危机和各种网络诈骗现象，人们对网络环境和网络交往充满了不确定和不信任感。

心理学证实，人们的行为表现形成习惯之后，将会转换为个人特质与人格特征。在网络中的虚假行为也会影响现实生活，表演成日常习惯后的主体，将面临网络世界与现实生活的割裂，从而影响个体对网络世界的认知和对现实世界的信任感。

当交往者在虚拟世界中进行虚假交往或呈现后，对于现实的交往也会抱有虚假性，长此以往将会影响网民的信任感，诱发现实交往的人际信任危机。

三是网络交往情感纽带难以建立，带来人际情感交往的现实逃避与人际冷漠。

人是社会性动物，需要在社交和互动中满足自我的价值，在交往中维系情感。社会心理学家米哈拉宾（Mehrabein）的研究结果表明，人际之间的整体喜欢 =55% 面部 +38% 音调 +7% 语言。这意味着面对面的接触更容易增进感情，在面对面接触中，双方可以获得更多的了解与支持。而在虚拟社会中，由于用户身份的不可知以及信任度低，网络交往的情感沟通难以畅通进行。人与人之间的感情纽带难以建立，冰冷的机器、文字以及各种符号使得人们的情感不具真实性。

网络的虚拟性以及信任度较低，不仅会影响数字交往中的情感沟通，也会引发现实世界的情感危机。网络交往取代了大部分的现实交往，淡化了与现实好友、亲人的联系。虽然数字沟通使得人际交往更加便捷，但却缺少相应的人文关怀。有人在虚拟社区中广交好友，却忽视了现实的人际关系处理，甚至过度沉溺网络交往而丧失现实人际相处的能力。

四是网络交往人格失格的最主要表现是网络交往中的自我中心与虚无主义。

网络提供了自由多元的交往平台，赋予虚拟社区的交往者极大的个人空间与选择权，也带来了个人的自我中心主义。现实交往依赖于"熟人社会"，需要顾及他人感受与交往规则，而虚拟社区的去中心化与交往规则的缺失，使得交往主体在网络交往中以自我为出发点，更易产生无序和失控的行为。

进入虚拟社区后，在非熟人社会中，一些人会沉溺于虚假的能力和自由中，忘却规则的约束。据北京五所高校的一个调查，有 9.8% 的人曾上网查阅黄色的图片或文字，98.6% 的人曾获得机密和他人的信件，5.4% 的人曾发布不健康的信息。大约三成的青年上过色情网站。[①]沉浸在网络带来的高度自我中心化的世界里，极易做出一些平时不可能去做的事情，甚至踏入违法犯罪的边缘线。

除此之外，虚拟空间的个体可以选择自由展示自己的身份，扮演各种角色或性格，在与人交往时尽情展示与表演，对于现实中真实复杂的一面进行掩饰，甚至沉迷表演。例如在微信、微博等平台发布精致生活的照片与内容，打造专属人设。当表演已成为日常习惯，人际交往演变为需要通过点赞量、评论量才能获得成就感的行为，带来的是个体交往的肤浅化、虚假化以及主体的虚无。

二、网络交往人格合理化的多元路径分析

基于网络交往的多重虚拟身份和自我呈现的失格，本小节从人格合理化的多元路径分析出发，探讨数字交往中的人格特质，以及交往者的动机、交往资质，并倡导和谐的交往人格。

---

① 转引自王晓霞：《"虚拟社会"的人际交往及其调适》，《南开学报》2002 年第 4 期，第 90 页。

（一）目的合理性人格：网络交往的成就取向

目的合理性的人格合理化从主体的目标动机出发探讨人格特征与主体行为，揭示主体进行交往的路径与不同成就取向。成就动机与一般意义上的动机一样，是藏于行动者自身的驱动力，但它具有强烈的主体特征和责任意识，会把达成目标会遇到的困难也预设在计划之内，体现出鲜明的主体意志品格。

目的—成就取向更多是指一种精神上的追求，成就取向的目的合理性人格，交往时会更多以个体的现实目标与成就取向作为首要动机与行为准则。最初的目的取向人格信奉"天职说"，具有强烈的劳动能力和欲望，坚信劳动是上帝所指源的责任和义务。后来，现实社会交往中对功利的追求、情感的渴望以及自我的呈现，都是成就取向的缩影。这一原则与特征在虚拟社区中仍然适用。

就目的合理性而言，在网络交往中，这一人格路径的网民对于上网和数字交往抱有鲜明的动机与目的。黄少华认为，网络交往的主要社会心理基础来自人们对安全感的追逐、对爱与尊重的需要，以及对自我实现的期望。这些心理动机直接影响人们网络交往的内容和相应的行为后果。

除了与个人职业身份等有关的交往外，如商业活动、专业和知识交流等，目的合理性人格在虚拟社区中的交往动机不外乎以下三方面。

第一种是充分的展示和表达自我。这类交往者可能受制于现实条件，在现实生活中缺少充分表达的平台，或是存在表达障碍。借助虚拟社区的匿名性与自由等特点，他们可以无所顾忌地通过文字表情等充分表达自我。

第二种是维系关系或情感宣泄，包括正向的情感寄托和负面的表达不满、满足难以实现的欲望等。网络是寄托和宣泄感情的绝佳途径，能够消弭距离的隔阂，实时实效与亲朋好友进行沟通对话，建立感情枢纽。对于在现实生活中难以表达感情的人来说，网络更是提供了便利平台。对于孤僻内向的人而言，他们可以在虚拟的世界中获得现实生活中难以实现的交往需求的满足。对于受挫的人来说，浏览虚拟社区的内容或与陌生人社交，可以帮助其抒发心绪，找到短暂的避风港。

第三种是寻求自我认同。一项关于大学生网络交往动机的调查显示，青年在大学时期的认同感与归属感建设至关重要。对于他们来说，进行网络交往更多是为了获得认同感，形成有意义有价值的人际关系。相比于物质条件，在这一成长时期，他们更需要精神的对话和交流，需要情绪释放和精神沟通。用户可以在虚拟世界中扮演任何角色，来探寻自我，也会出于相似的兴趣爱好选择加入某个虚拟社群，在其中寻找志同道合、互相理解的伙伴。对于某些在现实生活中不被理解的人群而言，在网络社会中也可以找到互相慰藉的群体，增强自我认同。

（二）网络交往行动者资质：交往合理性的理解取向

交往行动以及交往理性是哈贝马斯论著中的重要概念，他将交往行动视为至少两个行为主体，遵循某些规则，秉持理解和尊重而进行的行为。理解和认同是哈贝马斯认为交往行为应有的终极目的，在其看来，理解取向的交往行动者也应具备相应的交往资质。

网络交往理解取向的人格应秉持真诚的意象表达。交往合理性是哈贝马斯针对被系统扭曲的生活世界而提出的，他认为任何一种成功的交往，都是遵守了交往规则的产物。每个个体的交往理性通过交往能力体现出来，而交往的能力大多表现为交往语言的能力。在他看来，一个理想成功的交往行为，不仅要在语言语法层面符合规则，而且要能够熟练使用规则。理解取向的人格应秉持真诚的意象表达，以及遵循正确的交往规则，在主体之间建立以取得理解和共识为前提的交往准则，从而进行自由的交往与对话，建立和谐友好的人际关系。

理解取向的交往行动的人格要求，哈贝马斯着重通过其交往资质的概念来体现。因此，交往资质是理解取向主体人格强调的要求。交往资质即交互主体进行交往时所具有的基本的素质、能力。哈贝马斯的资质说主要集中于认知性资质、话语资质以及主体的交互资质或角色资质。这些准则为网络交往领域实

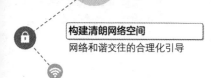
现交往合理性提供了依据和思考方向。

一是认知性资质：对于形式层面的、逻辑性的运作规则的掌操。对于网络社会而言，既需要具备对于网络平台的使用能力，也需要熟悉平台规则，能够进行基础的操作。例如在微信、微博等社交平台能够顺利注册个人账号，了解信息沟通的方式，并能通过文字、语音等传达自身信息。

二是话语资质：对产生可能理解的情形的语言规则的掌握，这包括对产生合乎语法的语句规则的掌握［乔姆斯基（Avram Noam Chomsky）的"语言资质"］以及对产生恰当性话语规则的掌握（普遍的或规范性的语用学规则）。[①] 这一点体现在网络社区中，不仅要求交往者要能够尽可能清楚表达自身信息，从而最大限度不被误解；也要求交往者能够对网络语言有一定的了解，在观看阅读网络信息时能够理解话语规则。

三是交互活动资质：对交往活动的规则把握，包括不断变化中的复杂交往规则和参与性的掌握。交往资质的发展取决于特殊的但相互相关的认知、话语和行为能力（资质）的发展。这些资质能够在理论上重构，行为者能够作为规则系统来把握。在网络交往中即体现在对网络交往对象的语言把握，以及对交往平台规则的熟悉了解，在特定的环境下能够理解或回应对方的信息，减少误解与信息差。并在与对方的交流交往中，构建双方共同的交往规则。例如对于微笑表情包的使用，经过发展已经不仅是最初"礼貌微笑"的含义，而是结合不同语境会有"尴尬、戏谑、无奈"等指代意义。交往者需明确双方对这些交往语言和保持规则的一致性。

（三）网络交往的君子：和谐取向的人格

儒家在感知内在生命情感的基础上，获取的关于"仁"的德性之知，是一

---

① 陆自荣：《儒学和谐合理性：兼与工具合理性、交往合理性比较》，北京：中国社会科学出版社，2007 年，第 271 页。

种普遍的道德感知。同时，儒家又根据普遍的道德原则，建立起人伦等关于社会世界规范的"礼"的知识。继而鼓励人们采取入世主义的、积极的、实践的生活态度，将获取的知识指导现实社会和日常生活，尤其是对于日常的人际交往。

将儒学合理性的人格取向称为和谐取向的君子人格，是因为儒学对普遍道德准则"仁"和人伦规范准则"礼"的推崇。这些知识来源于经验世界，进而内化为对理性人格的倡导，以及日常内在的生活逻辑和交往准则。因此这种合理性是个体内在的主观合理性，而非外界规则约束的外在客观合理性。

和谐取向的君子人格体现在天人合一的和谐取向与内化的和谐取向，即对外部世界的感知与对内心世界的认同。对外部世界的态度，君子人格认为"天""人""社会"是整体统一和谐的，因此要在敬畏规则的前提下进行生活。作为儒学的代表人物，孔子认为所有的道德行为和品质都是相互的，交往双方在承接对方道德行为的同时，也应给予相应的回馈，单方面的行为不能称之为完整的道德行为。孔子对待关系持双向对待主义，目的在于使交往双方和谐相处，这体现在对君臣和谐关系的关注和对平民和谐关系的倡导。对于自我和内心世界而言，君子人格追求内在超越的品质，主要凸显道德的意义。内在超越（德性之知和见闻之知）立足于情感伦理学，最关注的是通过移情而达到和谐。

君子人格的和谐取向主要从君子的道德要求以及行动观中来探求，儒学以"仁"为价值核心，以"礼"为规范表达，以君子人格为其担当者，三位一体，共同实现社会和谐。行动观则表现为"仁爱""忠恕""诚信""礼让""谦敬"等和谐取向。其道德与行动观的人格特征体现在网络交往中仍然有新时代的价值。

内存"仁爱"和外推"忠恕"的道德观。"仁""仁爱""仁道"是君子的内在要求。孔子说："为仁由己，而由人乎哉！"（《论语·颜渊》）君子个人道德品质的培养，是通过修身来挖掘自己身上具有的"仁"的道德情感。在喧嚣和无实体的虚拟社区中，追求仁爱与忠恕具有十分重要的价值。随着网络社会戾气甚嚣尘上，网络暴力案件频发，谣言诽谤产生的成本非常低。后真相时代人们更易相信自己看到以及愿意相信的内容，极高的表达自由带来的部分结果是，网民对于事件可以轻易评论或下定义，从而造成许多谣言中伤或乌龙事件。新媒体传播速度的加持，更是无限放大事件的影响力。而怀有"仁爱"与"忠恕"的人格进行网络交往时，会对他人抱有仁爱之心，减少对他们的苛责。在求"仁"这一点上，君子个人道德品质的培养完全是对自己负责，而不在求得他人的称誉，甚至了解。

诚信、礼让和慎独的行动观。君子人格注重交往中的人际和谐。除了具有"仁爱"和"忠恕"个人道德品质外，也追求诚信、礼让、慎独的行动观。如今的网络社会交往中存在大量违背诚信精神的交往活动，网络社会交往已经成为社会诚信问题的"重灾区"。虚拟社区的失信与欺骗会影响网络交往的人际信任，更会波及现实生活的社会诚信。除却制度约束和惩戒外，更需要交往主体的自律和自我人格升华。君子人格倡导诚信互让，律己和慎独。从自我人格的升华层面出发，指导网络交往，具有充分的适用性和必要性。

（四）多元路径比较

目的合理性的成就取向通过强调冷静、禁欲、理性计算等行动观来体现，交往行动者的理解取向通过强调具有交往资质的交往行动者的行动观来体现。君子人格的和谐取向表现在其行动观的和谐取向，即"仁爱""忠恕""诚信""律己"等行动观。

在网络交往中，目的合理性的成就取向人格具有一定的目标和动机，在进行交往时抱有明确的态度和目的。其主要表现在"禁欲、勤勉、刻苦进取，工于算计"等心理结构特征，也体现为特定的行动观。这一人格路径强调工具理性，将交往行为视为能够抵达生活目标的途径，却易带来工具理性至上、缺乏人文关怀的交往氛围，引发自我中心主义、圈层固化、漠视交往规则等多种问题。

从交往合理性层面而言，交往行动者的交往资质虽说在哈贝马斯的畅想中具有一定的理想化色彩，但随着网络发展与社会道德意识的增强，交往资质对于虚拟社区的民众来说不再是理想，而是一种现实，或说是必须要拥有的资质。对交往平台的了解、对网络语言的掌握和对交往规则的熟悉是进行网络交往的准入门槛，如果没有这些资质，行动者将在网络社区中步履维艰。由此带来网络媒介素养培养的必要性。

基于目的合理性的工具理性至上以及交往资质的参差不齐，和谐合理性的君子人格更加倡导交往主体的自我人格培养，这一取向在网络社会迸发出新时代的价值。成就取向的人格更注重结果，强调结果的必要性而忽视手段方法甚至交往过程，君子人格强调"慎独"与"诚信"，从自我出发保证交往的合理性，关注交往过程中的和谐。交往行动者注重交往主体的资质能力，不具备交往资质的人将很难拥有平台的交往资格，而君子人格强调"仁爱"与"忠恕"，对不具备相应资质的人抱有关怀和宽容态度，弥补了交往行动者对交往主体限制的局限，有助于营造和谐的交往环境。

第二节　工具理性与价值理性的平衡

韦伯认为，工具理性是人们为了达到自己的目的，在考虑可能存在的过程和手段之后，选择最有利的手段和最有效的过程而实现目的的思维模式。即"通过对外界事物的情况和其他人的举止的期待，并利用这种期待作为'条件'或者作为'手段'，以期实现自己合乎理性所争取和考虑的作为成果的目的"。[①]工具理性的行动者将自我之外的他人视作可用的工具，持有工具理性的人，相

---

① ［德］马克斯·韦伯：《经济与社会》(上卷)，林荣远译，北京：商务印书馆，1997年，第56页。

较于行为本身，会更看重行为带来的后果和成就，而不管所选择的手段是否合理。

相较之，价值理性更追求行为本身和过程手段的合理性，它强调手段的合宜。在价值理性的倡导中，人是实施行为和达到成就的负责人，所以强调过程合理即是关注交往主体的和谐舒适，关注"人"这一主体。值得指出的是，价值理性并不逃避功利性的目的，但其并不以功利目的为最高追求，而是在多方目的之下，仍然关注过程的合理性。价值理性的一切的行为和目的都是为了满足人的合理性，也是为了实现人的更全面发展。

工具理性是追求精确、理性的现代化的产物，也为现代社会带来了危机。随着电子技术日新月异的发展，我们可以通过最少的成本和时间，最快速地实现目的，进行网络交往，人却不再是抽象化的生动的个体，而变成了符号和手段，工具理性和价值理性间的二元平衡被完全打破。

一、网络交往的多元动机

学者孙慧将网络人际交往按交往的目的性分为两类，一个是网络"虚拟"人际交往，另一个是网络"现实"人际交往。这里的现实人际交往并非指代在现实世界中进行交往行为，而是按照交往目的来看，是为了便利现实生活，或是与现实生活中的人在虚拟社区中进行交往。也就是说，"虚拟"和"现实"是根据交往者的使用目的，而非是根据交往环境（网络环境和现实环境）区分的。"虚拟"的人际交往并不一定以现实生活交往为目的或依赖，而是意图在网络世界中建立个人的关系，在虚拟世界中完成个人的交往期待，例如网恋、网婚等行为现象。"现实"的网络人际交往依赖于现实社会的关系圈，也更多是为了服务现实的人际关系。只是利用网络平台和语言符号，借助媒体的力量方便现实的交往，例如利用网络进行办公、商务和维护关系等。

网民进行网络交往，一般有以下三种动机：获取成就、维护关系、自我认同。

（一）获得成就

网络交往可以满足人的欲望或成就期待。在现实生活中，受制于各种社会制度、工作规则或生活压力，人们难以倾吐、实现全部的欲望，甚至有时不得不听取他人的意见，接受他人看法。而在网络世界中，交往者可以自主选择与谁进行交往，交往哪些内容，逃离熟人社会。心理学家沃尔·朗斯（Wal Lance）曾指出：数字沟通的心理动力机制是个人力图控制环境和竭力表现自我的权力欲望。例如对于失意的人而言，在现实生活中不被理解的观点与内容可以在网络世界随意倾吐，从而满足交往者的成就期待。除此外，网络提供了多元平等的交流平台，任何人都可以在网络社区拥有自己的一席之地，甚至表达自我、制作出内容被更多的人看到，从而获得支持感。

以大学生为例，周林等学者通过调查问卷与量表测试研究大学生的交往动机，结果表明大学生的网络自我表露各维度均分从高到低依次是兴趣与快乐、失望与痛苦、不满与愤怒以及观点与评价。大学生的交往动机和其自我表露行为息息相关，其快乐与不满等情绪的表现和主体是否能够提供帮助、获得他人认同具有正相关的联系。能够为他人提供帮助，获得外界认同的个体将会有更多快乐、满足等积极情绪。也就是说，大学生进行网络交往的首要动机是出于表达情绪观点，以求获得社会支持；其次是提供帮助、获取信息等次要动机。他们倾向于发挥个人价值，获得成就体验感。研究证实，以提供帮助为网络交往动机的大学生们，在网络交往中实现了帮助他人的目的后，会获得自我价值。

（二）寻求认同

自我同一性即自我认同（确认）是发展心理学的重要概念，它在个体社会化的过程产生，个体又在其社会化的过程中寻求和改变自我认同，从而获得主体间的承认与和谐。而这一过程主要依赖于人际交往，在现今而言就是网络交往。他人是我们认识自我的一面镜子，自我评价和认知，很大程度上来源于他人对自我的评价，以及在互动中他人的表现。网络空间赋予了个体双重身份即线上的虚拟身份与线下的真实身份，然而虚拟社区的"自我"与现实生活的"自我"并非完全一致，也不同于"被社会化的自我"。因此许多人在进行网络交往的过程中，逐渐发现多元不同的自我，在满足他人的期待与实现自我期待的交互过程中寻求自我认同。

此外，进行网络交往也是在寻求自身圈层的过程。各种社区、超话、贴吧看似是无门槛的讨论平台，实则都是各个社群圈层的象征，志同道合的话题者才能踏入。社会交往的宏观结构理论表明，人们在选择交往对象时，会更倾向于选择同圈层或相似阶层的人。网络空间中的个体在进行自我展示的过程中，会吸引到与自身志趣相投的其他个体，也会在交往过程中得到其他个体的认同，从而加强了个体对于自我身份的认同以及对于相似圈子其他人员的认同。

例如粉丝文化中，粉丝社群对于偶像及社群规则的认同。在当代粉丝社群的交往互动中，具有话语权的"粉头"占据绝对的领导力量，他们基于"后援会"这样的场域，对于无序粉丝团体进行"引导"和"控制"，形成一个服务于资本集团利益的有序组织，甚至对其他粉丝进行"规训"。在对偶像崇拜的共识下，粉丝社群成员形成了共同的团体认知和内容传播方式，粉丝社群基于独特的话语体系，形成了自我封闭的圈层结构和表达方式，并建立起圈层控制。最后，以算法中的层级监视与纪律制定为主要方式，为保障权力有效运行提供相应机制。[①] 这些个体在寻求认同与被凝视的过程中，更加顺应社群的规则，维护圈层的价值观，在交互中完成自我想象的弥补，形成更强烈的自我确认。

（三）维系关系

马克思指出，人在本质上是一切社会关系的总和。无论是在现实社会还是

---

① 黄美笛、王浩斌：《数字时代粉丝社群中的规训逻辑——基于YJT粉丝后援会和粉丝的交往互动分析》，《南通大学学报（社会科学版）》2022年第4期，第101页。

在虚拟社会，社会关系都是支撑运转的重要因素。互联网时代的社会关系不再局限于熟人圈层，无数的陌生人也被网线连接起来，人际关系呈现出碎片化、数字化、多元化的特点。人们进行网络交往，部分是出于维系现实生活关系圈的需要，另一部分是为了加入新的关系层，或稳定在弱关系连接的生活模式。

传统的社会关系转移到网络社区后，不再是交往主体的主要或全部交往内容。许多渴求在虚拟社区进行人际交往的人群，都是在现实生活中存在人际关系困扰或人际交往障碍的人。有研究表明，大学生现实人际关系困扰和网络交往之间存在显著相关关系。在现实中存在越多人际困扰的人，就越可能通过网络交往来弥补缺失的人际互动体验感。网络交往的重要特点在于可以随意排遣情绪而不受他人约束，现实生活中经历的愤懑和不快，在网络世界中倾吐出来，可以获得情绪释放。而个体在网络空间中获得的支持性互动，可以增强交往主体的积极情感，弥补现实交往中的人际关系不足。互联网改变了传统的人际交往方式，人们根据自己的兴趣取向加入不同的社群圈层，建立和维护网络关系。个体可以身处多个不同的关系群，而根据交流频次和参与度的不同，这些关系又被划分为核心关系和边缘关系，只有核心社群中的核心关系，会成为个体获得情感支持的重要组成部分。另一则对于大学生网络交往动机的调查也表明，网络交往参与程度的高低水平对大学生现实人际关系有直接影响，网龄越长的主体拥有更协调的人际关系，而网龄越短的交往者则存在更多的人际关系困扰。

也存在另一种关系圈，我们称之为弱关系。英国人类学家罗宾·邓巴（Robin Dunbar）提出人际关系上限理论，认为包含朋友、亲人、同事等在内，一个人能维持人际关系数量的上限是 150 人。研究也指出，在所有的联系人当中，其中约 20% 是强关系连接，80% 是弱关系连接。[①] 在移动社交媒体占据主导

[①] 喻国明、朱烨枢、张曼琦、汪之岸：《网络交往中的弱关系研究：控制模式与路径效能——以陌生人社交 APP 的考察与探究为例》，《西南民族大学学报（人文社科版）》2019 年第 9 期，第 141 页。

地位的时代，人际关系更体现出强弱之分。弱关系链接成为人际关系的重要组成，陌生人社交建构了网络人际关系的绝大部分。近年来兴起的陌陌、探探等即时性交友平台便是例证。2018年，陌陌以7.5亿美元全资收购探探，成为陌生人社交领域最大的并购案。由此可见，弱关系的社交需求还在持续上涨。快餐时代人们的交友方式也随之改变。人们进行网络交往时可以通过筛选颜值、性格等因素，快速匹配到与自己合适的好友，降低交友成本。在交往过程中也不必承担过多的风险与情绪价值，但这类动机与弱关系连接只能满足低层次的交往需求，往往会带来诸多社交问题。

二、工具理性压制下主体的自我认同和社会认同危机

工具理性将目的作为行动的取向，在行动过程中会将目的与手段、方式进行比较，区别于价值理性的目的至上。而价值理性强调手段方式的合法合规，行为人注重行为本身所体现的价值，例如是否有益于社会公平正义、是否有利于他人的利益等，而非看重行为的后果。它从价值理念的角度来看待行为的合理性，关注的是主体行为在部分程度上所体现的实质的价值理念。在哈贝马斯看来，目的合理性至上并不能使社会实现理性化，只有弘扬实现交往合理性（与目的合理性相对），才能在现代社会中张扬理性，使得社会生活走向合理性。

行动者在网络交往中，抱着不同的交往动机，借助科技与新媒体的力量，充分发挥人的主观能动性。在对科技算法的推崇中，行动者企图通过数字符号精确传递信息，减少交往的成本，达到精确的信息沟通和理想的交往目标。然而技术理性的提倡与发展，使理性变得越来越工具化，马克斯·霍克海默（Max Horkheimer）批判说："如今理性不仅成为商业工具，而且理性的主要职能在于找到通过目标的工具以适应任何既定的时代。"[①]数字时代越来越强调理性和计

---

① 陈昌凤、石泽：《技术与价值的理性交往：人工智能时代信息传播——算法推荐中工具理性与价值理性的思考》，《新闻战线》2017年第17期，第73页。

算，追求经济和效益。在工具理性的推动下，技术不再只是单纯的生产力，人逐渐变成了机器的附庸，思想和行为也变成了利益的工具，传统的价值观念和思维模式逐渐消失。在倡导工具理性的时代，人变得越来越异化。

（一）自我认同危机

自由多元的网络环境可以为个体提供寻求自我的平台，在不同的角色、社群中发掘真实自我，但也易引发过度的自我中心主义和自我认同危机。网络空间弱化了交往的社会属性，交往者变成了一个个符号，在几乎是他律的真空环境中，依靠自我行为进行探索。人的主体性越来越模糊，在不同的观念和群体的裹挟中，真实的自我到底是何种样子，变得更加难辨识。在我们扮演各种角色或以各种身份进行交往时，不禁要思考，我们究竟是其中的哪一个？哪一个才是最真实的我们？在辽阔无垠的网络虚拟空间中，"我"的身体和"我"的心灵不再联系紧密，"我"很难看清楚自己是谁。

（二）被围困的信息茧房

美国学者大卫·斯科特（David Meerman Scott）认为，社交媒体自身的特质就是"人们可以彼此分享见解、信息、思想并建立关系的在线平台"。[①]然而在工具理性至上的技术推崇下，人工智能不仅改变了人们接触的信息，也影响着人们的人际交往方式。人们接触的信息都是经过算法推荐的个人感兴趣的内容，行动者对于自我小圈层的依赖也带来社会关系的信息茧房。当人们陷入信息茧房中时，不仅会接触不到其他不同的事物，也会更加被茧房包围，其认可的观念在封闭的环境中被无限放大和强调。因此，人们在交往过程中可能会形成个人的"圈层"与团体，当观念更加固化时，在进行网络交往之际，人们也会更

---

① ［美］大卫·斯科特：《新规则：用社会化媒体做营销和公关》，于宏、张异、赵俐译，北京：机械工业出版社，2013年，第98页。

倾向于选择和自己观念相近或相同的人。当社会交往因为"信息茧房"产生消极异化时，网络信息平台便会出现群体极化的现象。例如微博的各个社群或粉丝群，以及经常发生的粉丝群对骂攻击事件，都充分表明：当交往者习惯接受群体的观念时，很难再去接受其他的话语意见，甚至部分错误的话语力量也会影响其他受众。网络群体形成后，用户会自动屏蔽其他的相左信息；而当个人被判定为某个群体成员后，其接受的所有信息也会更加符合群体内的观念和规范，甚至形成"群体极化"现象。

信息茧房不仅影响网络社区的个人信息接触与人际交往，更会带来社区群体极化，进而导致社会的黏性降低乃至丧失。"信息茧房"和网络群体的极化使得"个体与其他个体、与社会发生交流和关联的机会日益减少，减少了经验与知识分享、共同完成一个任务和目标的机会"，导致"共同的记忆"被瓦解和不再产生。[①]这些黏性的丧失不仅存在于群体和个体之中，更体现在社会交往中，人与人的交往变得更加片面和不自由。

（三）交往的孤独与形式化

一味追求网络交往的自由化，沉溺于多种网络角色之中，容易造成交往者的身心分离，使交往者在现实世界与网络社区之间产生割裂感。看起来人们可以与任何角色进行联系，交流意见或沟通情感，实则人只是网络世界的一个个符号。人们看似自由地在网络世界中进行交往，实则均困于数字技术创造的符号规则中。数字嵌入现实生活的各个角落，成为人际交往、社会发展的基本存在。在这一过程中，高度抽象性的数字形成了统一性的标准和尺度，这种尺度为人类世界的物体、事项、语言等基本单元提供了可供通约的逻辑条件和技术基础，人类的社会活动被置入了标准的、统一的、可通约的框架性序列

[①] 饶旭鹏、白双航：《网络交往中"信息茧房"及人的解放探究》，《北京航空航天大学学报（社会科学版）》2022年第1期，第19页。

之中。[①]看起来人们只要具备了基础的网络知识和使用技能，只要有电子设备就可以进行网络交往，然而这些数字沟通充满着层层障碍。屏幕背后的交往者是怎样的性格、身份，或是抱有怎样的交往目的，都不得而知。戴着面具的交往者们在关注、点赞、互动中看似收获了社会支持，却难以达到理想中的"精神交流"。过度依赖网络的精神支持，反而会在虚无的网络交往中，忽视现实的人际关系，带来人际交往的疲惫与孤独感，无法获得实在的身心慰藉。

在网络世界的成就感依赖于数字技术和工具理性，人与人之间的亲密关系演变为点赞、评论、转发量。交往的主体间性与意见交流的属性被遗忘，数字交往剥夺了交往本身对于主体而言的内涵和意义，交往内容被交往目的所取代，交往成为一种形式和目的，失去了其对人而言的价值与意义。人的交往行为最终只能沦为一种常人式的振振闲言与争执不休，成为世界聒噪声音的来源和创造者，进而将人湮没，将人陷入庸常的状态之中。

（四）青少年的网络成瘾

当技术控制了人的时候，人的异化表现就极为明显。其中，互联网对人的异化最突出，也是全社会最为关注的，就是青少年的网瘾问题。

对网络的过分接触和依赖，对个人的人际关系建立和维护、人格发展、情感心理等社会化成长的各方面均具有不良的影响。尤其是网络游戏使一些青少年沉迷其中，无法自拔。再加上内在抑郁、独生子女等因素，青少年网络成瘾问题更加突出。青少年网络成瘾对青少年的身心健康和成长产生了不利影响，已成为全社会高度关注的问题，也是一个迫切需要研究的课题。因此，探讨青少年网络成瘾问题，明确相关因素，对青少年网络成瘾的防治具有重要意义。

---

① 李泓江：《数字时代生活世界的殖民化困境与人的存在危机》，《北京社会科学》2022年第 5 期，第 90 页。

为此，作者所在的项目组曾开展一项有关青少年网络成瘾网络行为特征及心理危险因素的研究。[①]研究总结了青少年网络成瘾的网络行为特征，分析和综合评价网络成瘾的相关心理风险因素，试图找出青少年网络成瘾的心理原因。研究也发现网络成瘾青少年与非网络成瘾青少年在网络行为特征和心理危险因素上存在明显差异。这项研究希望能为网络成瘾的预防、诊断、会诊和临床干预提供理论依据和实践指导。这里简要陈述相关结论。

从青少年网络成瘾的上网时间和频率特征来看，有网瘾的青少年更年轻，但网上冲浪历史长，经验更丰富，次数更多。因此，控制青少年使用网络的时间和频率，可能是预防青少年网络成瘾的有效措施。

便捷的上网条件是青少年网络成瘾的重要影响因素。在上网地点方面，上网成瘾的青少年更倾向于在学生宿舍和网吧上网。这可能是因为他们在学生宿舍和网吧上网，不像在家里、学校电脑室和图书馆那样，会受到家庭和老师的监督和控制，因此可以更自由和随意。由于缺乏家长和老师的监督和控制，以及他们对自己的网络行为缺乏控制，经常在学生宿舍和网吧上网的青少年更容易上网成瘾。

网络成瘾青少年的网络浏览内容、网络态度和网络情绪特征表现在以下方面。

在网络浏览内容方面，青少年可以利用网络的双向互动功能来建立或维持网络人际关系，可以使用互联网来分享技术和信息。但是，上网成瘾的青少年更有可能选择玩游戏，浏览成人网站和从事在线赌博等。

在网络态度方面，由于青少年学习能力强，掌握网络相关知识的速度快，无论是否上瘾，他们都相信自己有足够的能力控制网络，能够体验到网络给自

---

① ［中］Li MingLiang & Liu HongYan：Analysis of Internet Behavior Characteristics and Psychological Risk factors of Adolescents with Internet Addiction，Psychiatria Danubian，2021，11（S7），p.141.

己的生活、学习和工作带来的便利。因此，他们都对互联网有积极的评价。

而从网络行为倾向和对网络的负面评价来看，网络成瘾青少年更有可能选择从事与网络相关的工作，更频繁地使用网络，对网络的负面评价也更多。这可能是因为网瘾，他们更加离不开互联网。使用互联网的时间越长、越频繁，他们对网络安全、网络信任等网络问题会有更实际的体会。同时，他们更有可能因为互联网而体验到伤害身心、阻碍或失去重要的人际关系等问题，并有可能因网瘾而失去受教育和就业的机会，因此他们对互联网表现出更多的负面评价。

在网络情绪方面，网络成瘾青少年对网络的焦虑程度更高，但对网络的满意度也更高。这可能因为上网成瘾的青少年觉得他们缺乏控制自己上网行为的能力。他们想控制、减少或停止多次上网，但他们不能坚持；当试图减少或停止上网时，会感到烦躁和沮丧。

面对残酷的社会竞争和沉重的社会责任，人们更愿意与陌生人交流，青少年正在成长过程，这一点表现更为明显。网络的匿名性使人们在互联网上扮演各种角色，与各种各样的人交流，从事他们喜欢的任何东西，逃避真正的麻烦，并找到社会支持。在网络上，人们可以得到满足感和虚荣心。但实质，人们无法获得真正的社会生活满足和心理满足。网络成瘾青少年一方面表现出对网络的高度焦虑感，另一方面又无法摆脱网络的诱惑，表现出对网络的高度满意度。这种矛盾加剧了网瘾青少年的痛苦。

青少年的网瘾与几种典型的人格和心理现象有关，如抑郁、自尊、焦虑和孤独等，均与网瘾存在相互间的促进关系。

一是抑郁和抑郁症。抑郁症是指严重的、持续的抑郁。网络上缺乏面对面的交流，可以帮助抑郁程度高的用户通过匿名或虚构的角色与他人交谈，有效克服日常生活中与他人交流的困难，减少消极事件，避免引发抑郁。

但网络交友的成功经验，又使抑郁的人更加依赖虚拟友谊，在现实社会交往中逐渐退缩，导致抑郁更加严重。杨的 ZUNG 氏抑郁自评表（Young's Zung Depression）测试结果表明，中度至重度抑郁的程度与网络成瘾有关。据推测，抑郁是导致网络成瘾综合征（IAD）的主要因素。也有研究发现，网络成瘾者的抑郁量表得分与非网络成瘾者不同，当网络成瘾者患有抑郁症时，他们更有可能通过上网来缓解自己的不良情绪。马丁（Martin）是布伦特学院（Brent College）的心理学教授，他总结了自 20 世纪 90 年代以来 40 多名心理学家的研究，发现有网瘾倾向的人通常是孤独和抑郁的。

二是自尊。自尊是预测情绪和生活变化的重要人格变量之一。低自尊的人倾向于在网络上寻求对他人的认可和自我肯定。他们可能通过在网络游戏中不断得分，或在角色扮演游戏中与网民并肩作战获得成熟感；通过讨论区发布的信息获得网民的肯定，来提高自己的自尊。他们也可能在虚拟社区中扮演着重要的角色。

但过度沉迷于网络，会对我们现实生活中的工作表现、现实的成就以及人际关系产生负面影响，会降低我们的自尊感和自我效能感。佩特里·阿姆斯特朗（Petrie Armstrong）、菲利普斯（Phillips）和塞尔（Sale）的研究发现，自卑的人更不容易戒除网瘾，并推测网瘾者可能因为社交能力差、缺乏自信而将网瘾作为一种逃避手段。

三是焦虑。焦虑不仅会使人们在社会活动中产生主观紧张感，而且影响着人们的社会交往方式。这时，不仅内部警觉性有增加，而且也不愿意、不耐烦满足他人，会经常发生打断人的行为。在网络交流中，没有面对交流的尴尬。这种独特的交流方式提供了一种传统方式难以提供的亲密感。因此，它的精神交流往往在深度上超越了"面谈"的方式，能使素不相识的陌生人迅速成为知己。有社交焦虑的人更愿意在网上交友，因为这样可以避免现实生活中与他人交流时的焦虑等不良情绪。显然，这很容易导致网瘾。

四是孤独。孤独也是网瘾研究者关注的一个心理话题。有两种观点：网瘾导致孤独，孤独导致网瘾。持前一种观点的人认为，长期使用互联网导致用户与现实世界隔离。他们以牺牲现实世界中的人际关系为代价，发展出虚伪而脆弱的网络人际关系。因此，孤独是过度使用互联网的副产品。克劳特（Kraut）

等人的研究结果支持了这一观点。过度使用互联网会增加孤独感和抑郁感，降低社会参与度，降低心理健康。有学者指出，孤独、缺乏社会支持、对爱情和归属不满的人，更容易在网络上寻求情感寄托。又由于虚拟社会中这种肤浅的联系，有孤独感的人无法满足自己的归属感，会越来越感到孤独。

还有一种观点认为，孤独的人更容易被互联网吸引。互联网为孤独的人提供了更广泛的社交网络和多种多样的在线交流形式。孤独的人会被网络中一些互动性的社会活动吸引，这些活动可以提供归属感、友谊和交流的机会。夏皮罗（Shapiro）认为，那些已经感到孤独的人会花更多的时间上网，也就是说，孤独会导致网瘾。麦肯纳（Mckenna）的研究表明，高度孤独的人更有可能通过互联网与他人联系，但这不会增加他们的孤独感。

三、工具理性与价值理性平衡的实践原则

工具理性至上的交往人格，引发自我认同危机、信任危机、交往的群体极化和形式化，价值理性的倡导和中和变得迫在眉睫。基于思考手段合理性的价值理性，始终如一、有计划地以信奉的价值为取向，对于平衡工具理性和纠正网络交往行为的失范具有指导意义。

（一）树立以现实生活为中心的原则

网络人际交往不同于以前任何社会的交往形式，它根源于社会现实生活，又具有与现实生活不同的交往方式。网络人际交往是网上虚拟与网下现实的结合。但是，在方兴未艾的网络中，由于人一下子跳进了数字化的世界，时常会分不清楚哪些信息才是真实的，哪些自我才是真实的。因此必须坚持以现实生活为中心的原则。

在网络人际交往中，我们应正确处理网络社会与现实生活的关系，把握利用网络交往的限度。归根到底，网络还是现实生活的延伸，是为了现实生活的发展和人的进步的一种工具，我们必须以现实生活为活动的中心。网民可以利

用网络打发时间、排遣郁闷、获取精神的放松，可以利用网络获取我们想要的信息，但不能完全将自己的生活寄托在网络交往之中。使用者如果过度偏向"仪式性使用"，会更加依赖网络世界带来的虚拟感受，逐渐与现实生活中的人际交往脱节；沦为网络的奴隶，被网络所异化，丧失了人的主体性；脱离社会现实，导致人格分裂，不能适应社会的发展。随着网络交往工具的发展，很多人成了"微博控""网聊控""电游控"，沉溺网络人际交往中无法自拔，将个人完全置身于网络之中，这将导致工作上态度消极、学习上自我逃避、思想上逃避现实。当面对现实生活时，缺乏适应能力、应变能力，其结果不是带来人的发展，而是人的异化退步。只有将现实生活和网络生活结合起来，以网络生活促进现实生活，两者协调发展，才能最终达到虚拟和现实的统一，也才能真正推进人的自由全面发展。

（二）重新认识积极的自我主体

面对网络交往中出现的主体异化现象，我们应认识到，这种异化现象源于交往主体对于个体与网络工具和技术关系的错误认知。在人与科技的相处中，人应该处于主体本位，在虚拟社区的交往中也应如此。网络社区只是我们进行交往的平台，交往的内容和对象也许会因平台产生改变，但其只是我们用来完善现实交往的工具，在网络交往应坚持主体角色，让网络交往为我所用。要清楚认识网络角色和现实角色的异同，在探究自我的过程中不要迷失在网络空间中，要明确各种网络身份的背后还是现实中的真实个人。虚拟的网络社会虽然丰富了交往形式，带来了多样交往内容，但在眼花缭乱的网络环境里，人依然是主导性的，依然要受到现实的规制与约束。认识到这些，对网络交往中角色的扮演者至关重要。

（三）关注价值理性和现实交往本身

网络交往的主体异化和工具至上产生了种种迷茫和问题，这恰恰证明了网络交往的必要性和普遍性。作为"目的取向"的工具理性，长久以来被赋予重要价值，随着媒介技术的发展，更成为备受推崇的社会运转方式。传统思想中的价值理性也被目的取向的工具理性所压制。过于强调工具理性和技术，在一定程度上会损害个体的自我辨别能力和价值理性，用价值理性去调节中和工具理性无疑是将人从技术控制中解放出来的途径。在网络时代，树立价值理性或核心的价值观，有助于破除信息茧房，规范网络社会交往行为，帮助形成和谐稳定的交往环境。

人是社会性动物，归根到底无法离开社交活动，在网络时代也无法逃离数字交往。但我们应该清晰地认识到，网络交往的实质在于"交往本身"，无论是交往的方式、交往的对象还是交往的内容，都应为交往本身服务，而这些都以现实的交往为依托。在工具理性甚嚣尘上的社会中，人越是依赖技术理性，越难以拥有自主决定和理性思考的能力。价值理性的重要性就体现在对工具理性的平衡与制约：只有当目的至上的工具理性行为与价值理性相协调时，人类社会和科技发展之间才具备了和谐共生的可能，这是技术发展时代人机共生的优化途径。[①]作为网络交往的主体，我们应当注重现实的交往，在积极应对现实交往的基础上再进行网络交往，分清主次。

工具理性甚嚣尘上的数字时代，人际交往秉持精确、高效的目标导向。工具理性指导下的人们，进行网络交往时抱有清晰的目的，无论是出于获取成就、维护关系或寻求自我认同，都带有明显的成就取向特征。由此引发了诸多交往问题：符号化的交往身份带来主体的自我认同危机，人际交流变成符号代码的链接，交往者对自身及交往对象的感知存在偏差；长期处于茧房中的信息危机，当主体固定接受某些领域的内容或群体的信息时，也会将自己封闭从而无法获得和接纳外界其他信息；以及交往的孤独感和形式化，交往者在现实与网络的

---

① 陈昌凤、翟雨嘉：《信息偏向与纠正：寻求智能化时代的价值理性》，《青年记者》 2018 年第 13 期，第 23 页。

割裂中身心分离，产生巨大的落差感。基于此，要倡导价值理性在当今网络交往中的重要作用和价值。应该认识到现实生活的重要性和基础性，网络交往应以真实生活为基础，以现实的自我为本位，要认识到人对技术的驾驭和掌控，而不应为技术所用。同时，在网络交往的过程中，要关注到交往本身，意识到网络交往的各种行为都在为交往本身服务，从而进行积极健康的交往。

第三节　交往资质与网络素养的培养

一、哈贝马斯的交往资质与网络交往资质评析

哈贝马斯对具有公共性和批判性的公共领域抱有极高的期待，认为这一场域是产生民主和社会共识的地方，对于参与公共交往的主体也提出了交往资质的要求。网络社会一度被寄予"新时代公共领域"的厚望，而作为网络群体主要意见领袖的新公共知识分子，拥有高度的话语权力和影响力。他们的话语拥有不可忽视的影响力，甚至能够引导舆论、设置议题。因此，新公共知识分子的媒介素养是网络时代媒介素养的理想标准和要求。

（一）哈贝马斯交往资质的要求

哈贝马斯对交往场景的理想期待是"公共领域"——不受国家干涉的，可以自由发表言论的公共空间。这一公共空间是介于市民社会中日常生活的私人空间和绝对权力的空间之外的场域，公民在此可以无所顾忌地讨论公共事务，能够聚集在一起交流意见，维护公共领域，集合公民的声音并形成一致的舆论意见，以此来监督公共权力或对抗国家权力。公共领域的最大特征在于其"公共性"，作为独立于各政治架构的组织领域，其重点在于批判政治权利，保护公民权益。

对于在公共领域进行交往的主体，哈贝马斯也提出了交往资质的要求。这

里的交往资质主要是强调交往主体的交往能力和对交往规则的掌握度。主要包括主体的环境认知能力、交往语言能力、主体反思能力和主体交往心态（开放包容的心态）。

主体的认知能力，表现为主体能区分三种不同类型的世界，即以客体形式出现的客观世界，以主体间形式出现的社会世界，以内心表达为形式的主体世界。[①]三个世界对应三种不同的真理特质：客观世界追求真理的真实性、社会世界要求真理具有正当性、主观世界追求真理的真诚性。因此真理的检验标准应是交往主体间的话语共识，而非客观事物和社会准则。

主体的语言行为能力表现为对理解能力的要求。哈贝马斯的交往资质概念是针对交往行动者的理解取向的，是理解取向的交往行动者的资质。因此，交往资质中的一项重要内容就是对理解能力的要求，而理解能力又表现为交往行动者的语言行为能力。对此，哈贝马斯指出："理解被看做是有言语能力和行为能力主体达到意见一致的过程……理解过程的目的是要达到一种意见一致。"这种意见一致要求一个通过合理动员进而接受声明内容的条件。也就是说，通过交往而获得的一致意见具备理性的价值基础，它不能够被其他因素所强迫，不管是通过工具性的直接干涉行动状况，还是通过策略性的间接影响反对者的决定。"意见一致虽然可以通过强迫在客观上获得，但是，凡是有意通过外部影响，或运用暴力所形成的意见一致，在主观上都不能算作意见一致。意见一致只能依靠共同的信念。"[②]

交往行动者在语言行为能力方面，必须做到以下三方面：第一，对语言体系及如何使用的高度掌握。第二，对话语意义的准确理解和阐释。需要交往主体结合文化、语境等要素，能对语言的多维意义进行发掘。第三，对语言信息设计的逻辑能力的掌握。这些逻辑能力具体包括：信息设计的表达逻辑、习俗

①② 陆自荣：《儒学和谐合理性：兼与工具合理性、交往合理性比较》，北京：中国社会科学出版社，2007年，第269页、第267页。

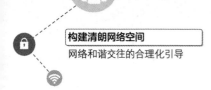
逻辑和修辞逻辑。

主体的反思能力是对话达到相互理解和认同的必要准备。这里的反思并非主体独立的、个人的思考活动,而是立足于交往活动和整个交往环境之中,对自身的交往行为进行评估反思。同他人的交往中产生的差异和障碍,是个体反思的关键。在交往中,个体也会以某些理想人格品质作为参考,不断将其内化为自身的品质特征,并在交往活动中体现出来。即使是在独自的状态里,交往主体也在以某个理想品格为依据,对自我的语言和行为进行反思。由此,各主体在交往活动中才能思考、尊重他者的行为,尝试达到互相理解与认同,才会不断探索和谐的交往关系。

最后,交往主体在交往活动中要持有开放包容的心态。心态产生于生活环境与文化氛围当中,反过来又决定人们对待事物的生活态度。交往活动与交往双方的性格品质息息相关,也依赖于交往环境中的多种因素,因此挑剔狭隘的交往心态势必会使主体在交往过程中处处碰壁,难以磨合。哈贝马斯认为,成熟的交往者即使不赞同对方的言论,也会为对方提供自由表达的空间和解释的机会。保持开放包容的心态,有助于交往者理解他人的语言和处境,也能在交往中获得自身的平和。

(二)网络公共领域对新知识分子的人格要求

哈贝马斯对泛媒体时代是否还存在"公共领域"持有悲观态度,他认为传媒时代的受众是被动的消费者,眼花缭乱的信息充斥市场,受众理性的参与意识已经很难建立,甚至成了某种舆论制造的参与方。与此同时,作为"公共领域"的中坚力量的知识分子,也被认为存在消亡的趋势。但因全媒体时代受众所接受的信息冗杂而直接判定他们的必然被动性,未免有失偏颇。相反,新媒体赋权下,受众拥有更多表达权和便利的表达途径,由此带来新的"公共领域"和新知识分子。

哈贝马斯忽略了这样一种现实,即除了受众,政治活动的主体——国家权威也同样处于媒介的包围中。这就导致了人们在信息丰富的社会环境中可以比以前更多地获取通过技术媒体传输的信息。[①]公共领域最显著的特点就是位于政治权利之外，作为一个与私人领域和国家集体相对的独立空间，能够提供给公民公平、自由地参与公共事务的领域。在新媒体时代，这样的场所并非难以寻觅。以微博为代表的讨论平台，被视为网络时代的公共领域代表。它独立于政治权利之外，能为网民提供公共交往和讨论的空间，在纷繁复杂的人际关系网络中，发挥出强大的干预社会事务和传递消息的能量。微博发展至今，其热搜、群聊等板块，成为公众了解新闻动态，参与社会话题的主要渠道。《2023 年上半年微博热搜趋势报告》显示，上半年的热搜话题涵盖社会、文娱及手机、汽车、游戏等垂直领域，热搜中的社会时事热点有 96% 来源于媒体报道。作为第四权力的代表，微博被认为是"永不落幕的新闻发布会"，甚至是"杀伤力最强的舆论载体"。[②]这一主张源自微博的传播特性，其短平快的传播方式和易触及的技术平台，使得大众对其抱有政治乌托邦的幻想。与此同时，我们也应当看到，微博的"碎片化"和"即时性"。其产生和接收的信息都是碎片化的，高效率的传播带来的是信息的快速更迭，一个话题还没有被关注到，可能已经进入了废弃的流量池。且在微博上进行讨论交往的公众良莠不齐，涵盖多领域多水平的人群，难以做到全然理性地进行公共生活。认识到这些特征，对于我们把握微博作为新的"公共领域"的寄托具有警示意义。

网络公共空间交往的合理化建构，对新知识分子提出了较高的人格要求。作为"公共领域"的主要参与者，"公共知识分子"具有独立的身份和知识力量，对社会具有强烈的批判意识和公众关怀。他们会借助自身的地位和知识对社会进行批判，具备公众良知。知识分子天然地强调"公共"属性，带有批判

---

① 陈丽平：《"公共领域"在传媒时代存在的可能性》，《当代传播》2006 年第 4 期，第 35 页。

② 张跣：《微博与公共领域》，《文艺研究》2010 年第 12 期，第 98 页。

色彩。美国学者雅各比在《最后的知识分子》一书中，提及公共知识分子已经逐渐走向消亡，其认为现代社会的精英化、专业化与"公共"的特点相去甚远。而对于新媒体时代的知识分子，我们有必要重新认知。

在网络社会之前，公共知识分子承担着批判、启蒙的工作，他们不代表任何阶级和团体，而是整个社会道德的象征，在时代转变过程中规划蓝图。进入全媒体时代，公共知识分子也成为社会制度发展的一部分，尤其是当民众都拥有发声权时，知识分子逐渐被边缘化。部分西方学者认为如今的知识分子可以称为批判型知识分子：这类知识分子可以称为"反对派"，其并非存在明显的阶级冲突，而是对社会各方面进行批判反对。他们反抗传统的价值体系和霸权，反对文化工业和政治对人的侵蚀，批判特定的制度实践和政策，反抗日常生活规范的刻板，肯定面向未来的新观念。[①] 现代的知识分子依旧强调公共参与和批判，只是更加"专业化"，他们具备相应的学术素养和知识背景，熟练使用公共平台，也比过去拥有更多的言论自由和平台去行使公共讨论和批判的职责。

二、网络媒介素养的培养

媒介的变迁对公众的媒介素养提出新时代的要求，以往的媒介素养倡导，更多着眼于传统媒体时代的受众，而新媒体时代，受众的身份发生了转变，已不仅仅是消费者，更是参与者和发布者。亨利·詹金斯（Henry Jenkins）曾概括提出 11 项公众应具备的核心媒介素养技能 [②]，综合网络生态环境与交往困境，媒

---

① 陈丽平：《"公共领域"在传媒时代存在的可能性》，《当代传播》2006 年第 4 期，第 37 页。

② 注：11 项能力：与周围环境进行交互的能力，以即兴创作和发现为目的的采用替代性身份的表演能力，对真实世界进程进行解释与建构的模拟能力，对媒介内容进行有意义的取样与混合再加工的能力，多重任务处理能力，分布性认知能力，为了完成共同目标而与其他人共享知识或交换想法的集体智慧能力，对不同来源信息的可靠性与可信性作出评价的判断能力，跨媒介导航能力，对信息进行搜寻、合成以及传播的网络能力，辨别和尊重多元观点的能力等。

介素养不外乎三类：媒介认知素养、媒介使用素养以及媒介信息生产素养。

（一）网络认知素养

对于培养媒介素养而言，最重要的就是对媒介的认知，这不仅包括对媒介属性的认知能力，也包含认识到媒介的工具本质，用批判的思维看到媒介生产内容和媒介影响力，能够正确判断媒介的信息生产和媒介作用。

正确认知媒介与现实的关系。媒介与现实相互影响，相互改变。长久以来，作为消费者的受众都是被动的，媒介是产生发布强大信息的力量源，受众不断接受来自媒介的影响。媒介包含了政治、经济、文化等各方面的社会信息，其与社会进程的关联复杂难辨。过去人们对于媒介的认知停留于传统媒体层面，随着媒介文化变迁和媒介使用方式的转变，对于媒介的属性认知也应做调整。

媒介反映现实，同时也在建构改变现实。民众接触到的信息，看似是对真实生活世界的重现，但接触到的内容种类、观点都是经过筛选和过滤的。算法推荐下的信息阅读，越来越偏向个人化与窄小化，因此我们面对复杂事件时所看到的，并非是代表性或普遍性的观点。反过来媒介也在建构现实世界，媒介展现的环境与受众可以感知到的环境，相似度越来越高，实质上是媒介影响、改变了我们对于世界的看法，塑造出了世界形象；而受众用在媒介环境中获取的知识来看待现实世界，从而用自己的观点确认现实世界，媒介与现实因此实现了交融。对媒介反映和建构现实的认知，可以帮助我们在使用媒介时明确媒介的属性和机制，理解我们是如何了解世界，又是如何看待世界的，从而更加现实地面对真实世界。

辩证理解媒介的利益关联。如果说传统媒体与政治和资本相关联，那新媒体时代的媒介其商业价值更重。新媒体看似提供了自由的平台，可以自由地发表观点、表达诉求，实则更加隐蔽地掩饰着虚伪和权力。公众看似在自由地使用和操控媒介，却常常被权力和资本"圈禁"其注意力。任何的媒介和内容生

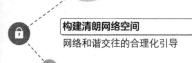

产都不可能离开经济条件，且媒介工业的发展在重塑媒介的经营模式，商业利润吸引着媒介。所有的媒介都是某种权力逻辑的产物，都裹挟着某种意识形态和文化价值观，其背后都是各个利益集团和部分阶层的利益。此外，媒介生产出的产品都落入了文化工业的流水线，受众在接受、使用媒介产品的过程中逐渐产生依赖，并改变了生活方式和对世界的认知。总之，媒介的转型带来对公众认知能力的更高要求，新媒体时代的交往者在使用媒介时，应时刻警惕媒介产品和媒介的商业目的，对于有疑虑的信息要多方求证、仔细辨认，冷静处理。

（二）网络使用素养

全媒体融合时代要求使用者掌握一定的媒介技能，除了相关技术的了解学习，也应具备对新媒体技术合理应用、节制应用的能力。新媒体将人类现实社会和网络世界联系起来，社会网络化已成为现实。生活在媒介中的人们，被媒介生产的信息内容所裹挟，媒介的生产和传播重塑了人类社会的形态以及人的生活方式。在这样的媒介环境中，受众急需进行媒介素养的培养。其中重要的就是受众要重新定位自身，要从信息消费者转变到消费者与内容生产者并行。

明确自身认知，建立起完整的人格。媒介使用素养基于人的"主观能动性"，依赖于不同主体对网络环境的改造力，是一种主观能动性的发挥，更确切来说是基于对自身的了解认知后，进行的社会活动。在进行媒介使用时，受众应明确自己的身份与属性，建立起完整的人格。在对媒介信息的接触中，使用者已不再是过去被动的接受者，而是拥有对信息的修改、阐释和传播权，可以完全根据自身的认知加以解读，甚至可以拒绝接收信息。对于人格而言，多元的信息刺激可能会带来人格变化，主体性逐渐迷失在信息迷宫里，因此在使用媒介时要警惕媒介对人的"异化"，在虚拟社区中保持现实稳定的人格特质。进而发挥主观能动性，在网络交往的规则下进行对话交流，促进形成和谐的交往生态。

全面提升新媒介的使用与信息获取能力。麦克卢汉的媒介即讯息提醒我们，对于媒介的熟练使用，即是对信息和周围环境的准确感知。全球化时代，媒介素养要求行动者能够应对纷繁复杂的海量信息中，并在信息使用过程中培养理性的民主意识。首先应具备筛选海量信息的能力。例如借助专业媒体、门户网站的过滤系统，或者使用搜索引擎等，定位自己的价值取向，然后检索、鉴别、筛选信息。因此媒介素养之一体现在掌握恰当充分的搜索工具与搜索能力。在对信息进行辨别和判断时，也可以借助社会化媒体（例如微信、微博的熟人圈层）当中的关系网络。其次要培养对信息的辨别和批判能力。传统媒体时代会看、会读、乃至会批判的要求，都已经不能适应新媒体时代。社会化媒体时代传播主体的多元化、传播渠道的多样化，都要求使用者能对接触到的信息进行把关，包括信息的真实性、时效性以及信息源，更要警惕算法推荐的偏向信息和信息茧房的固化信息，排除信息环境的干扰，做到筛选有效信息并为我所用。

（三）网络信息生产素养

在社会化媒体时代，公民新闻日益普及。受众已不单是消费者，更是新闻的参与者和生产者。普通的民众日益影响着新闻的生产和传播，但由于其未接受过专业的新闻生产相关训练，提供的信息往往良莠不齐，掺杂扰人视听的内容，也引发了传播秩序的混乱和传播流程治理的困难。因此，新闻媒体相关基本素养的训练不应只在新闻从业人员中，也应拓宽到普通民众。专业的生产能力主要包括负责地发布言论和负责任地再传播。

负责地发布信息。网络空间给予参与者极大的主动权和自由度，每个个体都可以自由地表达观点、发布信息；而这些观点和信息经过发酵，甚至可能带来强大的影响力。因此，对于网络参与者而言，自由也意味着要承担相应的责任，应负责任掌控自己发布的言论和信息。要明确信息的准确真实性，也要评估信息发布之后的影响力，内容发布要建立在保护他人的权益和隐私的基础之上，以防损害他人和公共利益。

负责地进行信息再传播。再传播极易带来信息的失真和扭曲，引发网络谣言、乌龙事件等网络治理难题。因此，对于信息的再传播，要求受众能够从自身做起，对接触到的信息内容保持警惕和辩证态度，在传播和转发之前要鉴别信息的真伪，谨慎进行"转发"和"评论"，对再传播的信息负责。

理解取向的交往合理性强调对主体的交往资质十分看重。哈贝马斯提出交往者应具备基础的认知能力、语言能力和反思能力，以及在交往中要怀有开放包容的心态。在网络环境中，这一交往资质主要以新公共知识分子的网络资质为代表，要熟悉了解新媒体环境和网络交往平台，具备基础的网络语言技能，并能在交往中运用语言规则，了解交往对象的语言特征。除此外，要对社会公共事务具备基本的关怀和批判，能够推动公共讨论。

作为普通大众的网络主体，我们也应当培养基础的网络媒介素养。例如对网络环境和平台辩证地进行看待；在使用和生产媒介信息时能够警惕资本和权力的运作；既要学会广泛搜索信息，也要尊重他人的隐私权利……社会化媒体拓宽了人际交往的宽度，也加深了交往的层次，衍生出错综复杂的人际交往格局和网络。网络世界的规则制度和监管尚未完全建立，人们对网络社区仍抱有强烈的新鲜感和未知，人们的言行还没有合理的规范来进行有效约束。作为网络交往的参与者，我们必须适应网络信息新时代的发展形势，积极地处理好网上虚拟与网下实在，在网络信息与网络时间的掌控等方面提升自己的能力，增强自我的网络信息素养与网络交往本领。因此，新媒体中的交往能力不仅需要参与者对相关技术的掌握，还需要参与者能够合理地选择交往对象，能够维护交际网络。新媒介素养倡导交往者秉持冷静、平和、理性的态度，以包容的心态和批判的视角进行网络交往，对自己的言行和传播内容负责。社会化媒体提供了自由平等的交往平台，身处其中的交往主体也希望得到平等尊重的交往。因此，在进行网络交往时，要以尊重他人为前提，包括尊重他人的隐私和各项权利。在正确的世界观和价值观指导下，共同创建理性的"公共领域"。

第四节　网络君子人格完善的基本标准

儒学君子人格的和谐取向体现在道德感与行动观当中，呈现出"仁爱""诚信""律己"等特征，在网络时代仍具有重要价值。

一、网络诚信及其治理

在多元的网络环境中，人际交往依赖道德规范和网络诚信运转。网络诚信本质是在网络世界存在的真实道德感，是现实诚信和道德在网络世界的应用。但受到虚拟社区特性的影响，网络诚信也呈现出不同的特点。此外，网络的虚拟多元繁衍出网络诚信缺失的乱象，进行失信整治，建立良好的网络诚信环境势在必行。

（一）网络失信现象

网络世界的开放性、匿名性、流动性、多元性以及复杂性，造就了网络诚信与现实诚信的显著不同，具体特征主要表现为以下几点。

网络评价标准较低。在现实世界中，交往活动依赖于行动者双方的相互熟悉了解。对身份信息等进行公开，才能获取对方信任。而在网络世界中，行动者存在虚拟身份或多重身份的可能，也不必将真实信息完全袒露，这意味着交往主体从活生生的具体人物变成了一个个符号代码。参与主体的匿名与身体不在场，导致对网络诚信的判断准则，无法像真实世界一般，网络世界的诚信要求必然要低于现实世界。

网络诚信的道德主体模糊。如上所言，网络社区的道德主体是不确定的，包含身份不确定和事件主体不确定。身份不确定是指交往者的身份信息并非全部真实，存在匿名、伪造、隐瞒等情况；事件主体不确定是指对于公共事务的讨论而言，人们可以任意转发评论，在高速传播速率的加持下，事件演变迅速，

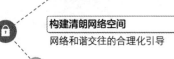
无法判断主要负责人或始作俑者。在现实环境中，个体须承担一定的社会责任，也必须对自身的行为负责，而网络环境开放多元，行为主体在进行网络交往时，道德成本较低，可能会出现放任自我或不道德的行为。

网络诚信难以有效监管。尽管网络管理条规在近年来层出不穷，不断弥补了网络法治的空白，但与现实世界相比起来，仍然存在很大的不足和空白地带。网络社区实质仍是依赖数字技术的虚拟社会，缺乏有效的监管和完善的信用体系。网络社会的成员不再具有具象化的身份特征，而是化身为一个个符号，躲在网线背后，扮演着多元虚拟的角色。在现实社会中，个体出现失信行为可以通过多种渠道进行警告和惩治，社会规则和人际圈层都在对其进行有效监督，以规避主体的失范行为。而在网络世界中，个体拥有高度自由和自主性，网络交往的道德感和诚信行为全靠个体自觉。加之互联网可以随时隐退的特点，监管体系还不够完善，更滋生了诚信危机。因此网络诚信的建设需要交往主体的自觉。

随着网络技术的发展和使用人群的扩大，网络交往逐渐成为人际交往的主要途径。与此同时，由于网络空间的虚拟和特殊，衍生出大量网络诚信缺失的现象，身份欺瞒、侵犯他人隐私、谣言诽谤、网络暴力等行为层出不穷，网络失信成为社会诚信问题的重灾区。随着媒介技术和平台的日新月异，诚信问题愈演愈烈，这不仅会影响网络生态环境和正常的网络交往，也会波及现实环境，对真实的人际交往产生恶劣影响。

网络失信会影响网络信息安全，信息欺诈不仅会使得交往者的个人隐私受到侵犯，同时也会危及网络信息资料的安全性。此外，网络交往已成为现实生存的主要部分，网络环境的状态和网络交往行为的体验，都会影响到交往者在现实社会中的行为和感受。网络失信会影响参与者对网络社会的认同感与归属感，他们在触碰到负面信息时，会无限放大对网络世界的负面态度和抵触情绪，继而影响其在现实社会中的交往态度和体验。在负面和抵触情绪的支配下，人们会更加放大网络的负面影响，甚至可能对网络道德视而不见。更甚之，作为网络交往的主要群体，网络失信现象也会影响青少年的成长环境与性格。在青少年的成长过程中，网络世界逐渐与家庭、学校等场所具备同等的重要性，成为影响其性格和社会化的重要场域。青少年的行为和性格在一定程度上都来自模仿网络行为，以及对他人行为的反馈；而网络失信将会影响青少年的交往态度，阻碍其社会化的进程。因此，网络诚信缺失成为网络治理的重要命题。

（二）诚信治理

网络社会虽然是一个数字化空间，但仍然需要真实道德的规范。认识到网络失信的成因以及诚信治理的必要性，对于塑造诚信、和谐的网络空间具有重要价值。

网络失信源于多方因素。网络的开放性、虚拟性、流动性等特质，在便利人们进行网络交往的同时，也招致了诸多问题。网络诚信的缺失，归根到底是因为交往者缺乏自律能力以及缺少相应网络教育。自由开放的网络环境为不同诚信立场的交往者提供了相同的平台，交往主体不必担心失信带来的与现实世界相同的惩戒。由此带来的是诚信观良莠不齐的参与者们，在网络社区中，共同编织质量各异的诚信网络。交往者具有高度的自主意识，他们在传统诚信观念的束缚和网络世界诚信缺乏之间进行交往，传递各种信息。现实社会的交往建立于熟人社会，人际关系稳定，流动率低，且高校教育和家庭教育等培养的诚信观，在现实社会得以很好的应用贯彻。而对网络世界，社会和家庭都缺乏相应的知识储备与教育水准，缺乏相应的网络教育，也导致网络诚信问题频发。

网络交往的开放性和虚拟性都在呼吁真实道德的规范和介入。强化网络主体的道德规范，是应对当前可能出现和已经出现的种种问题的良药。网络主体的各种失信行为大多来自个体自律缺失，在一个开放的网络世界和虚拟的交往规则体系中，人人都可以抛却真实的身份、性格、阶层等，自由地扮演角色和

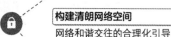
进行交往。可以自由地选择交往的圈层，编织自主的表达语言。这种极度的自由为交往主体营造了虚幻感和满足感，使个体在网络世界中常常会放纵自己，甚至做出平时不会做的行为，造成一系列的网络失信问题。

整治这些网络失信现象，需要相应规则制度的完善，更需要培育个体自觉的道德意识，让个体在网络交往中能够自觉遵循规则和增强自我的道德感，诚信地进行交往，从而营造和谐诚信的交往环境。曾子曰："吾日三省吾身。为人谋而不忠乎？与朋友交而不信乎？传不习乎？"（《论语·学而》）交往者在进行网络活动时也应秉持诚信的原则，做到不欺瞒不欺骗。"诚"就是诚实相待，"信"即履行诺言，诚信是构建和谐网络空间的必要条件。只有交往者互相诚信以待，符号化的身份才不会成为交往的阻碍和顾虑。

培育网络诚信，建立良好的诚信氛围，需要从网民自身和外界环境两方面着手。首先要注重道德主体自身的诚信建设。诚信是中华民族的宝贵传统美德，也是社会发展的重要标尺，被视为做人的基本行为规范和道德修养。应倡导真诚本性和内在道德品质，培育交往者的自控力和对网络环境的信任感，鼓励交往者在交往中诚信对待他人。再者要加强网络诚信的教育和宣传，无论学校、家庭、社会或媒体，都应自觉担当起网络诚信教育的职责，在日常德育中增加网络道德教育的内容，同时也要转变话语模式，改变传统的道德教育方法。在媒介和政府的日常宣传中，要着力推广网络道德教育的内容，把网络道德与现实道德教育宣传相结合，大力弘扬诚信精神。最后应继续完善立法和监管力度，对错误的网络道德与不正确的价值观念进行批判，对网络失信现象进行严厉打击，促使网民在网络社会交往中做到诚实守信。

二、网络交往的人际信任

（一）人际信任危机

信任是社会中交往双方的一种积极交往态度，表示交往主体对于客体的积极预期。从风险理论看，信任与风险共生。在任何互动中，都存在对方损害自己利益的可能性，而信任则是对这些潜在的伤害风险做出评估并表明态度。在交往行动中，行动者会对互动对象做出信任评估，以决定自己在互动中的投入度。① 在网络社会中，因匿名化和陌生人社会，这一互相试探和评估的过程更为漫长，建立信任的困难程度更高。

影响人际信任的因素无外乎对身份的警惕、社会支持以及自我呈现程度等。孙晓军等学者对 432 名大学生进行问卷调查，结果显示网龄的长短和网络人际信任呈现显著的负相关。接触网络越久的人，在进行网络交往时遭遇到网络安全问题的可能性就越大。加之媒体、网络对各类网络诈骗、受骗事件的广泛传播，会更加影响个体对网络的安全感以及对网络交往对象的信任感。而网络中的社会支持和人际信任呈现正相关，网络社会支持对交往者的网络人际信任具有直接影响。个体在网络交往中获得更多的社会支持时，会对网络环境形成更加积极的认知，也会影响其在网络交往时的诚信行为。对于充满不确定性和风险的网络社会而言，当个体获得更多的社会支持时，也会促进其提高社交效能，降低焦虑水平。基于"使用与满足"理论，当个体获得了足够的社会支持和归属时，他对网络环境的态度也会更加积极，更倾向于进行网络交往，也会认为网络环境安全可信。

另一项调查研究也显示，网络参与程度不仅会影响人们的网络人际信任，也会对现实生活的人际信任产生直接影响。在现实交往中，人际关系越协调，在虚拟社区交往时会显现出越高的人际信任度。反过来，在网络交往中拥有较高人际信任度的交往者，在现实生活中也会对人际信任持有更积极的态度。相反，在现实中拥有交往困难或障碍的人，人际信任感较低，在网络交往时也会对交往对象持有怀疑和抗拒的态度。此外，性格内向的人对网络交往的人际信

① 邹宇春、赵延东：《社会网络如何影响信任？——资源机制与交往机制》，《社会科学战线》2017 年第 5 期，第 200 页。

任有明显的负担，性格稍外向的人群，在网络交往中更能游刃有余，懂得人际交往的技巧，出现较高的人际信任度。

网络社会是一把双刃剑，网络环境的自由开放可以帮助交往者缓解压力，疏解情绪，能够提升交往主体的独立性和交往地位。同时也伴有网络信任危机，影响网民的网络交往体验和对现实交往的态度。网络交往的无序带来对现实交往规则的漠视，网络交往的信任危机增强了现实交往的矛盾，加深了现实社会人际交往的困难。

（二）重建人际信任

随着传统社会向现代社会的转型，信任对社会发展的重要性日益凸显，网络社会成为人际交往的主战场，如何提升网络人际信任成为改善社会秩序的关键。

增强交往主体人格意识。网络交往角色在参与交往时，往往匿名进行。这种匿名性会使部分网民以游戏心态参与数字交往，也会影响网络社区间的人际信任，带来交往者的心理信任危机和人格障碍。这些心理危机和人格障碍，又会直接影响网民在现实中的人际关系，导致现实交往中对他人真诚性的怀疑和自身真诚性的缺失。网络交往主体在日渐固定的网络行为中，会逐渐形成"网络虚拟人格"。具有差异化的虚拟人格和现实人格在交往过程中来回转换，无形中增加了交往主体的人格危机，继而衍生出双重人格或多重人格，交往者出现人格障碍。

应引导网民重视自身的人格建设，增强人际信任意识。人格发展在一定意义上是人的社会性的不断强化与内化，只有具备强烈的自我人格建构意识和完善的人格品质，才能在应对网络社会交往时立足自身。只有理性看待网络信息，才能仔细观察和分析周围事物，以理性、冷静的心态看待社会现象；才能理解客观事物，以积极、平和的心态进行交往和生活，能够自我调节情绪和生活状态。除此之外，网民也应理性看待虚拟社区，看到其与现实世界的联系，明白虚拟社区的人际信任也会对真实世界产生影响。网民认识到这些后，在进行网络交往时，将能更合理、友善对待他者关系，增强人际信任，有效消解网络人际关系的困扰。

加强网络监管。研究显示，虚拟社区的网络交往中，网民对不同群体的信任度差别很大，例如对医生和警察的信任度很高，但对商人和科学家的信任度较低。归根结底是由于被带有负面情绪的群体，在网络生活中经常做出引发人际信任危机的行为，且有关部门监管不力，经由网络传播迅速扩大影响力，人们形成了对该群体的认知。正如研究发现的，交往并不一定会让双方的关系变得更好，尤其是临时性的接触，反而可能使双方的分歧更明显，从而引发更严重的负面情绪，甚至产生冲突。[①] 当交往带来有关对方的负面感知时，交往行为会产生消极影响。例如近年来兴起的微商以及相关诈骗事件，让网民对于接触微商、购买微商物品抱有明显的警惕态度，影响了人们对微商群体的观感。

毋庸置疑，网络社会需要加强监管，在网络空间秩序的建构中，保障国家安全、维护社会稳定以及保障公民权利等都需要监管力量的强有力介入。网络空间的监管要达到有限与有效的统一、自律与法治的统一，就必须找到关键的控制变量，出台相应的、具有稳定性的政策法规。[②] 在具体的控制手段和途径选择中，要注重现实手段和虚拟方法的结合，合理利用电子政府平台、网络警察等手段进行管理。有效的监管在保障公民权利、保证网络社会正常运转的同时，也能维护现实社会的运转秩序，推动社会安定。

三、恻隐与同理心

（一）作为本性的恻隐与共情

"恻隐"之心是儒学的最本源的概念，也是儒家对于人性解读的最本质特

---

① 邹宇春、赵延东：《社会网络如何影响信任？——资源机制与交往机制》，《社会科学战线》2017 年第 5 期，第 206 页。
② 王芳：《在线信任与网络空间的秩序重构——基于复杂性理论视角的社会学考察》，《江海学刊》2017 年第 6 期，第 122 页。

征。^① 恻隐是人性最本源的爱，这种爱与任何认知、理智和意欲无关。恻隐之心并不要求主体能够参与客体的环境，或体验客体的感受，而是要求主体发自肺腑地从自我出发，对客体的遭遇进行仁爱。而共情是指个体能够设身处地地为他人着想，站在他人的立场去理解他人的处境和心理感受。共情对于社会进步而言具有重要的意义，它引导人们去体谅他人的情感和情绪，共享彼此的感受和信念；促使人们在维护自身利益的同时，也能照顾他人的利益，满足他人需要。总之，共情可以在人们之间建立起互相理解的桥梁，从而促进和谐的人际关系和社会生态的形成。

儒家所倡导的忠恕之道也蕴含共情、体谅他人的情怀。"忠"体现在儒家的知识里，就是"己欲立而立人，己欲达而达人"（《论语·雍也》）。"恕"的体现就是"己所不欲，勿施于人"（《论语·颜渊》）。"忠恕"讲究的是能够由己及人，在获取自身利益的时候，也能帮助他人完成自我实现。在网络世界中，人际信任逐渐淡漠，认识到"忠恕"的意义，可以有效帮助网络世界的秩序建立，整合网络世界和现实世界，推动实现更好的网络交往。忠恕含有共情的意味，要在交往中为他人着想，自己不愿意去做的事情，也不能强迫别人去做；同样，自己觉得美好的事情，也要允许别人能够参与或具有参与的资格。忠恕倡导在网络环境中尊重他人，规范自身和交往者的行为，营造和谐健康的交往环境。

儒学关注人的本性和人际关系，作为儒家文化的重要体现，恻隐、忠恕、共情等品质蕴含着深远的理论意义和生动的实践意义。孟子提出人性善，指出人们天生就有怜悯体恤他人的恻隐之心。^② 恻隐与共情都是个体自觉的本质意识，

---

① 注："恻隐之心，人皆有之"（《孟子·告子上》）。"无恻隐之心，非人也"（《孟子·公孙丑上》）。

② 注："所以谓人皆有不忍人之心者，今人乍见孺子将入于井，皆有怵惕恻隐之心，非所以内交于孺子之父母也，非所以要誉于乡党朋友也，非恶其声而然也"（《孟子·公孙丑上》）。

是当个体感知到他人身处困境时，自发的怜悯、关心和不忍。这些品质和处事态度，对于处理人际关系，实现社会的和谐交往具有重要价值。

（二）网络时代呼唤同理心

网络在提供开放、平等的交往环境的同时，也极易引发网络谣言、暴力、诈骗等一系列问题，这必然影响交往主体使用同理心的能力。面对网络交往中的道德规则失范、人际信任危机等不良现象，交往主体容易产生同理心缺乏。

例如 2023 年初被广泛讨论的"粉色头发女孩"网暴事件：事件主角在被保研后，第一时间拿着录取通知书到医院，与病床上 84 岁的爷爷分享这一喜事。病床前，染着粉红色头发的她拍下和爷爷的合照，并分享到社交平台留作纪念。没想到有人盗用她的照片在各大平台分享扩散，并因为粉色头发，造谣她是"专升本"的。更有甚者说她是陪酒女，攻击她生病的爷爷。女孩禁不住网络暴力选择自杀。这一悲惨事件正是一些网民缺乏同理心的表现。

此外，面对网络纷繁冗杂的信息流，人们难以逃避海量的信息内容，甚至可能变得麻木，人们也容易产生"同理心"疲惫。

同理心在网络时代是交往者必不可少的素养。人们在进行网络交往时，应认识到自我的有限性，降低自我中心主义，学会接纳他人语言行为和立场。同理心启发我们站在他人的立场思考问题，以高度的自我道德意识来看待他人行为，理解他人处境。因此，提升交往主体的同理心感知力，是促进网络交往正能量传播的关键。在维护自身利益的前提下，适当从他人利益出发，体谅他人处境，对于未知的事情不做恶意的评论与干涉。同理心不是一味地奉献他人，反而是在帮助我们调整生活心态，通过谦虚的态度来发展自我，和谐交往。同理心能够帮助交往者平衡感性与理性，站在他人的角度思考问题，同时培育自身对于网络社会的道德感和责任感，从而促进网络交往正能量的传播。

四、律己与慎独

网络生活在带给人们便利的同时，也引发人们对网络信息的盲目崇拜，滋生了大量道德滑坡、人性异化的问题。如上所说，网络监管的缺失，网络诚信危机等横行，让网络环境与现实环境产生撕裂。网民游走于符号化、虚拟化的人际关系中，自我道德逐渐丧失。在当今眼花缭乱的环境中，提高自我人格变得更为重要。在网络洪流中坚守自身的道德规范，摆脱外在的强制力量而注重自我发展和提升自我人格，成为迫在眉睫的必修课。

符号化交流带来网络交往的道德失范。在虚拟的网络空间中，交往主体始终处于一种符号对话的"人机互动"模式，交往双方都是通过符号的编码和解码来实现互相理解和彼此交流的。在网络虚拟社会中，交往主体之间的交往活动依赖于符号代码的运作，面前的对象不再是具象化的个体，而是一串代码或数字。符号化的交流割裂了真实的自我和"网我"，使得交往主体在交往活动中逐渐忽视真实、肉体的自我，符号化下的个体变得简单、碎片，具象丰富的主体变得简单，逐步取代了现实的真我，人也成为单方面的人。

网络道德失控带来人格缺失。在网络社会生活中，交往主体身体不在场，身份甚至也可以不在场。交往主体随意的淡化和隐退，带来网络交往主体的高度主观性和强烈不确定性。社会发展和转型带来道德评价体系的改变，出现了双重或多重的价值评判标准。而数字社区的匿名性更是让网络社会的道德控制机制弱化而无法发挥其应有的功能和作用。[①]网络主体的匿名性、高度自由化和网络社会的监管缺失，在一定程度上会引发网络道德失控，降低国家主流价值规范对网络交往主体的引导力、规范力和约束力。网络世界良莠不齐的信息使交往者难以辨认，在缺乏自我制约的情况下，交往者会沉溺网络世界，长此以

---

① 张元、丁三青：《传统"慎独"思想与大学生网络道德教育》，《广西社会科学》2015年第 8 期，第 212 页。

往可能造成网络道德人格的扭曲。

律己和慎独是儒学的重要概念，也是君子人格的重要行动指南。律己是指能够对自身行为严格要求；"慎独"有"唯独"和"泛独"之分①面对失范的网络道德空间，倡导交往主体的律己与慎独品质至关重要。

自我负责的律己。冯雅萌等学者采用大学生心理需求量表、网络利弊权衡问卷、自我调控问卷和网络交往问卷，对503名大学生进行调查，研究显示自我调控能力的高低对网络行为有重要影响。对于具备高自我调控能力的人来说，在进行网络交往时可以更加自律和节制，从而获得较好的网络使用体验；而低自我调控者的网络使用体验较为差劲。这意味着个体在进行网络社交的时候要拥有自控力，能够合理节制自己的网络社交行为。此外，高自我控制者在面对网络信息时，可以更加理性辩证地看待，也能够调节网络社交和情绪，高自我控制是防止行动者网络成瘾的一个重要保护性因素，有助于交往者形成更健康的网络社交习惯。②

自由与平等是网络交往存在的价值基础，也是网络交往得以有序运行的重要条件。网络社会是较之现实社会而言更自由的时空，交往者在其中自由地冲浪，也应承担相应的责任。交往主体在网络社会中具有高度的自主性，就应该对自身的言行负责，善于自我反思和管理。在自由开放地表达观点时，也应兼顾他人的利益，在交往时能够对所有交往对象一视同仁。交往者只有严格要求

---

① 注："唯独"意指主体独处之时，其道德自觉性使其思想与行为不苟，"慎其独处之所为"。"泛独"是在"唯独"的基础上再"慎其无人监督之所为"，不因人知而为善事，亦不因不为人知而为不应为之事，在人所"不睹"之处和"不闻"之域，按照社会道德准则和行为规范来自觉严格地约束自我言行、反思内省。张元、丁三青：《传统"慎独"思想与大学生网络道德教育》，《广西社会科学》2015年第8期，第212—216页。
② 冯雅萌、孔繁昌、罗一君：《大学生心理需求与网络社交：认知评估与自我调控的作用》，《心理科学》2017年第6期，第1453页。

自己，不因在虚拟世界中就放纵自我，才能获得自由平等的理性交往，在网络世界中自在遨游。

自我升华的慎独。"慎独"是指个体在独处时也会谨慎对待自身行为，是提高个人品格、完善自我人格的重要途径。"慎独"下的个体在没有任何外力约束的情况下，依然严守道德规范和社会准则。这一品质对于治理失控的、匿名化的网络社会而言具有重要意义，能够帮助完善网络社区环境，培育交往主体道德感，提高交往者的道德自律能力、解决网络道德失范问题；将网络道德要求内化为交往主体内在意识和自觉。

研究表明，交往主体的网络使用会带来孤独感，尤其当网络交往的形式日益多元化时，网络交往越来越成为现实人际交往的重要补充或替代品。与此同时，面对虚拟的交往角色和道德问题，交往主体也会产生难以缓解的孤独感。借鉴传统的"慎独"思想，有助于交往者更加注重内在品质和主体意识，理性对待孤独感和网络交往的失范问题，重塑自我的网络道德修养实践，形成网络主体意识。在面对交往主体不明确、监管法规缺失的情况下，交往主体依然可以严于律己地进行网络交往。

作为一个个符号化的个体，在进行网络交往时无法被注视或观看，因此在一定程度上处于无人监督的"独自"状态。而慎独正适用于这一处境。在网络社会中，慎独无疑是块道德的试金石。个体如果在没有监督的情况下恣意妄为，不仅会扰乱网络环境，更会为现实社会带来不好的影响，引发诸多失德和违法事件。如果个体能够谨慎对待自我行为，就会减少制造、传播谣言的行为，也会尊重他人隐私，保护他人利益，从而自觉维护网络秩序。

提倡"慎独"思想，最重要的是帮助交往者实现道德提升和自我人格的升华；培养"慎独"意识，就是培养交往者的主体意识和人格品质。传统的"慎独"是指在缺乏外界监督和管制的情况下，主体依然可以独善其身，在进行社会活动时可以理性地克制欲望和抵御诱惑。这一强烈的主体意识，在网络时代显得尤为可贵。交往者要认识并认同网络社会的交往准则和道德规范，以此作为其网络生活中的价值指引和行为规范，内化于心，外化于行。在进行网络交往时能够以道德准则规范自身行为，无论是否存在强有效的外界监督。[①] 在建立起自我主体意识的基础上，"慎独"可以帮助建立自律的道德机制和道德环境。高度的道德意识和自律行为会影响交往者的行为选择，也会影响交往活动的质量，进而形成互相尊重、自律的网络交往空间。主体自身的道德自律才是真正的自律意志。因此，在网络交往中倡导传统的"慎独"思想，培育交往者的"慎独"精神和行为，对形成良好的网络环境尤为重要。

和谐取向的儒家君子人格具有"诚信""忠恕""律己""慎独"等道德品质，在网络环境错综复杂的当代，具有高度的适用性和价值倡导。首先，在网络的匿名性、流动性等特质引发网络诚信缺失，道德主体模糊的情况下，政府更难对网络失信事件进行有效监管，也难对其他主体形成强有力的威慑力。倡导"诚信"品质即是从主体自身出发，强调交往者的诚实守信，以培养交往主体的互信与对网络环境的信任感。其次，君子人格的自我人格培养能对人际信任缺失的危机提供指导性的帮助。帮助交往主体在交往中强调个体的人格，立足自身，理性看到交往活动和信息，从而建立起强大的人格特质和对他人的信任感。再次，网络谣言、网络暴力事件频发，究其根本是交往者在活动中肆意妄为，以自我为中心而不顾及他人的感受，没有考虑他者是否会受到网络事件的影响。而君子人格的"恻隐""忠恕"皆是强调个体要为他人考虑，能够站在他者立场去共情别人，用谦虚尊重的态度进行网络交往，从而促进网络交往正能量的传播。最后，儒学强调个体的"律己"和"慎独"，即在没有监管和约束的情况下，也可以谨慎对待自身行为。这一品质在匿名的网络社群中显得尤为迫切和珍贵。只有当个体形成高度的道德自律意识，才会在交往中恪守社会规则而不做出出格的失范行为，进而形成互相尊重、自律的网络交往空间。因此，

---

① 张元、丁三青：《传统"慎独"思想与大学生网络道德教育》，《广西社会科学》2015年第8期，第213页。

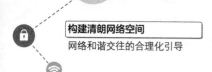
和谐取向的君子人格在网络交往时代具有较强的合理。

网络社区已成为人际交往的重要场所，区别于依靠共同的生活空间和人际关系的现实人际交往，虚拟世界冲破了时间和地域限制，增强了网络角色的交互性，交往主体也呈现出多样的人格特征。在网络社区中的用户，可以自由地定义身份信息，甚至采用多重虚拟身份进行社交，但由此也带来各种真实性的问题和多样人格。交往者的人格特征对网络交往行为起到至关重要的作用。基于互联网的数字化、网络化、信息化，网络交往得以更加广泛化。但网络交往的匿名性、流动性、去中心化等特征也衍生出信任危机、自我中心、情感缺失、网瘾症等诸多人格障碍和失格现象，扩大了网络世界的交往鸿沟，使网络交往与交往理性的目标愿景相去更远。

对网络交往人格，从目的合理性、交往合理性以及和谐合理性进行多元分析。目的合理性的人格持有成就取向，对网络交往一般抱有功利性或直接性的目的，进行网络交往多是出于获得成就、寻找认同、维系关系等目的。过度的张扬工具理性，带来的是自我身份的认同危机、对网络社区和现实生活的信任危机以及对社交对象的情感危机等。我们有必要呼吁价值理性的重新彰显，在追求精确、快速、高效的工具理性环境下，认识到价值理性的重要性。我们要在网络交往中树立以现实生活为中心的原则，认识到虚拟社区和现实生活的勾连与异同；并且能够清晰地认识自我，清醒地意识到在虚拟社区中的自我依然是以真实自我为基础的。我们要明确网络交往不仅是为了达到某项目标或成就，更重要的是交往过程中的"人"的交心与交情。交往双方应通过构建双方共同的价值空间，来达到友好交往的目的。

交往合理性的人格为理解取向，更加强调交往者的交往资质和交往能力，即对交往平台的基础掌握程度和对交往语言的熟悉运用程度。在网络世界，这一取向的人格视角和交往资质更具必要性。以数字信息技术搭建的网络平台，对使用者提出了较高的门槛要求，交往者需要具备一定的认知能力，包括对网络世界和现实世界的认知能力。也需要具备相应的语言能力，也就是对网络语言的基础掌握和运用，并且能够理解对方的语言指代，还需要具备反思能力和开放包容的心态。层出不穷的社交新媒体，需要交往者能够掌握游戏规则，网络世界的交往资质，更多体现在媒介素养的习得方面。这些媒介素养包括对媒介的认知能力、对媒介的使用能力、媒介信息的生产能力。网络世界并非乌托邦，而是现实世界更复杂的写照，在网络交往中要意识到多方力量的交织，警惕接触到的信息的真实性，也谨防陷入资本的控制。通过强调这些资质和媒介素养，使得交往者具备更高的交往能力，从而减少在交往过程中的摩擦和信息差，达到更和谐顺畅的人际交往。

和谐合理性立足于道德感和行动观来分析人格，和谐取向的君子人格注重仁爱、忠恕的道德观和诚信、律己的行动观。对网络世界而言，和谐取向的君子人格在今天迸发出更突出的活力。虚拟性带来诚信感的缺席，网络诈骗不断发生，网络谣言和网络暴力更是加剧了人际信任危机，带来道德滑坡和同情心缺失。君子人格的特质在网络时代更显珍贵，其强调从自身人格出发，通过培育诚信、仁爱等品质，注重自身的道德修养和行为。"律己"与"慎独"强调自觉性的品格，塑造完善的主体意识，能够让网络主体在交往中对规则和准则自觉遵守，而不以环境和条件为转移。

总而言之，本章基于对网络交往主体虚无主义、自我中心主义和情感危机，以及网络交往空间诚信缺失、人际信任危机和道德失范等现象的考察，提出应当从交往主体本身着手，培育多元和谐的人格品质。基于此，本章结合三种人格特质，从三方路径综合分析：成就取向的人格有助于交往者实现自身利益，却容易忽视人文关怀和价值理性；理解取向的人格有助于培养合格得体的公共交往者，却将部分人群隔离在外；和谐取向的君子人格从交往主体的人格着手，倡导培育诚信、律己的网络交往者，弥补二者对人格分析的不足。本章针对网络社区的交往问题与人格失格，提出人格培养的和谐理念和交往行动标准：在张扬工具理性的同时也要兼顾价值理性；作为网络交往参与者应培养自身的媒介素养与交往资质：更应在浮躁尘嚣的网络环境中强调自律；能够诚信待人；慎独行事；以此实现个人的人格升华，并与全社会成员一起共同塑造和谐网络环境。多元路径比较下，更易发现网络交往的合理的人格特质，也为我们理解网络交往、解决网络问题提供了视角。

第七章 结语：社会主义网络交往和谐合理性的提出

本书立足于多元合理性的理论基础，主要是韦伯工具合理性、哈贝马斯的交往理性以及儒学和谐合理性，并将其与网络交往的连接、关系和认同等属性联系嫁接，引入网络交往理性建构研究领域，在比较的视野下，进行网络交往伦理、网络交往规制和人格三维度的分析。

对中国网络社会矛盾最根本的解读，只能从东方社会、情理文化和西方社会、理性观的双重观照和比较中进行。继而，再深入形式合理性与实质合理性、工具合理性与价值合理性的紧张性中加以分析。

第一节 研究目标的提出

媒介—社会的共同演化，必然引发社会诸多结构性和观念

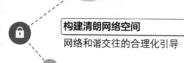
性的变革，这种变革也体现在社会交往方面。媒介技术的演进推动人类从现实交往、媒介中介化交往，发展至今的深度媒介化交往时代。人类开始生存于一个由网络和数字技术所建构、以元宇宙为未来主导形态的虚实相融的网络社会中。人类交往的内涵和本质未变，但交往的主体意识、交往的结构和实践形态发生了革命性的变革。人与人、人与技术和人与社会之间的关系也因此被重塑。

借助社交平台展开的网络交往已成为人们新型的交往方式。虚拟空间中，数字技术、信息节点与复杂的语义网络的关联，消除了传统的时空障碍，重塑与构成了具有场景性的意义空间，发生着社会的符号互动，从而铸就人类交往的当代样态。在新的交往形态中，人们借助各种连接方式和网络，以多元的新型交往形式，拓宽和创新与他人的多样化互动，并结成一种新的网缘关系。"超现实"的生存和交往，也正在重塑着我们的自我认知，改变我们对环境的认知。

网络社会的种种革命性变化，也引发了一系列问题和理性困境，并为社会的和谐带来风险。网络社会个体的交往异化与单向度发展，如自我认同的扭曲、情感极化与行为失范、人格失格、关系调适困难等问题，导致了伦理困境、个体私权与社会公利的利益和价值冲突、社会认同涣散以及诸多社会交往环境恶化后果。网络交往的种种非合理性表现，会放大已存或新生的各种社会失序问题，带来社会失谐和失稳的风险。

数字技术及它们构建的社交媒介在推动着"数字再社会化"过程，重构着社会现实。人们创设了新的交往社区、交往场景，并建立新的关系。网络交往因此具有了天然的公共性意义。

概括而言，网络社会的交往现实是"理性的不足导致非理性的生存与交往方式"。如何规范网络空间与交往活动的秩序，体现网络交往的公共性价值？如何应对种种失序问题，保障和谐社会？建构网络交往的合理秩序，为和谐网络社区提供精神文化支撑，是和谐社会建设的重要组成部分。

如何为网络交往提供一种合理化范式？有哪些合理化的路径和规范原则可以适用？如何细化规范标准，并将其延伸至日常舆论引导实践中？本书的目标，正是为进入深度媒介化的中国网络社会及其中的交往实践，提供一种适应中国现实、虚拟场域特征的理性支持。并源于这种理性，找寻可以适用的合理化路径和规范原则，进而将其细化为网民参与行动的规范标准。总之，本书希望能为网络交往的素养教育和日常舆论引导提供一种有关网络交往实践的知识准则和行动规范标准。

第二节　研究交往中的情感表达

各领域的学者已经以不同的方式讨论了"情感"在人类交往生活中的作用。本书讨论了几种有代表性的、以情感为视角反思哈贝马斯公共领域范式的理论路径，发现国内外有一批学者已肯定作为公共领域建构中的情感是理性系统的构成要件。国内的学者受传统儒学情感—理性交融哲学的启示，实质上已秉承情感中性、情感与理性交融的观点，回应了学界对哈贝马斯的公共领域范式压抑情感的质疑。

当下中国社会情感结构的主要要素，或者说深层的情感律动，是"怨恨"与"同情"，这也必然反映在网络表达上。当个体以一个匿名、自由、"原子化"的虚拟身份进入网络空间时，交往心理不确定性被激发和强化。身份的虚拟化并未改变个体主体性，线下结构性压力导致的负面情感，也并不会因此而减弱或消失。相反，以怨恨为主导的负面情感，在情感冲动、非理性的支配下，更容易直观、生动地重现给他者；情感传染、情感共鸣等机制，唤醒了个体和他者压抑和掩藏下的怨恨，在双方互动中推动了情感极化的形成。

关于情感参与的公共表达，学者们的判断经验性地集中在"公共参与主体理性不足"和情感极化上。"情感"常常被污名化为"非理性"，"民主的敌人"，对公共领域是"坏的东西"。情感非理性论者片面强调情感的冲动、狂躁、不受控的一面，以及情感感染、情感共振下的极化一面，甚至强调网络暴力的一面，给网络抗争行为蒙上了一层负面色彩。

关于情感极化表现的归因，从情感社会学角度，可以总结为五个维度的合力：线下世界的社会和文化结构（怨恨社会）；正在建构中的虚拟世界的社会和文化结构；由现实和虚拟世界共同塑造的人格普遍特征；互联网的结构特征（身体、身份的不在场）；运行机制（去抑制效应、信息茧房和网络狂欢等）。对热点事件网民群体负面情感的阐释，受"工具—目的"理性支配，多是"情感动员"形成的"情感抗争""社会泄愤"后果框架。

负面情感对公共领域破坏的发生机理，本书大体总结为：负面情感（或非理性）表达（如情感类型、线索、方式）—动员或非动员下的情感感染（有时用渲染、传染）—共振共鸣下的优势情感共识—情感极化（或媒介审判、言语暴力）—群体极化—公众极化—破坏公共领域—社会危机。在情感可被操控的担忧下，对网民互动的社会引导，自然是情感压抑、驯服、管控和培养纯粹理性。

针对不同的平台或议题，情感被证实起到不同的作用，或是导向非理性甚或群体极化，或是潜在地捍卫着普遍价值，可能有助于通达群体理性。这意味着，网络情感对于公共表达的影响有着复杂的可能性。现在，我们仍无法直接说，情感在公共互动中是影响事件发展的决定性因素。因为我们很难将情感与话语的理性分隔开来讨论以下问题：情感是否是情感极化或群体极化的促动力？或是否有助于推动公共讨论的共识？影响的复杂可能性还来自情感与特定文化的关联，文化的多样性塑造了情感以及情感表达方式。因此，我们只能把情感置于人们具体的网络公共实践中，理解不同文化的情感实践之异同。

但不可否认的是，情感表达是有价值的，如情感是社会无力、无奈者的"呐喊工具"，通过情感宣泄，边缘和弱势阶层的声音才有力量，才能有反馈。一个理性的社会不应禁止这种呐喊，排斥这种声音。因此，我们不建议压抑网络情感，去构建一元网络公共区域。当然，以情感的天然性及所谓的非理性特征为由去规范网络公共区域，也有消解网络公共领域建构的可能性。

本书讨论网络情感，但不可能下个非此即彼的判断，如建立在情感上的网民比看起来理性的网民更真实，或更激情、冲动，或更应引导管理，等等。本书还进行了一项文本情感分析，考虑到特定平台和话题类型的网民情感表现具有偶然性和不确定性，因此只能说该分析的结论有特殊性也有典型性。但无论如何，这是对中国传统哲学"情感与理性交融"的一次实证。

总之，我们对公共场域理性状况的判断，均需要摆脱西方哲学情感与理性的二元对立观，避免将情感纳入"非理性"范畴的窠臼。取而代之的，相关研究应理解情感为人的最基本的心理要素和存在方式，取怨恨、愤怒、同情等为"人之常情"的情感中性立场，并在情感和理性中寻求动态的平衡。

第三节　合理性建构三个维度的比较分析

伦理是合理化的主要维度，因此网络交往伦理的建构，是本书的主要研究方向。

网络社会需要建设与其交往潜能相适应的对话伦理，培育对话的程序伦理和培育对话的实质伦理，使两者相得益彰。

学者们多强调网络交往应遵循程序伦理的对话和协商原则，这种选择是源于硬性的技术，法律的管制可能难以适用网络的特殊环境。当然，也有人会质疑儒学和谐交往伦理等实质伦理的适用性，是因为网络社会原本"普遍的、先在的和确定不移的"的价值变得不再确定，这就使得民众难以就实质正义的内涵和标准达成一致。

哈贝马斯提供的程序伦理，强调网络交往和公共讨论的对话伦理，对网络秩序的建构非常重要。但需要用导向"善"的对话的实质伦理加以补充和拓展。

网络空间中的互动规范的建构，依赖基于个人的义务责任的伦理资源，可能缺乏规范约束力；而基于真诚对话理解的伦理资源可能流于理想化，且规范程序伦理，是路线图而非行动准则。因此，可以借鉴和整合其他更多元的伦理资源。中国传统儒学交往和和谐伦理及其情理交融的原则，对网络交往伦理构建是一个有效的补充资源。也可以说，中国传统儒学的仁爱友善观，可以作为网络交往伦理合理化的基础路径，其行动准则也是对哈贝马斯交往伦理合理化的一种落地。它以个人身心和谐作为人际和谐基础，爱人、己所不欲、勿施于人的怜悯之心，宽容、宽厚的忠恕之道，无疑对网络人际交往有重要的指导意义。中国传统的"情理交往"侧重于情为大、礼为重，基于情感的"克己复礼"，确定了行为主体的交往规范。而"礼"作为儒学交往伦理的有效构成，其价值取向也可以有效地抑制"情"的泛滥，保障公共交往的有序化。

基于上述观点，并结合其他伦理取向的行动伦理标准，本书提出以下数条伦理行动准则：仁爱友善之心与平和心态，坚守话语自律；警惕过度上网，重拾现实交谈；学会倾听；控制和压抑情感冲动；遏制暴戾心态和行为，不漠视他人价值、不消费、践踏他人尊严；端正价值观、人生观、是非观；不带和被人带"节奏"；律己与宽容并行；有能力有理性讨论；担负起符合自己社会身份的伦理责任。

总之，人个体、社会成员以及虚拟成员的多重身份，决定了网络和谐交往合理性所确立的和谐伦理准则，不应仅是责任伦理之后果（客观）准则，也不应仅是交往伦理之共识真理准则，而应是立足中国文化的"仁"，同时结合现实标准的准则。建立于"关系"基础之上的"认同"与"共识"，是网民应普遍持有的交往目标，而"仁爱""友善"与公民责任是交往伦理意识准则。同时，网络交往伦理的建构应该是建设性和有弹性的，不应该以约束和束缚网络的自由生长为代价。网络伦理必须依靠弹性的道德来约束，社会控制的力度需要恰当拿捏。控制过度就会牺牲个人利益，控制过弱则会使个人权力膨胀，导致网络空间失序。问题的关键在于如何进行合理划界，明确网络行为的底线和上限。

法律作为"他律"、真诚对话和协商作为规范，对网络交往主体的交往行为均起到不可或缺的规制作用，但儒家礼制的作用更值得期待。

韦伯的目的合理性的网络形式法以目的、高效为取向，但其对虚拟世界的硬性规制实效仍值得怀疑，其如实施过度的强制力，容易产生对公民权利事实上的压制和阻碍。

从网络交往的秩序治理而言，外在的集中控制很难达到效果。大多数情况下，对个体网上不良行为的法律威胁难有效果，追责难以实现。许多情况下，失序源自于虚拟主体、陌生人间的符号话语交流；对他人伤害的法律追究，施害者、施害动机、对应的后果均难以界定；追究成本也不可控。无论如何，法律其实很难周全顾及，规制力作用空间小，效果难以稳定。此种情况下，法制本有的权威性、公信力也值得商榷。而如果平衡不好公民权利和规制强度，便会对网民的交往行为过度施加约束和控制力。

哈贝马斯交往理性的理解取向一直受到"理想化"的质疑，其对话伦理的四个有效性在网上更难实现。网络的特质，容易导致事实和理性思想、观点以及个体的真情实感，均被虚拟的主体和主体交互所消解。因此互动中主体间难以建立真正的共情共理。

与目的合理性的网络形式法以及交往合理性基于对话伦理的理解等路径相比，儒家礼制思想在网络社会的制度合理性建构中，具有值得关注和研究的价值。诸如"和谐""节制""中庸"等思想，在自律和他律层面颇具参考借鉴之处。这是因为，儒家礼制并非主客、人神二元立场的对立；在传统社会中，儒家"礼制"并非以形式化、逻辑化的法律制度出场，相反，其以经验世界为基础，以实质主义为核心，将有效形式与道德的实质内容二者有机融合起来，并追求道德意识与政治权利的结合统一。也就是说，在传统社会，儒家"礼制"除了依靠道德性的自省与自我督促之外，其制度性的规制也具备明确的强制性、权威性。但是，在网络社会，这种基于传统文化的强制性、权威性是否还能

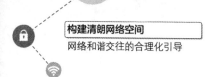
保存?

在制度研究部分，本书还从以下方面通过分析论证，得出了一些观点，这里概述如下：网络社会的和谐需要其所属系统与生活世界和谐的保证；社会主义核心价值观的坚持应是基础导向；网络政治的"德政"与"仁政"是保证德性；爱国守法是网络交往的首要德性；自由平等是网络交往的重要德性；而提升法律意识、追求社会宽容、尊重隐私是贯穿始终的制度建设基本准则。

从网络交往合理化的人格层面而言，对成就的过分追逐易导致工具理性至上，交往资质又参差不齐。和谐合理性的君子人格倡导个体自我升华，可能更适用于中国互联网生态。

网络社会个体的交往异化与单向度发展，导致人格障碍和失格现象非常明显。人格因此成为网络交往合理化的一个不可或缺的维度。学者们对网络交往中工具理性压制价值理性的批判，集中于人格方面。

网络交往的匿名性、流动性、去中心化等特征，也衍生出阻碍个人发展的异己力量；表现为人的自我与主体性的迷失，自我认同与社会信任、认同危机，情感缺失或失控，交往行为失范与失格，人际关系调适困难、网瘾症，等等。这些方面的问题扩大了网络世界人与人之间的交往鸿沟，与交往理性的目标愿景相去甚远。

目的合理性的人格持有成就取向，对网络交往抱有功利、直接的目的。不同职业、目的的行动者也体现出特定的行动人格。本书基于网络的连接关系特征，主要从获得成就、发展关系、寻找认同、维系关系等方面分析。个体压抑过度的工具理性至上的冲动，是原则性的人格合理化标准。网络社区的新知识分子是社会的中坚力量，意见领袖的主力，参与公共发言进而呈现的人格更具典型性。他们应清楚定位自身身份，承担起启蒙批判的重担，对社会事务秉持批判精神与负责意识，促进民主的讨论，推动培育公民的理性交往。

交往合理性的人格为理解取向。哈贝马斯不是用人格，而用"交往资质"一词来概括他所强调的如何实现相互理解。他对交往资质提出了明确的要求，如交往规则的认知，言语的认知能力、理解能力、表达能力，真诚开放的互动心态等。现在我们一般用媒介素养或信息素养一词将交往资质内涵包括其中。强调全方位的媒介素养和交往资质能力，促使交往者个体具备更高的素养，从而在交往过程中减少摩擦和信息差，达到更和谐顺畅的人际交往。

基于目的合理性的工具理性至上，以及交往资质的参差不齐，和谐合理性的君子人格更加倡导交往主体的君子人格的自我升华。这一人格合理化取向在网络社会迸发出新的价值。成就取向的人格更注重结果，有利实现个体自身利益，强调结果的必要性而忽视手段方法甚至交往过程的正当性。交往行动者注重交往主体的资质能力，却因此将部分人群隔离在外。君子人格是从自我出发保证交往的合理性，关注过程和结果的双重和谐。其强调个体的"仁爱"与"忠恕"，对不具备相应资质的人抱有关怀和宽容态度，弥补了对于交往主体的资格限制。

中国传统文化的哲学思想规定了人们的日常生活的"为人处事"合理性。"为人"即个体人格的塑造，"仁"是儒家在人与人交往关系方面的意象性表述，它既立出了"处事"（人与人交往）的准则，又立出了"为人"的标准（君子固仁），并用"义、理、智、信"相辅，使交往守则和规范更具象，以指导每个个体在交往实践过程中的言、行、举、止，实现"仁"的理想。儒学和谐合理性立足于道德感、行动观来分析人格。和谐取向的君子人格注重仁爱、忠恕的道德观和诚信、律己的行动观。对于网络世界而言，和谐取向的君子人格有较强的柔性规范意义。虚拟性带来诚信感的缺席，网络诈骗不断发生，网络谣言和网络暴力更是加剧了人际信任危机，带来道德滑坡和同情心缺失。君子人格的特质在网络时代更显珍贵，其强调从自身人格出发，培育诚信、仁爱等品质，注重自身的道德修养和行为。"律己"与"慎独"强调自觉性的品格，塑造完善的主体意识，能够让网络主体在交往中对规则和准则自觉遵守，而不以环境和条件为转移。

网络交往的人格失格的种种表现，对网络交往合理性提出了人格合理化的原则路径：从交往主体本身着手，培育多元和谐的人格。本书通过倡导理性价值来平衡工具价值，重视网民媒介素养、交往资质的培养，更重要的是培育具有诚信、恻隐、慎独意识的内在品质；促使交往者重视自身人格的升华，从而进行理性交往行为，营造和谐的交往空间。

第四节　社会主义网络交往和谐合理性的初步提出

本书的最后部分，提出并界定"社会主义网络交往和谐合理性"的概念，并初步阐释了其内涵和内容。这项工作的目标不在于对其进行清晰界定和内涵的全面阐释，而是希望在回应儒学和谐合理化潜力判断的基础上，结合多元合理化的能力，找准立足中国社会制度、立足和谐社会的网络交往合理化的方向。当然，这个概念的提出并非完整的理论建构，因此需要后续相关研究的深入。

为社会主义中国的现实社会和网络社会，提供网络交往和谐取向的知识准则和规范的合理性，我们称之为"社会主义网络交往和谐合理性"。[①]网络人际交往活动中，有关人与人、人与网络社会关系的和谐取向的规范和准则，构成了和谐取向的知识预设。所谓网络交往和谐合理性，即是与这种知识预设相关联的。相应的"网络交往和谐合理化"是有关网络交往普遍经验知识和规范的确定和价值展开过程。

本书对网络交往和谐理性的界定，立足于合理性、儒学和谐合理性概念的引入和运用。在提出界定和内涵之前，我们回应了基于工具合理性和哈贝马斯交往合理性对网络交往理性的判断。这是我们界定的前提。我们的这个回应，也是对网络交往和谐合理性方向的判定。国内一些社会学者基于合理性的界定，

---

① 　注：后文表述中一般省略"社会主义"一词。

认定儒学合理性可以界定为和谐合理性。

下面对这个概念的内涵做一个简要陈述。

一是网络交往和谐理性立足于中国社会制度和意识形态，立足于全社会对和谐社会的追求。

坚持中国特色的社会主义道路，建设具有强大凝聚力和引领力的社会主义意识形态是中国的最基本国情。这个基本国情决定了网络交往和谐理性的根本理性，也决定了网络自由的底线，这是对社会主义道路的坚持、社会主义意识形态和核心价值观的坚定维护。社会主义的根本制度是哈贝马斯所言的生活世界（包括现实和网络社会）和谐的根本制度保障。无论是哪种类型和职业身份、哪种参与动机的交往主体，必须明确这点。但哈贝马斯对交往场景的理想期待，是不受国家权力控制的公民之间平等、自由对话和表达的"公共领域"。从中国的基本国情出发，哈贝马斯真诚对话的理想化色彩，其公共领域的乌托邦性质，不会因网络社会的来临而淡化。

中共中央对网络舆论宣传、网络生态治理工作非常重视。习近平总书记在其重要讲话中对网络空间的舆论格局、导向、内容建设和治理体系等多有表述：如 2013 年到 2022 年间，总书记多次就网络治理问题发表重要讲话。2013 年《在全国宣传思想工作会议上的讲话》中提出"增强阵地意识"，思想舆论领域大致有三个地带，其中"黑色地带，主要是网上和社会上一些负面言论构成的，还包括各种敌对势力制造的舆论，这不是主流，但其影响不可低估"。2017 年在《决胜全面建成小康社会，夺取新时代中国特色社会主义伟大胜利——在中国共产党第十九次全国代表大会上的报告》中又指出"加强互联网内容建设，建立网络综合治理体系，营造清朗的网络空间"。2022 年在《高举中国特色社会主义伟大旗帜，为全面建设社会主义现代化国家而团结奋斗——在中国共产党第二十次全国代表大会上的报告》中提出"加强全媒体传播体系建设，塑造主流舆论新格局。健全网络综合治理体系，推动形成良好网络生态"。

网络交往和谐理性是以社会主义核心价值观引领的理性。"核心价值观是一个国家的重要稳定器，能否构建具有强大感召力的核心价值观，关系社会和谐稳定，关系国家长治久安。"①社会主义核心价值观来自中国人一脉相承的精神追求和精神特质。构成了中国社会共同的思想道德基础。进入网络时代，它一样凝结着全体人民共同的价值追求，集中体现着当代中国精神。网络社区的和谐是构建和谐社会系统的关键一环，在现实中集中体现为社会主义核心价值观。

核心价值观提出的三个层面的价值要求，对清朗网络空间的建构具有重大的规范和交往行动指导价值，实际上回答了我们要建设和如何建设什么样的社会、什么样的虚拟社区的问题，也提出了培育网民的具体要求和标准，如在公民层面的价值要求，是爱国、敬业、诚信和友善等。总之，社会主义核心价值观所提出的价值要求，构成我们网络交往合理化的文化底蕴、基础知识规范和准则。

网络空间的网民的自我迷失、价值观扭曲和冲突、精神空虚等困境，无不与信仰缺失、精神虚无有关。网络空间的一些乱象，也与对核心价值观的认知和践行不到位有关。因此，网民在网络交往和网络文化生活中，广泛践行社会主义核心价值观，有益于解决上述问题。

网络交往和谐理性能够体现全社会对深度媒介化时代社会和谐、生活安定的追求。和谐社会建设，既需要和谐的网络生活的建设，也需要网上生活和现实生活的虚实和谐。创建网络人际交往新模式，克服人际交往的网络困境，既需要网络和社交平台合理化的建构方案，也需要建构和谐的网络交往理性。这是人伦生态重建的网络议题。网络空间良性秩序和交往和谐，需要生活世界的完善，规范意义上的他律，也需要技术上的自觉和规则约束，但更需要每一个交往主体基于公共性实践的自觉与自省。

---

① 《把培育和弘扬社会主义核心价值观作为凝魂聚气、强基固本的基础工程》（2014 年 2 月 24 日），习近平：《论党的宣传思想工作》，北京：中央文献出版社，2020 年，第 54 页。

二是网络交往和谐合理性的根源是中国传统儒学的和谐合理性，是传统文化在深度媒介化社会的延展，但其又具有新的"和谐"和合理性内涵。

目前的中国社会进入一个非常关键的转型时期。网络交往放大了中国传统文化的现代化、文化冲突和文化转型等问题。但是，无论我们是身处何种社会历史时期，我们都无法与传统意识和文化割裂。正如我们在绪论部分所论及的，网络空间已成为人们生存与交往的"现实"空间，交往主体的主体性和主体意识不会因进入虚拟世界而消失，交往实践不会因是中介性和符号性而成伪。可以说，中国人的精神内核不会因为进入虚拟世界而改变。

虽然在韦伯看来，儒家的人伦立场与情感立场，使其存在着明显的理性不足，如重伦理、个人品德、重经验，但轻科学、轻创造、轻理性思维等。这是中国传统文化现代性转型的内在文化阻滞力之一。确实，儒学有待现代性转型，其思想内核有待与网络世界的社会实践结合而发展，其话语体系也难以匹配当下鲜活的社会生活，更难以匹配虚拟的网上交往实践。

但儒家文化作为中华民族的传统主流文化，具有极强的交往实践性。仁的实质是精神交往。儒学合理化是一种内在的伦理合理化，可以说，儒学在交往合理化与内在合理化方向具有较高的合理化潜力。同时，仁、礼也是一种求得和谐的规范伦理，因此儒学有关交往的伦理是一种和谐伦理。但儒家的人伦、情感与和谐立场，其有关交往的实质伦理规范准则，均可为网络交往提供理性支持，且恰与西方的理性补充。

2014 年 9 月 24 日，《习近平在纪念孔子诞辰 2565 周年国际学术研讨会暨国际儒学联合会第五届会员大会开幕会上的讲话》中说："世界上一些有识之士认为，包含儒家思想在内的中国优秀传统文化中蕴藏着解决当代人类面临的难题的重要启示，比如，……关于集思广益、博施众利、群策群力的思想，关于仁者爱人、以德立人的思想，关于以诚待人、讲信修睦的思想……关于中和、泰和、求同存异、和而不同、和谐相处的思想……中国优秀传统文化的丰富哲学思想、人文精神、教化思想、道德理念等，可以为人们认识和改造世界提供有益启迪，可以为治国理政提供有益启示，也可以为道德建设提供有益启发。对传统文化中适合于调理社会关系和鼓励人们向上向善的内容，我们要结合时代条件加以继承和发扬，赋予其新的涵义。"

因此，我们可以说，网络交往和谐理性的建构，是网络交往时代传统文化转型的一条实践路径，其理性根源是中国传统文化，来源于儒学的和谐交往理性。当然，如何赋予传统的和谐交往理性适合现代社会、网络社会的新的内涵，如何确立适合的规范准则，传统的概念和内容时代化、鲜活化，仍然是值得研究的重要课题。

三是网络交往和谐理性生存于由人情、人性连接，"媒介—社会"深度演化阶段的互联网生态和社交平台，是一种动态、发展的理性。

姚中秋从中国人连接关系的特性出发，讨论了中国互联网生态与西方生态的不同，即中国人是基于情的连接、心的连接，而非西方基于理智（mind）、消费和交易的连接。中国的企业家们将中国人的连接复制到网络上，这种生态也是中国互联网产业成功的原因。也就是说，中国人天生出生于、成长于社会网络中，只是现在这个社会网络已向深度媒介化社会网络延伸。

中西互联网连接关系不同因而生态不同，姚中秋的这个观点仍值得论证。但无论如何，中国互联网生态的建构是基于中国传统文化的，与中国人的人与自我、人与他人、人与环境的和谐关系的特性是有关的。立足于人情、人性连接的网络交往，也必然产生适合中国互联网生态的合理性。

网络交往合理性建构是个曲折推进的过程。网络平台和网络生态在演化，目前网络交往的技术架构、交往形态、网民的交往表达能力仍处在初生状态，是不成熟和不完备的。当然，人与社会生态的理性永远也不能完备。在网络交往实践的复杂语境里，我们只能追求一种动态和发展的理性。网络交往的伦理共识只能是博弈与交流的产物。法律随着问题的出现而在不断完善，人格也在随着网民基本素质和媒介素养的提升升华。从蛮荒到文明，从对抗到和谐，从无序到有序，人类对文明的渴望，网民对群体和谐交往和生存空间的渴求，是推动网络合理化规则建构的根本动力。

四是网络交往和谐理性是一种多元交往理性普遍规范融合与相得益彰的理性，是一种柔性和弹性的理性。

对交往的个体的规范而言，多元交往理性的普遍规范融合与相得益彰的理性，具体体现为"情、理、法"的三位一体。

中国传统社会伦理规范以情为主导，人们的交往规则强调合情、合理、合法。"情、理、法"三个概念的前后顺序，说明在中国人看来，虽然情与理难分，但"合情，是最重要的，合理次之，合法更次"。① 这有别于现代工业社会的"法、理、情"的次序以及三者的截然区分。更为重要的是，当情、理、法三者之间发生冲突时，我们往往将人情与事理糅杂在一起判断，并强调人情大于国法。这是因为在山高皇帝远的乡土社会，极少数的公共事务限于乡里，"法不下乡"，以民间自治为主。法的规范仅是象征性的。所谓"克己复礼为仁"，法的作用，更多通过"礼"这样一种规范、信仰和价值体系来发挥作用。礼是规范行为的指南，评判是非的准绳。而现代社会，人们成为集聚城市周边和工厂里的芸芸大众，脱离了乡土熟人社会的民间约束。此时，硬性的法大于理，更大于情。情在法面前，只能是私下的个体的感叹。

之所以陈述情、理、法三者关系的演变，是想说明，这种关系与人们生活的社会环境息息相关。网络社会人们从个体的原子化状态进入虚拟社区。依凭社交媒体的交往，人与人之间的关系生成与维护机制、话语表达形式、公共表达机制、相互影响机制均发生了革命性改变。人与人之间的关系，既以个体为中心，又可集聚成群；既自由、开放又可随意切换成自我封闭、群体封闭；可以私密交流，也可能随时暴露于"大庭广众"之下。网络信息时代的交往形态是乡土熟人社会与现代工业社会的复杂糅合体。

---

① 范忠信、郑定、詹学农：《情理法与中国人》（修订版），北京：北京大学出版社，2011 年，第 24 页。

网络交往互动主体的相互关系，从更彻底的虚拟化、广泛化，逐步走向新的群体化、集中化；其精神世界从现代社会的孤独迷惘，走向网络世界的空洞和虚无。从群体关系而言，群体组织内生的自组织的特征更为明显，即个体自我组织起来、相互协调，并形成基于新的利益、兴趣和价值观的群体规范。相比于线下群体，这种群体的群体意识更为浓厚，群体规范和对个体的约束更为严苛，与其他群体的界线更为分明。但从个体而言，一个个参与交往的主体，以自己为中心信息节点，跳跃式生存于一个个群体中，与群体的关系脆弱多变。难以建立明确的价值认同的个体，只能如网络时代的"盲流"，以个体孤零的虚拟身份生存，成为群体人数庞大、没有边界的不确定"网民"中的一员。网民个体自我身份的不确定，社会关系的脆弱、真实情感的无处表露和无所依托，必然导致精神世界信仰的缺失、精神内核的空洞和虚无。

在这种情况下，交往表达可能向两个极端的方向发展，要么"向下"本能性、冲动性情感发泄，要么在"网民"群体的群体意识召唤下，"向上"受原始的道德感、高尚感支配，加入民粹、网暴的大军。但缺乏精神交流的"中间"层，即人与人之间，真情实感被虚拟主体交互所消解，难以建立真正的共情共理。对具体的公共事务的讨论，难以体现专业性，难以实现真诚、平和的交流。我们对哈贝马斯交往理性的"四个有效"的质疑也正是来自此处。

此时，从网络交往的秩序治理而言，外生的集中控制很难达到效果。正如我们前方讨论的，大多数情况下，对个体的法律威胁难有效果，追责难以实现。内生的自组织的群体规范，是群体内的兴趣规范、利益规范，非社会层面的公共利益、价值观的规范；约束只能限于群体内，个体一出群体，约束力即自然消失。如我们前述人肉搜索和围观引发的网暴等情况，失序源自于虚拟主体、陌生人间的符号话语交流，许多情况下，对他人伤害的法律追究，施害者、施害动机、对应的后果均难以界定，追究成本也不可控。无论如何，法律其实很难周全顾及。技术的控制与表达自由又存在着天然的冲突。无论是中国的情理法，或是现代法治社会的法理性，原本存在的合情不合法、合法不合情的问题，更是难以厘清。因此人际间的冲突更为激烈。

从程序合理性而言，我们当然需要在复杂的交往中找到确定性的法的规范，或者追求技术架构控制有效。如对儿童上网时间的技术控制就相当有效。网络后台实名制也起到"个人为自己的行为负责"的法律威慑和追究底线的作用。但对大多数情况而言，网络交往的乱象只能证明网络实名制其实聊胜于无。

因此，我们只能在中国传统文化的情理和礼中找网络交往和谐合理化的实质源泉。也可以说，网络社会在呼唤"情、理、法"三位一体的回归。但这种回归，情是人情、情感、仁爱、友善等；理仍是"事理"，但这个事理不仅仅是来自传统的道，或者说秩序规范和权威，或来自分析逻辑之理，更应来自哈贝马斯所言的对话和协商之理。而法只能是底线。

从情是第一位而言，网络交往合理性的建构应该是建设性的、有弹性的，也应该是柔性的，不应该以约束和束缚网络的自由生长为代价。在价值多元化张扬，冲突鳞生的网络社会，公正的秩序建构，不应是一套准则，不应也不可能一劳永逸地解决问题。

我们也要有一个共识，在主要为自组织体系的网络社会，网络社会道德准则与规范的产生，人格表现的健全培养，对话理性和能力的提升，法律和技术规则的生产，均不可能由强权自上而下地推广。这些硬性的努力可能注定是徒劳的。柔性的道德约束，长期和潜移默化的教育引导，可能是更为有效的路径。而社会控制的力度需要恰当拿捏。控制过度就会牺牲个人利益和自由，控制过弱则会使个人权力膨胀，导致网络空间失序。问题的关键在于如何进行合理划界，明确网络行为的底线和上限。

总之，社会主义和谐社会所强调的民主法治、公平正义、诚信友爱、充满活力、安定有序、人与自然和谐相处的要求，暗含着和谐社会的人伦生态是合法、合理、合情的和谐相融。网络交往的和谐理性的建构，同样应该是在法律秩序的刚性规范（包括技术的硬性控制）和情感秩序的柔性抚慰中达成情、理、法三位一体的内在均衡理性。但在规范实践中，可能情、理、法的均衡天平，只能偏向情理一边。

五是网络空间良性秩序和交往和谐，需要生活世界的完善和和谐。生活世界的合理性才是社会主义网络和谐交往理性得以建构的根本保障。

价值多元是时代赋予的特定文化状态结构。社交平台构成了一个价值多元化表达的空间，是推动民主政治的新兴力量。倘若社会用集权制的理想来对待社会媒体时代，是极不现实的。我们不能放任网络交往场域的无序状态，并让其随意性、片面性去消解主流价值和中心价值，从而导致离心和混乱，更不能为了达到一致和共同而采用专制和暴力。

"具有中国特色的主流文化价值，亦即共识价值，应该承认多元文化价值存在的事实，并积极构建多元文化的交流环境，完善平等沟通、包容对话的机制。"① 生活世界的合理性才是价值共识的社会基础。我们要制约系统的权力膨胀，只能"重塑生活世界的合理性，以提升人们的交往资源和能力，并消解系统的异化性控制"。② 唯有如此，包括网络世界的生活世界才能免受权力、金钱与技术等因素的宰制，文化、社会、个性才得以协调发展。也唯有如此，交往主体才能保持自身的独立和自主，并从分裂的生存状态中得以恢复，由单向度的人还原成完整的人，并最终完善社会整体。

第五节　不足之处与后续研究期待

最后探讨一下本书的不足之处以及有待深入研究的方面，以之为本书作结。

---

① 许正林、李名亮：《微博"交往理性"的现实性质疑》，《西南交通大学学报（社会科学版）》2013 年第 5 期，第 43 页。

② 吴育林、陈水勇：《交往理性视阈中的价值共识》，《学术研究》2011 年第 1 期，第 24 页。

本书对网络交往和谐合理性的情感展开了论述。和谐合理性的哲学基础是情感，尤其是儒学方向的道德情感。情感哲学与和谐合理性之间的关系的研究还显得不够，如情感哲学可以为网络交往和谐合理性提供什么样的支撑？再如情感哲学以及情感与理性的关系哲学，如何深入伦理、制度和人格各个维度的研究中？

本书梳理了一条从情感非理性表达到社会危机发展的逻辑线，这意味着有太多的问题值得我们进一步研究。如情感如何塑造了网民之间的交往关系？情感流动有什么样的机制，使得情感影响力放大？甚至情感表达如何建构了公众的主体性？情感能否被操控、压制和监管？或如何被合理地引导？

理性思想之和谐与网络交往现实之冲突的关系，有待深入研究。合理化是知识和经验准则的制定过程。观念层面的追求和现实利益层面冲突的矛盾，在任何具体社会中都有所体现。我们所言的网络交往和谐，和谐是一种理想的目标，也是一种行动追求准则，但如何做到和谐？

理论服务实践，理想也要和现实结合。但厘清理论的应用条件、理想的实现条件，是保证理论不是空谈，理想不是空想的必要过程。正如哈贝马斯的交往合理性也有乌托邦性，但哈贝马斯指出了交往合理性实现的条件。人们在交往实践中，哪怕满足这些条件，可能仍有不少主观或客观、个体和群体、社会的各种限制。但不可否认的是，人类正在朝理想前进。不论是家庭和学校教育对个体素质、媒介素养的提升，传媒的呼吁、培养和舆论上的有益引导，还是网络社交功能和制约功能的迭代架构，都在创造条件，促进交往合理的实现。

那么，网络交往和谐取向的合理性，以及网络和谐社会的理想如何能实现？其限制条件是什么？

社会主义网络和谐交往理性建构的是一种和谐合理性，研究的目标指向建构网络和谐社区与社会。但现实的社会、现实交往行动实践并不都是和谐的，现在的网络社会更是冲突、矛盾丛生。但从中国历史的思想和谐与社会和谐的相互机制来看，现实社会和谐与失谐的交替，是思想层面追求和谐和现实层面利益冲突的共同结果。思想层面的和谐往往是走出动荡的理想追求，也在确实推动着和谐形成的进程。

虽然本书初步提出了网络交往和谐合理性的粗略概念和内涵。但如何从伦理、制度和人格三个层面展开理性的建构？如何与行动取向分析和行动伦理规范相结合？合理性分析往往指向一种合理化行动取向分析，并对应一种行动伦理和相应规范和准则。如韦伯工具—目的合理性指向目的合理化行动和责任伦理，哈贝马斯的交往合理性则指向理解行动取向和对应协商伦理，儒学和谐理性指向和谐与仁的情感道德伦理。那么，如何能够为网络交往和谐合理化提供一种适合网络交往现实和网络社会话语体系的经验性知识规范和准则？并细化为行动标准？显然，这是一项融合性、独特性兼备的知识体系建构工作，有相当的难度，只能有待后续的研究。

参考文献

著 作

[1] Mouffe, C.: On the Political, London and New York: Routledge, 2005.

[2] Levy, P.: Becoming Virtual: Reality in the Digital Age, Plenum Trade: New York and London, 1998.

[3] Stjepan G. Mestrovic: Postemotional Society. London: SAGE Publications, 1997.

[4] Frank, R.: Passions within Reason: The Strategic Role of the Emotions, New York: Norton, 1988.

[5] Dahlgren P.: Media and political engagement. Cambridge: Cambridge University Press, 2009.

[6] Tilly C. & Tarrow S.: Contentious Politics, Oxford: Oxford University Press Inc., 2006.

[7] McGuigan J.: Cultural and the Public Sphere, London: Routledge, 1996.

［8］Jordan T.：Cyberpower：The Culture and Politics of Cyberspace and the Internet，London and New York：Routledge，1999.

［9］［意］瓦莱里奥·阿尔纳博尔迪等：《在线社交网络：在 Facebook 和 Twitter 个体关系网中发现的人类认知约束》，凌非、程之译，北京：电子工业出版社，2017 年。

［10］［美］南希·K. 拜厄姆：《交往在云端：数字时代的人际关系》，董晨宇、唐悦哲译，北京：中国人民大学出版社，2020 年。

［11］［英］布鲁斯·胡德：《自我的本质》，钱静译，杭州：浙江人民出版社，2020 年。

［12］［英］卢恰诺·弗洛里迪：《信息伦理学》，薛平译，上海：上海译文出版社，2018 年。

［13］［丹麦］施蒂格·夏瓦：《文化与社会的媒介化》，刘君等译，上海：复旦大学出版社，2018 年。

［14］［荷］何塞·范·戴克：《互联文化：社交媒体批判史》，赵文丹译，北京：中国传媒大学出版社，2018 年。

［15］［丹麦］施蒂格·夏瓦：《文化与社会的媒介化》，刘君等译，上海：复旦大学出版社，2018 年。

［16］［英］阿里尔·扎拉奇、［美］莫里斯·E. 斯里克：《算法的陷阱：超级平台、算法垄断与场景欺骗》，余潇译，北京：中信出版集团，2018 年。

［17］［美］雪莉·特克尔：《重拾交谈》，王晋等译，北京：中信出版集团，2017 年。

［18］［美］柯林斯：《暴力：一种微观社会学理论》，刘冉译，北京：北京大学出版社，2016 年。

［19］［美］迈克尔·J. 奎因：《互联网伦理：信息时代的道德重构》，王益民译，北京：电子工业出版社，2016 年。

［20］［美］莎伦·R. 克劳斯：《公民的激情：道德情感与民主商议》，谭安奎译，

南京：译林出版社，2015年。

[21][英]尼克·库尔德利：《媒介、社会与世界：社会理论与数字媒介实践》，何道宽译，上海：复旦大学出版社，2014年。

[22][美]罗伯特·郑、杰森·伯罗-桑切斯等：《青少年在线社会沟通与行为：网络关系的形成》，刘勤学、黄飞等译，北京：中国出版集团，2014年。

[23][英]维克托·迈尔-舍恩伯格：《删除：大数据取舍之道》，袁杰译，杭州：浙江人民出版社，2013年。

[24][德]黑格尔：《法哲学原理》，范扬、张启泰译，北京：新华出版社，2013年。

[25][美]大卫·斯科特：《新规则：用社会化媒体做营销和公关》，于宏等译，北京：机械工业出版社，2013年。

[26][英]史蒂文·卢克斯：《道德相对主义》，陈锐译，北京：中国法制出版社，2013年。

[27][英]雷蒙德·威廉斯：《漫长的革命》，倪伟译，上海：上海人民出版社，2013年。

[28][美]马克·马陶谢克：《底线：道德智慧的觉醒》，高园园译，重庆：重庆出版社，2013年。

[29][德]尤尔根·哈贝马斯：《后形而上学思想》，曹卫东、付德根译，南京：译林出版社，2012年。

[30][英]希林：《文化，技术与社会中的身体》，李康译，北京：北京大学出版社，2011年。

[31][美]凯斯·R.桑斯坦：《信息乌托邦》，毕竞悦译，北京：法律出版社，2008年。

[32][美]乔纳森·特纳、简·斯黛兹：《情感社会学》，孙俊才、文军译，上海：上海人民出版社，2007年。

[33][美]曼纽尔·卡斯特：《认同的力量》，曹荣湘译，北京：社会科学文献

出版社，2006 年。

[34][德]尼克拉斯·卢曼：《信任：一个社会复杂性的简化机制》，瞿铁鹏、李强译，上海：上海人民出版社，2005 年。

[35][德]哈贝马斯：《现代性的哲学话语》，曹卫东译，南京：译林出版社，2004 年。

[36][德]尤尔根·哈贝马斯：《交往行为理论》第 1 卷，曹卫东译，上海：上海人民出版社，2004 年。

[37][英]齐格蒙特·鲍曼：《后现代伦理学》，张成岗译，南京：江苏人民出版社，2003 年。

[38][美]弗林斯：《舍勒思想评述》，王芃译，北京：华夏出版社，2003 年。

[39][德]哈贝马斯：《在事实与规范之间》，童世骏译，北京：生活·读书·新知三联书店，2003 年。

[40][德]尤尔根·哈贝马斯：《包容他者》，曹卫东译，上海：上海人民出版社，2002 年。

[41][美]帕特·华莱士：《互联网心理学》，谢影、苟建新译，北京：中国轻工业出版社，2001 年。

[42][美]曼纽尔·卡斯特：《网络社会的崛起》，夏铸九、王志弘等译，北京：社会科学文献出版社，2001 年。

[43][英]吉姆·麦克盖根：《文化民粹主义》，桂万先译，南京：南京大学出版社，2001 年。

[44][加]马歇尔·麦克卢汉：《理解媒介——论人的延伸》，何道宽译，北京：商务印书馆，2000 年。

[45][美]马克·波斯特：《信息方式——后结构主义与社会语境》，范静晔译，北京：商务印书馆，2000 年。

[46][美]查尔斯·霍顿·库利：《人类本性和社会秩序》，包一凡、王湲译，北京：华夏出版社，1999 年。

［47］［美］汉娜·阿伦特：《人的条件》，竺乾威译，上海：上海人民出版社，1999 年。

［48］［德］哈贝马斯：《公共领域的结构转型》，曹卫东、王晓珏、刘北城、宋伟杰译，上海：学林出版社，1999 年。

［49］［英］安东尼·吉登斯：《现代性与自我认同：现代晚期的自我与社会》，赵旭东、方文译，北京：生活·读书·新知三联书店，1998 年。

［50］［德］哈贝马斯：《公共领域》，汪晖译，汪晖、陈燕谷编：《文化与公共性》，北京：生活·读书·新知三联书店，1998 年。

［51］［德］马克斯·舍勒：《价值的颠覆》，罗悌伦、林克、曹卫东译，北京：生活·读书·新知三联书店，1997 年。

［52］［德］马克斯·韦伯：《经济与社会》（上卷），林荣远译，北京：商务印书馆，1997 年。

［53］［美］E. A. 罗斯：《社会控制》，秦志勇、毛永政译，北京：华夏出版社，1989 年。

［54］［德］哈贝马斯：《交往与社会进化》，张博树译，四川：重庆出版社，1989 年。

［55］［美］约翰·罗尔斯：《正义论》，何怀宏、何包钢、廖申白译，北京：中国社会科学出版社，1988 年。

［56］［美］约翰·奈斯比特：《大趋势——改变我们生活的十个新趋向》，孙道章、路林沙等译，北京：新华出版社，1984 年。

［57］［德］黑格尔：《精神现象学》下卷，贺麟、王玖兴译，北京：商务印书馆，1979 年。

［58］［德］黑格尔：《法哲学原理》，范扬、张企泰译，北京：商务印书馆，1961 年。

［59］［英］约翰·密尔：《论自由》，许宝骙译，北京：商务印书馆，1959 年。

［60］朱喆、萧平、操齐：《儒道情感哲学及其现代价》，北京：社会科学文献出

版社，2018 年。

［61］赵云泽、王靖雨、滕沐颖、焦建：《中国社会转型焦虑与互联网伦理》，北京：中国人民大学出版社，2017 年。

［62］马向阳：《纯粹关系：网络分享时代的社会交往》，北京：清华大学出版社，2015 年。

［63］吴满意：《网络人际互动——网络实践的社会视野》，北京：人民出版社，2015 年。

［64］王振林：《现代西方交往理论研究》，北京：中国社会科学出版社，2015 年。

［65］彭兰：《社会化媒体——理论与实践解析》，北京：中国人民大学出版社，2015 年。

［66］胡泳：《网络政治——当代中国社会与传媒的行动选择》，北京：国家行政学院出版社，2014 年。

［67］陶侃：《我们都是网中人：网络文化与人的发展》，北京：北京交通大学出版社，2013 年。

［68］范忠信、郑定、詹学农：《情理法与中国人》(修订版)，北京：北京大学出版社，2011 年。

［69］胡泳：《众声喧哗：网络时代的个人表达与公共讨论》，广西：广西师范大学出版社，2008 年。

［70］谢岳：《社会抗争与民主转型》，上海：上海人民出版社，2008 年。

［71］郭景萍：《情感社会学：理论·历史·现实》，上海：上海三联书店，2008 年。

［72］陆自荣：《儒学和谐合理性：兼与工具合理性、交往合理性比较》，北京：中国社会科学出版社，2007 年。

［73］赵鼎新：《社会与政治运动讲义》，北京：社会科学文献出版社，2006 年。

［74］李泽厚：《实用理性与乐感文化》，北京：生活·读书·新知三联书店，

2005 年。

［75］李素霞：《交往手段革命与交往方式变迁》，北京：人民出版社，2005 年。

［76］季卫东：《法律程序的意义》，北京：中国法制出版社，2004 年。

［77］蒙培元：《情感与理性》，北京：中国社会科学出版社，2002 年。

［78］徐复观：《中国人性论史（先秦篇）》，上海：上海三联书店，2001 年。

［79］牟宗三：《心体与性体》上册，上海：上海古籍出版社，1999 年。

［80］何怀宏：《底线伦理》，沈阳：辽宁人民出版社，1998 年。

［81］［苏］巴赫金：《巴赫金全集》第五卷，白春仁、顾亚玲译，河北：河北教育出版社，1998 年。

［82］刘翔：《中国传统价值观诠释学》，上海：上海三联书店，1996 年。

［83］《马克思恩格斯选集》第 1 卷，北京：人民出版社，1995 年。

［84］《马克思恩格斯文集》第 2 卷，北京：人民出版社，1995 年。

期刊论文

［1］Limingliang & Liuhognyan：Analysis of Internet Behavior Characteristics and Psychological Risk Factors of Adolescents With Internet Addiction，Psychiatria Danubian，2021，33（S7）.

［2］Zarmeen Nasim & Sayeed Ghani：Sentiment Analysis on Urdu Tweets Using Markov Chains，SN Computer Science，2020（8）.

［3］Palomino Marco、Taylor Tim，Gker Ayse & et al.：The Online Dissemination of Nature-Health Concepts：Lessons from Sentiment Analysis of Social Media Relating to "Nature-Deficit Disorder"，2016.

［4］Tenenboim Ori、Cohen & Akiba A.：What Prompts Users to Click and Comment：

A Longitudinal Study of Online News, Journalism, 2015, 16 (2).

[5] Fan R., Zhao J.、Chen Y. & Xu K.: Anger Is More Influential Than Joy: Sentiment Correlation in Weibo, Preprint Submitted to Elsevier September, 2013 (11).

[6] Farrell: The Consequences of the Internet for Politics, Social Science Electronic Publishing, 2012 (10).

[7] Chmiel et al.: Collective Emotions Online and Their Influence on Community Life. PLoS One, 2011, 6 (7).

[8] Chao Y. E.: The Politics of Suffering in the Public Sphere: The Body in Pain, Empathy, and Political Spectacles, Dissertations & Theses Gadworks, Doctoral dissertation (Philosophy), The University of Iowa, 2009.

[9] Hareli S. & Parkinson B.: What's Social about Social Emotions, Journal for the theory of social behaviour, 2008 (2).

[10] Adam N. Joinson: Disinhibition and the Internet, Psychology & the Internet, 2007 (9).

[11] Wright S. & Street J.: Democracy, Deliberation, and Design: The Case of Online Discussion Forums, New Media & Society, 2007 (9).

[12] Computational Approaches to Analyzing Weblogs. AAAI Spring Symposium, Technical Report, 2006, SS-06-03.

[13] Bonabeau E.: Agent-Based Modeling: Methods and Techniques for Simulating Human Systems, Proceedings of the National Academy of Sciences, 2002 (06).

[14] Ekman P. & Friesen W. V.: Constants across Cultures in the Face and Emotion. Journal of Personality and Social Psychology, 1971, 17 (2).

[15] 邹小华、梁慧:《社会友善与交往空间的良性构建》,《江西师范大学学报（哲学社会科学版）》2023 年第 3 期。

［16］康雅琼、高腾飞：《数字交往的发展阶段、隐忧及其未来实践》，《青年记者》2023 年第 4 期。

［17］王敏芝：《数字交往的技术后果与社会想象》，《青年记者》2023 年第 4 期。

［18］蓝江：《云秩序、物体间性和虚体——数字空间中的伦理秩序奠基》，《道德与文明》2022 年第 6 期。

［19］张建云：《马克思主义视域下"数字交往"探析》，《学术界》2022 年第 9 期。

［20］黄美笛、王浩斌：《数字时代粉丝社群中的规训逻辑——基于 YJT 粉丝后援会和粉丝的交往互动分析》，《南通大学学报（社会科学版）》2022 年第 4 期。

［21］王敏芝、王军峰：《从"交往在云端"到"生活在元宇宙"：深度媒介化时代的社会交往生态重构》，《传媒观察》2022 年第 7 期。

［22］李泓江：《数字时代生活世界的殖民化困境与人的存在危机》，《北京社会科学》2022 年第 5 期。

［23］杜骏飞：《公正传播论（2）：交往社会的来临》，《当代传播》2022 年第 3 期。

［24］顾理平、王飔濛：《从圈子到关系：智媒时代公私边界渗透及隐私风险》，《社会科学辑刊》2022 年第 3 期。

［25］杨丽、毛德松：《基于交往行为理论的网络空间言语研究》，《南京邮电大学学报（社会科学版）》2022 年第 2 期。

［26］杜骏飞：《数字交往论（1）：一种面向未来的传播学》，《新闻界》2021 年第 12 期。

［27］喻国明、耿晓梦：《元宇宙：媒介化社会的未来生态图景》，《新疆师范大学学报（哲学社会科学版）》2022 年第 3 期。

［28］孙萍、邱林川等：《平台作为方法：劳动、技术与传播》，《新闻与传播研究》2021 年第 1 期。

［29］王治东、苏长恒：《数字化时代的"普遍交往"关系及其实现逻辑》，《探索与争鸣》2021年第9期。

［30］饶旭鹏、白双航：《网络交往中"信息茧房"及人的解放探究》，《北京航空航天大学学报（社会科学版）》2022年第1期。

［31］王敏芝：《媒介化时代"云交往"的场景重构与伦理新困》，《暨南学报（哲学社会科学版）》2021年第9期。

［32］张琦、张祖凡等：《融合社会关系的社交网络情感分析综述》，《计算机工程与科学》2021年第1期。

［33］崔聪：《论网络空间道德秩序构建的法治保障》，《思想理论教育》2021年第1期。

［34］杨洸：《社交媒体网络情感传染及线索影响机制的实证分析》，《深圳大学学报（人文社会科学版）》2020年第6期。

［35］彭兰：《"液态""半液态""气态"：网络共同体的"三态"》，《国际新闻界》2020年第10期。

［36］陈爽：《新媒体言论自由及其规制——以微博为例》，《国际公关》2020年第12期。

［37］蓝江：《生命档案化、算法治理和流众——数字时代的生命政治》，《探索与争鸣》2020年第9期。

［38］刘国强、粟晖钦：《解构之欲：从后现代主义看媒介文本解码的多元性》，《新闻界》2020年第8期。

［39］孙慧英、明超琼：《公共领域中热点事件的社会情感价值分析》，《现代传播（中国传媒大学学报）》2020年第7期。

［40］杨石华：《正义的礼物——网络空间中的"非对称性互惠"交往伦理》，《道德与文明》2020年第4期。

［41］张洋：《社会化媒体群体极化的形成与纾解》，《青年记者》2020年第14期。

[42] 常江、何仁亿：《安德烈亚斯·赫普：我们生活在"万物媒介化"的时代——媒介化理论的内涵、方法与前景》，《新闻界》2020 年第 6 期。

[43] 王仕民、黄诗迪：《互联网技术重塑社会行为的发生逻辑》，《东北大学学报（社会科学版）》2020 年第 2 期。

[44] 彭兰：《网络社会的层级化：现实阶层与虚拟层级的交织》，《现代传播（中国传媒大学学报）》2020 年第 3 期。

[45] 郑琪：《公共领域理性与情感的博弈——公共情感研究缘起与分析》，《青年记者》2019 年第 24 期。

[46] 沈浩、罗晨：《中产阶层在微博话语中的主题、利益诉求及情感表达》，《现代传播（中国传媒大学学报）》2019 年第 8 期。

[47] 杜忠锋、郭子钰：《微博舆情中情感选择与社会动员方式的内在逻辑——基于"山东于欢案"的个案分析》，《现代传播（中国传媒大学学报）》2019 年第 8 期。

[48] 喻国明、朱烊枢、张曼琦、汪之岸：《网络交往中的弱关系研究：控制模式与路径效能——以陌生人社交 APP 的考察与探究为例》，《西南民族大学学报（人文社科版）》2019 年第 9 期。

[49] 李丹林、曹然：《新媒体治理视域下的表达权规制研究》，《山东大学学报（哲学社会科学版）》2019 年第 4 期。

[50] 张琼引、陈春萍：《论网络交往实名的合理性》，《湖南师范大学社会科学学报》2019 年第 3 期。

[51] 蒋艳艳：《互联网交往的伦理悖论》，《东南大学学报（哲学社会科学版）》2019 年第 3 期。

[52] 洪巍、李敏：《文本情感分析方法研究综述》，《计算机工程与科学》2019 年第 4 期。

[53] 杨嵘均：《论道德的合技术化延伸及其网络公共性的生成》，《探索》2019 年第 2 期。

［54］彭兰:《连接与反连接:互联网法则的摇摆》,《国际新闻界》2019 年第 2 期。

［55］高俊峰、黄微:《网络舆情信息受众情感极化的生发机理及干预措施分析》,《情报理论与实践》2019 年第 5 期。

［56］郭小安:《公共舆论中的情绪、偏见及"聚合的奇迹"——从"后真相"概念说起》,《国际新闻界》2019 年第 1 期。

［57］孔明安、黄秋萍:《论合法性的正义基础及其可能性》,《厦门大学学报(哲学社会科学版)》2018 年第 5 期。

［58］周大勇、孙红昶:《互联网"圈子"传播:分层互动与关系的弥合》,《图书馆学研究》2018 年第 17 期。

［59］艾君:《儒家文化的大人之学——〈大学〉》,《工会博览》2018 年第 20 期。

［60］叶强:《论新时代网络综合治理法律体系的建立》,《情报杂志》2018 年第 5 期。

［61］陈昌凤、翟雨嘉:《信息偏向与纠正:寻求智能化时代的价值理性》,《青年记者》2018 年第 13 期。

［62］史安斌、邱伟怡:《社交媒体环境下危机传播的新趋势新路径——以"美联航逐客门"为例》,《新闻大学》2018 年第 2 期。

［63］冯茜:《泛道德化批判之思:道德的越位与复位》,《南京师大学报(社会科学版)》2018 年第 2 期。

［64］袁光锋:《公共舆论中的"情感"政治:一个分析框架》,《南京社会科学》2018 年第 2 期。

［65］张元:《传统"慎独"思想与青少年网络道德人格成长》,《当代青年研究》2018 年第 1 期。

［66］冯雅萌、孔繁昌、罗一君:《大学生心理需求与网络社交:认知评估与自我调控的作用》,《心理科学》2017 年第 6 期。

［67］王芳:《在线信任与网络空间的秩序重构——基于复杂性理论视角的社会学

考察》,《江海学刊》2017 年第 6 期。

[68] 张元:《网络社会的现代性困境、归因与治理研究》,《当代经济管理》
2017 年第 10 期。

[69] 陈昌凤、石泽:《技术与价值的理性交往:人工智能时代信息传播——算法
推荐中工具理性与价值理性的思考》,《新闻战线》2017 年第 17 期。

[70] 夏倩芳、原永涛:《从群体极化到公众极化:极化研究的进路与转向》,
《新闻与传播研究》2017 年第 6 期。

[71] 王珏:《网络言论的边界在哪,如何规制》,《人民论坛》2017 年第 17 期。

[72] 邹宇春、赵延东:《社会网络如何影响信任?——资源机制与交往机制》,
《社会科学战线》2017 年第 5 期。

[73] 田林楠:《网络情感是如何极化的?——一个情感社会学的视角》,《天府
新论》2017 年第 2 期。

[74] 罗方禄:《网络空间对马克思主义人的本质的确证》,《思想教育研究》
2017 年第 3 期。

[75] 夏德元:《移动互联网时代的泛在生存与在场的缺席》,《新闻大学》2016
年第 5 期。

[76] 汪振军、韩旭:《网络公共领域的道德绑架与交往理性——以范玮琪阅兵晒
娃事件为例》,《郑州大学学报(哲学社会科学版)》2016 年第 49 期。

[77] 袁光锋:《"情"为何物?——反思公共领域研究的理性主义范式》,《国际
新闻界》2016 年第 9 期。

[78] 李华胤:《社会公平感、愤怒情绪与群体性事件的关系探讨》,《广西师范
大学学报(哲学社会科学版)》2016 年第 4 期。

[79] 戴宇辰:《走向媒介中心的社会本体论?——对欧洲"媒介化学派"的一个
批判性考察》,《新闻与传播研究》2016 年第 5 期。

[80] 郭小安、刘明瑶:《媒介动员视角下"表演式抗争"的发生与剧目——以
"中青报门口访民集体喝农药事件"为例》,《现代传播(中国传媒大学学

报）》2016 年第 5 期。

[81] 桂勇、李秀玫、郑雯、黄荣贵：《网络极端情绪人群的类型及其政治与社会意涵——基于中国网络社会心态调查数据（2014）的实证研究》，《社会》2015 年第 5 期。

[82] 胡百精、李由君：《互联网与对话伦理》，《当代传播》2015 年第 5 期。

[83] 张元、丁三青：《传统"慎独"思想与大学生网络道德教育》，《广西社会科学》2015 年第 8 期。

[84] 李振跃：《构建和谐网络族群文化的规则意识与可能路径》，《学术研究》2015 年第 6 期。

[85] 王汎森：《"烦闷"的本质是什么——"主义"与中国近代私人领域的政治化》，《知识分子论丛》2015 年第 1 期。

[86] 潘霁、刘晖：《公共空间还是减压阀？——"北大雕像戴口罩"微博讨论中的归因、冲突与情感表达》，《国际新闻界》2014 年第 11 期。

[87] 朱天、张诚：《概念、形态、影响：当下中国互联网媒介平台上的圈子传播现象解析》，《四川大学学报（哲学社会科学版）》2014 年第 6 期。

[88] 李寿初：《"正义"概念辨析》，《文史哲》2014 年第 6 期。

[89] 刘宁：《交往与抉择：儒家精神交往思想的现代解读》，《贵州社会科学》2014 年第 11 期。

[90] 陈代波：《大数据时代与儒家伦理的复兴》，《周易研究》2014 年第 4 期。

[91] 陈迎年：《大数据·存在论·儒学现代性》，《周易研究》2014 年第 4 期。

[92] 袁光锋：《同情与怨恨——从"夏案"、"李案"报道反思"情感"与公共性》，《新闻记者》2014 年第 6 期。

[93] 喻国明、李慧娟：《大数据时代传播研究中语料库分析方法的价值》，《传媒》2014 年第 2 期。

[94] 刘莹珠：《合理性：现代性视域中的马克斯·韦伯》，《理论学刊》2014 年第 1 期。

［95］戴海容：《社会冲突视野下网络群体行为分析》,《学术探索》2013 年第 10 期。

［96］许正林、李名亮：《微博 "交往理性" 的现实性质疑》,《西南交通大学学报（社会科学版）》2013 年第 3 期。

［97］黄真：《国际关系中的情感》,《中南大学学报（社会科学版）》2012 年第 5 期。

［98］许鑫：《理性审视网络非理性言论》,《新闻记者》2012 年第 10 期。

［99］李名亮：《微博、公共知识分子与话语权力》,《学术界》2012 年第 6 期。

［100］苏国勋：《从韦伯的视角看现代性——苏国勋答问录》,《哈尔滨工业大学学报（社会科学版）》2012 年第 2 期。

［101］谢金林：《情感与网络抗争动员——基于湖北 "石首事件" 的个案分析》,《公共管理学报》2012 年第 1 期。

［102］王金红、黄振辉：《中国弱势群体的悲情抗争及其理论解释——以农民集体下跪事件为重点的实证分析》,《中山大学学报（社会科学版）》2012 年第 1 期。

［103］王明文：《目的理性行为、形式合理性和形式法治——马克斯·韦伯法律思想解读》,《前沿》2011 年第 19 期。

［104］邓力：《传媒研究中的公共性概念辨析》,《国际新闻界》2011 年第 9 期。

［105］程兆燕：《键盘上的 "慎独" 与 "仁爱"——论儒家修身思想对网络伦理构建的启示》,《甘肃理论学刊》2011 年第 4 期。

［106］龚群：《罗尔斯与社群主义：普遍主义与特殊主义》,《哲学研究》2011 年第 3 期。

［107］成伯清：《"体制性迟钝" 催生 "怨恨式批评"》,《人民论坛》2011 年第 18 期。

［108］张跣：《微博与公共领域》,《文艺研究》2010 年第 12 期。

［109］杜国岗：《儒家道德对网络交往的几点启示》,《福建论坛（人文社会科学

版）》2010 年第 S1 期。

[110] 李骅：《论西方怨恨伦理的形成》,《中国矿业大学学报（社会科学版）》2010 年第 2 期。

[111] 李名亮：《"虚拟世界" 的虚拟新闻存在与本体追问》,《国际新闻界》2010 年第 1 期。

[112] 周建国：《关系强度、关系信任还是关系认同——关于中国人人际交往的一种解释》,《社会科学研究》2010 年第 1 期。

[113] 成伯清：《从嫉妒到怨恨——论中国社会情绪氛围的一个侧面》,《探索与争鸣》2009 年第 10 期。

[114] 杨国斌：《悲情与戏谑：网络事件中的情感动员》,《传播与社会学刊（香港）》2009 年第 9 期。

[115] 吴亚玲：《论休谟的同情理论》,《江西社会科学》2009 年第 8 期。

[116] 吴满意、胡树祥：《〈德意志意识形态〉中的交往内涵与当今网络交往本质》,《思想教育研究》2009 年第 6 期。

[117] 熊伟：《法律理性化悖论的现代性批判——一个正当性论证的视角》,《大连理工大学学报（社会科学版）》2008 年第 4 期。

[118] 苏力：《纲常、礼仪、称呼与秩序建构——追求对儒家的制度性理解》,《中国法学》2007 年第 5 期。

[119] 陆自荣：《和谐合理性——儒家思想合理性之研究》, 博士学位论文, 上海大学, 2005 年。

[120] 陆自荣：《和谐合理性：儒家文化合理性》,《学术研究》2006 年第 10 期。

[121] 陈丽平：《"公共领域" 在传媒时代存在的可能性》,《当代传播》2006 年第 4 期。

[122] 李素艳：《合理性理论上的 "对话" ——哈贝马斯对韦伯合理性理论的改造》,《理论探讨》2006 年第 4 期。

[123] 叶自成、王日华：《春秋战国时期外交思想流派》,《国际政治科学》2006

年第 2 期。

[124] 汪怀君：《论网络空间人际交往的伦理困境》，《自然辩证法研究》2005 年
第 7 期。

[125] 吴介民、李丁赞：《传递共通感受：林合社区公共领域修辞模式的分析》，
《台湾社会学》(台北) 2005 年第 9 期。

[126] 陆自荣、李向平：《哈贝马斯与韦伯合理化理论之比较》，《中国青年政治
学院学报》2004 年第 2 期。

[127] 杜骏飞：《存在于虚无：虚拟社区的社会实在性辨析》，《现代传播》2004
年第 1 期。

[128] 王一川：《从情感主义到后情感主义》，《文艺争鸣》2004 年第 1 期。

[129] 汪寅、黄翠瑶：《哈贝马斯的交往理论与网络交往》，《广西社会科学》
2003 年第 8 期。

[130] 姚大志：《何谓正义：罗尔斯与哈贝马斯》，《浙江学刊》2001 年第 4 期。

[131] 王宁：《略论情感的社会方式——情感社会学研究笔记》，《社会学研究》
2000 年第 4 期。

[132] 檀传宝：《道德情感、审美情感与道德教育》，《中国教育学刊》1997 年第
1 期。

[133] 雷红霞：《试论卢梭对文明发展的反思和批判》，《武汉大学学报（社会科
学版）》1989 年第 5 期。

后 记

　　本书能获得国家社科基金一般项目"多元理性比较视阈下网络交往行为与合理引导研究"（18BXW107）的资助，有选题的研究必要性，也有我的幸运成分。研究必要性来自全社会营造清朗网络空间的迫切现实，源于学界对合理化引导路径的急切探索。而能得到专家垂青，可能是因为我对这个选题有详细可行的思路设计和研究规划，也有一些相应的成果积淀。但当我着手开始研究时，才发现我的预期理想化了。

　　有关交往的哲学和社会学理论体系庞杂；社会学对网络社会的交往研究介入不深；网络情感研究才现热潮，仍未入佳境；加之社交媒体发展迅速，各类平台应用和各类现象层出不穷，我的研究似乎总是难以跟上新媒体发展的节奏。即便如此，我仍切实维持研究旨趣的定力，保持原有的研究目标、框架和方法。

　　值得说明的是，本书立意的初衷和研究目标指向，是借助社会学合理性的多元分析路径（主要是目的合理性、哈贝马斯的交往合理性和儒学的和谐合理性），将社会学相关理论与多元比较的观点成果，引入网络社会交往行动的考察和分析中。或者说，是在多元合理性的视域下，探寻网络社会交往人格的表现与培养路径。因此可以说，本书立意的初衷并非典型意义上的"比较研究"。

虽然如期完成了项目，但本人自觉哲学和社会学的理论功底不深，个人的学术素养不够，难以把握好跨学科领域的这个选题，把握好哲学、社会学和传播学等学科不同的研究路径和旨趣。另外，可能是资料搜寻仍不到位，发现哲学和社会学在网络交往合理性领域有广度和深度的成果仍不多见，所能提供的系统性理论成果支持也不足。因此，本书对网络交往合理性的比较性建构以及合理化路径的探寻，根本上只能立足于前人相关成果之上，难以进行典型性的比较研究，仅有体系化、系统化之功。虽然在"社会主义网络交往和谐合理性"的提出和阐释、网络情感研究、立足于中国传统儒学等方面，有一些创新性的理论建构尝试，但可能仍属浅尝即止，这些方面仍有待于进一步深入的研究。

我的硕士研究生谢芷诺、王涵和缪祺参与了项目的研究和本书部分章节初稿的写作。其中，谢芷诺做了一项情感话语实证分析，并以此选题方向完成了其硕士论文，她的实证发现成为本书有关网络情感表达的阐释基础。王涵和缪祺分别完成了网络交往人格和制度各一章的初稿写作。项目组成员、国家二级心理咨询师刘鸿雁女士发表了有关青少年网瘾应对的核心文章，并在终稿的文字润色和审校方面做了大量工作，在此一并致谢。

李名亮

2024 年 2 月